U0716930

金陵全書

甲編·方志類·通志

康熙江南通志（三）

（清）于成龍 王新命 等修
（清）張九徵 陳焯 等纂

南京出版傳媒集團
南京出版社

圖書在版編目（CIP）數據

康熙江南通志 /（清）于成龍等修；（清）張九徵等纂. -- 南京：南京出版社，2017.7

（金陵全書）

ISBN 978-7-5533-2005-2

Ⅰ. ①康… Ⅱ. ①于… ②張… Ⅲ. ①江南（歷史地名）-地方志-清代 Ⅳ. ①K928.649

中國版本圖書館CIP數據核字（2017）第272969號

書　　名　【金陵全書】（甲編·方志類·通志）
康熙江南通志

編 著 者　（清）于成龍　王新命等　修　（清）張九徵　陳焯等　纂

出版發行　南京出版傳媒集團
南　京　出　版　社

社址：南京市太平門街53號　郵編：210016

網址：http://www.njcbs.cn　電子信箱：njcbs1988@163.com

天猫1店：https://njcbcmjtts.tmall.com/　天猫2店：https://nanjingchubanshets.tmall.com/

聯系電話：025-83283893、83283864（營銷）　025-83112257（編務）

出 版 人　朱同芳
出 品 人　盧海鳴
責任編輯　崔龍龍　楊傳兵　王松景　凌　霄
裝幀設計　楊曉崗
責任印制　楊福彬

製　　版　南京新華豐製版有限公司
印　　刷　南京凱德印刷有限公司
開　　本　889毫米×1194毫米　1/16
印　　張　407.5
版　　次　2017年7月第1版
印　　次　2017年7月第1次印刷
書　　號　ISBN 978-7-5533-2005-2
定　　價　10400.00元（全八册）

江南通志卷之第二十

關稅

古者太宰掌九賦其七曰關市之賦以待王膳服所入未廣也自西漢算商賈稅及車船於是征榷之利用資府庫焉彼商者棄本逐末操奇致贏熙熙攘攘爲利往來道在有以抑之抑之而取其什一誠未爲過然時有盈詘直有低昂則亦深可念也明於江南設五關三倉榷關使者類遣部曹

皇清因之於一關兩差并而爲一諸倉則就近分隸焉上省冗員下甦商困宜乎行賈之願出於其塗

也志關稅

龍江瓦屑抽分兼管西新關

龍江額稅銀叁萬玖千叁百兩舊額三萬六千兩順治十三年增銀三千三百兩內動支銀一萬九千兩採辦銅觔每銅一觔定價銀六分五釐共辦銅二十九萬二千三百觔零解交工部寶源局以供鼓鑄餘銀解部〇按龍江抽分設於上新河者爲上關設於儀鳳門外者爲下關明代係南京工部堂劄差委員外郎管理

皇清因之差工部司官管理

西新額稅銀貳萬捌千叁百兩內動支銀五千兩採辦銅觔七萬六千九百二十一觔四兩解交戶部寶泉局以供鼓錢餘銀解部康熙二十年增銀二千五百兩二十一年停止〇按明代有西關收落地稅專差戶部主事管理轄都稅江東龍江朝陽聚寶五司抽收

出入商稅又新江關抽通濟太平神策等門民間喂養各畜進城之稅并浦口江浦石硝王溝趙溝觀音門等口岸客商販來各畜進城之稅及五城田地山塘租銀係內監經收

皇清順治二年內院洪承疇題准將新江關併入西關名西新關差戶部司官督理順治九年將各衛屯糧併州縣南米黑豆解貯江寧省倉支放駐防軍需并爲一差兼管康熙十年將西新關稅務歸併入龍江關其屯衛倉糧歸併布政司及督糧道

滸墅鈔關

額稅銀壹拾肆萬玖千兩 國初額銀一十一萬三千九百四十六兩八錢七分五釐順治十三年加增銀三萬五千五十三兩二錢內動支銀二萬三千兩採辦銅觔三十五萬觔零解戶部寶泉局餘銀解部康熙二十年增銀一萬一千五百兩二十一年停止〇按元至正間始於長洲縣滸墅鎮置抽分竹木場稅客商往來貨物多寡無定額明洪武初設官置場於蘇州

閶門葑門平望抽分竹木柴炭等物尋罷革止設滸墅巡檢司盤詰宣德四年設立鈔關收船料鈔差御史及戶部官監收景泰元年專差戶部主事時錢鈔兼行本色折色更變不常額數難考萬曆四十一年額本色鈔五百八十六萬零錢一千一百七十三萬零折色銀三萬九千九百兩零四十五年共折色船料正餘銀四萬五千兩天啟元年加增遼餉銀二萬二千五百兩五年加增新餉銀二萬兩崇禎元年加增新餉銀四千三百七十五兩二年加增新餉銀四千三百七十五兩三年加增新餉銀一萬七千五百兩七年加增新餉銀一萬七千六十二兩五錢又加增練餉銀四萬九千八十一兩二錢五分銅觔在內十七年蠲三分之一

揚州鈔關

額稅銀叁萬陸千伍百兩捌分國初額銀二萬八千六百七十兩八錢八分順治十三年增銀七千八百二十九兩一錢內動支銀一萬兩採辦銅觔十五萬三千八百

四十六觔餘銀解部康熙二十年增銀五千兩二十一年停止○按元及明初止設有河泊所管收商課迨宣德四年始設鈔關收船料鈔弘治元年始治浮梁初遣御史監收後改戶部司官監收其始則錢鈔兼行後則專解折色及明未加增新餉皆與各關事例相同

淮安鈔關兼管淮倉清江抽稅事務

額徵鈔銀伍萬捌千叄百兩 内動支銀二萬兩採買銅三十萬七千六百九十二觔六兩解部供鑄餘銀解部康熙二十年增銀一萬兩二十一年停止○按淮安關係宣德四年設舊例重河贛剝航棹等船驗樑頭收銀五尺者二分九釐有奇以上漸加重長烏船驗樑頭收銀五尺者五分入釐有奇以上漸加

歸併淮倉項下額徵四稅銀貳萬伍千兩 一撥淮安府支銷銀四千六百八十二兩三錢八釐一撥淮安交山盱廳河工銀五千七百八十一兩一錢四分四

釐　撥運軍月糧銀一萬四千五百三十六兩五錢四分八釐〇按四稅始於嘉靖四十五年水災用匱知府傳希摯建議撫按題准以過壩雜糧北照瓜州事例每石徵銀一釐抵補稅糧之缺隆慶中水災益甚增廣前例有腳抽斛抽濟漕三項并前爲四名曰四稅雜糧稅出自客商腳抽斛抽係抽腳斛人腳價工銀濟漕係抽牙用萬曆六年御史方萬山建議去其腳抽雖名四稅實三稅而已

額徵商稅銀肆千陸百捌拾肆兩壹錢肆分一撥門軍口糧銀三百六十兩一撥東海所千總俸銀十八兩七錢六釐餘銀解部

額徵灰契小稅銀壹千貳百陸兩柒錢叁分壹釐此項解部

房田地契銀兩儘收儘解

額徵鳳淮揚常四府半折銀壹萬叁百捌拾陸兩

陸錢壹分柒釐陸毫捌絲貳微肆纖玖沙壹塵捌埃柒渺陸漠本色麥貳萬伍千玖百陸拾陸石伍斗肆升肆合貳勺陸圭貳粒貳粟玖黍陸角玖尖以上二項原係全折順治十三年總漕蔡士英題改半本半折額給廬鳳淮揚四府衛所官丁行糧又歸併徐州廣運倉額徵宿州泗州本色小麥康熙四年改解淮倉給發長淮鳳陽宿州邳州四衛本色行糧合肥江都二縣本色米康熙九年改解淮倉將宿邳二州應解本色小米改解鳳陽徐州永福倉額徵松江府華婁青上四縣米折銀叁千兩給發徐州衛徐州併衛廠軍口糧餘銀解部

歸併清江工廠漕造項下抽分額銀壹萬壹千陸

百叁拾壹兩肆錢陸分玖釐叁毫　船鈔額銀伍千貳百伍拾兩　餘羨額銀叁千叁百兩　加額銀壹萬兩共叁萬壹百捌拾壹兩肆錢陸分玖釐叁毫按季移解淮安府船政廳備辦料造船之用○按明景泰中設抽分廠於淮安凡竹木等物應于造船者三十稅一以貨之多寡爲盈縮原無定額天順八年始差司官監抽後因額課不敷遂稅及民船不拘大小俱報樑頭

河道項下石解額銀陸百伍拾兩內抽扣銀二十二兩三錢三分五釐移解兗州府運河同知供濟營兵餉扣利額徵銀壹萬壹千伍百玖拾捌兩伍錢陸分肆釐捌毫肆絲肆忽　樑頭儘收儘解淮安廠戶收買折船木板者論丈抽將此板造小船者買主照樑頭報抽○以

上二項移解淮安府山清外河同知由閘額徵銀叁千叁百叁拾叁兩叁錢叁分叁釐叁毫叁絲按由閘係白糧船出口進口報單銀及空民船出口進口銀裝貨民船樑頭銀概淮散行牙儈折夫頭徵銀伍千伍兩柒錢陸分叁釐陸毫伍絲陸忽以上二項移解淮安府山安河務同知○按明季設關倉廠三差皇清因之康熙九年將戶倉工廠歸并淮關

蕪湖鈔關

戶關稅額銀拾貳萬叁千壹百國初舊額八萬七千三百三十七兩八錢順治十三年贈銀三萬五千七百六十二兩二錢內動支銀二萬二千兩採辦銅觔三十三萬八千四百六十一觔零餘銀解部康熙二十年增銀一萬一千兩二十一年停止

工關稅額銀肆萬伍千叁百兩內動支銀一萬九千兩採辦銅觔二

十九萬二千三百觔零又解江寧府管糧船政廳成造漕船銀一萬八千七百七十兩餘銀解部○按蕪湖工部抽分設於明成化七年戶部鈔關設於崇禎三年係南京工部尚書鄭三俊建議帝恐病商猶豫未決三俊曰古有叛民無叛商議遂定

皇清因之仍分遣兩部司官管理康熙十年併工部於戶部

鳳陽倉關

原管收蘇松常鎮安寧太廬鳳淮揚十一府滁州來安全椒三州縣并鳳陽中右等八衛一所以及河南八府一州屬并飛熊英武廣武三衛民屯本折錢糧內除河南八府一州麥折銀兩徑解河南布政司又除飛熊廣武本折銀糧歸併有司外又廬屬無巢英三州縣米麥折銀并六合舒廬霍五州縣本色米麥原係鳳倉之項于敬陳鳳

米事案内及酌撥康熙十一年兵餉
事案内俱歸人起運撥充兵訖
今支給欵項○應散給鳳陽中衛頭幇二幇三幇
四幇鳳陽右衛頭幇二幇三幇鳳陽衛頭幇二幇
長淮衛頭幇遮陽幇共十一幇實運船四百五十
六隻每船給本色四十八石折色銀一十八兩四
錢又支給各衛守千弁出運
千百總俸工銀兩餘銀解部
今支解欵項○各衛所永減船二百五十七隻共
解淮銀九千六百六十七兩三錢六分原係鳳倉
起解今撥淮屬州縣徑解淮庫又灰石減存船八
隻五分應支一半本色糧四百八石每石折價一
兩二錢今派鳳屬壽鳳等十五州縣徑解江安糧
道轉解總漕衙門其一半折色銀一百五拾陸兩
四錢由本倉起解淮庫又淮廠用工單口糧銀二
百六十四兩九錢六分在揚州府通州米折銀内
列欵觧倉轉
解大部充餉

歸併正陽關額稅銀陸萬貳千肆百肆拾陸兩叁

錢柒釐陸毫伍絲 國初舊額銀六千一百一十六兩五錢順治八年增至二萬零七兩康熙二十年正月增至二萬七千五百二十三兩七錢本年九月增設亳州盱眙稅務增至今額○按正陽關在正陽鎮明代始立止稅船鈔篷蓬竹木排炭並無過往落地及魚茶酒醋雜項諸稅屬鳳陽府通判管理

皇清順治八年歸併鳳陽倉差

歸併臨淮關額稅銀捌千陸百陸拾玖兩伍錢貳分伍釐柒毫貳絲 國初舊額一千八百兩康熙二十年正月增至二千四百七十六兩四錢四分本年九月幷徵鳳陽府城臨淮縣長淮衞水旱鈔稅及外來落地稅增至今額○按臨淮關在臨淮縣明代設立部推大使一員管理

皇清順治八年原設部推大使一員聽鳳陽倉差督理

徐州倉

中河分司今歸淮徐道管理

徐州倉歲徵除永福倉應收宿泗二州本色小麥及折色銀兩並江浙杭嘉湖松四府屬米折銀兩歸併淮安關外其廣運倉原額歲徵所屬徐蕭沛碭豐五州縣徐州一衛并鳳屬宿泗二州額徵本色小麥黑豆仍存本倉收貯以備支用

徐州倉歲支原給徐州徐州左壽州邳州宿州鳳陽長淮鳳陽後鳳陽右鳳陽左懷遠十一衛運軍行月糧銀俱在徐倉支領康熙四年將鳳陽邳州宿州長淮四衛運船行糧改歸淮倉支領其徐州衛徐州左衛今歸併徐州衛壽州衛今歸併長淮衛鳳陽右衛全減鳳陽後衛今歸併鳳陽中衛懷遠衛鳳陽左衛今歸併鳳陽衛本折糧銀仍係徐倉管理○按徐州倉自明永樂年間設有廣運永福二倉永福倉在徐州城內鼓樓東廣運倉在徐州城東南五里有部選倉大使二員管理差戶部分司兼督

皇清因之設部差司官專管不設大使康熙四年倉差奉裁將一半歸併淮安倉管理一半歸徐州知州管理康熙二十一年將徐州分管徐州倉務歸

淮徐道

兼攝

中河分司歲額鈔銀柒千陸百兩國初舊額五千八百五十兩康熙二十年加增銀一千七百五十兩

中河分司歲額石價銀捌百貳拾兩國初舊額六百五十兩康熙二十年加增銀一百七十兩○按中河分司自明季以來在夏鎮徐州呂梁宿遷四處設關徵收差有部員管理
皇清因之康熙五年歸併淮揚道管理康熙七年歸併徐屬河務同知管理康熙八年復歸中河分司徵收康熙十七年歸併淮徐道

徐倉分司歲額稅課銀肆千陸百捌拾兩國初舊額三千六百兩康熙二十年加增銀一千八十兩○按此項自明季以來設關於夏鎮徐州二處徵收屬徐倉分司監督康熙五年歸併淮揚道康熙七年歸併徐州同知康熙十一年將船稅歸併中河分司

裁去徐州等關總在宿遷一處徵收止留陸稅在徐州同知徵收仍解中河分司彙解康熙十七年歸併淮徐道管理

按明代因錢法之弊乃造鈔以抑之無如鈔有破爛民間視爲無用宣德間將各處河泊所設立鈔關令商稅收鈔輪內府名曰本色九年奏准凡沿河監收船料官所收鈔不分軟爛破損油汚水跡但有一貫二字可辨眞僞者俱不揀退繼因本色不足諸商收買維艱奏准錢鈔兼行自景泰四年始也成化弘治間或令照舊收鈔或令錢鈔兼收更改不常其令折收銀兩者自正德五年始也令本色折色遞年輪流徵解者嘉靖二十七年事也至隆慶六年令各鈔關皆折收銀兩萬曆十五年仍本折兼收天啟以後俱徵折色以折色爲主而錢輔之今歲額中有銅觔之數猶是錢鈔兼行遺意也至若抽分之設蓋爲竹木等項乃成造漕船之需故令三十抽一原抽本色後亦改徵銀兩相沿不替云

又按明宣德四年令南京至北京沿河船隻除裝

載官物外其餘受雇裝載人口貨物船隻計其料數若干程途遠近照例納鈔又令受雇船隻自南京至淮安淮安至徐州徐州至濟寧濟寧至臨清臨清至通州俱每一百料納鈔一百貫其南京直抵北京北京直抵南京者每一百料納鈔五百貫若止載糧米柴草及空船回還者不在納鈔之例八年令每船一百料收鈔六十貫正統四年令每船一百料納鈔四十貫景泰元年令每船一百料納鈔十五貫成化五年令凡載官糧物并運河船有衛所名號者俱不在收鈔之例七年令凡經過官民糧米剝船俱免稅十二年令凡不及五尺者聽其往來嘉靖九年令丈量船隻自五尺以上以成尺爲限若有零寸悉捐與民崇禎間新餉驟增始別貨之精粗價之貴賤有平料加平補料加補四項

皇清因之順治四年奉

旨米麥係民間日用准免料部議明季則例米麥俱納加補今應納加平船料若農船裝載米麥不在此例惟書籍免科順治十七年康熙六年兩經部差勒石十八年二十年兩奉

恩詔內開各處關差如有將不應納稅之物額外橫
徵差役四出分踞津隘擾害商民者該督撫題叅
若不行題叅事情發覺一併從重治罪二十一年
戶部覆御史蔣伊條奏議得差員例外濫立小单
或有遣親戚家人輪守情弊該督撫嚴查題叅奉
旨依議

又按明宣德四年設立鈔關或差御史或差戶部
官管理正統四年取回監收船鈔御史止令原設
官員管收景泰元年專差部員監收成化元年論
令蘇杭淮揚臨清九江等處收船料鈔諸關俱停
止七年復設仍差主事監收八年停止差員令府
委官監收弘治六年令戶部差主事一員監收
年一更代永著爲例嘉靖三十五年復停差部員
令府委官監收三十七年復差主事監收隆慶
年始鑄給勑書關防

皇清順治二年照明例專差戶工司官一員四年兼
差滿漢司官二員筆帖式一員九年尚差漢司官
一員十二年仍兼差滿漢司官二員筆帖式一員
十四年仍止差漢司官一員康熙元年仍兼差滿
漢司官二員筆帖式一員六部輪遣四年停止差

遣官員歸併地方官管理八年仍差滿漢司官二員筆帖式一員十二年不論滿漢掣籤差遣一員筆帖式一員

又按康熙七年處分闗課定例照稅銀多寡各作十分如欠不及半分者罰俸一年欠半分以上一分以上者降一級欠二分以上者降二級欠三分以上者降三級調用欠四分以上者降四級調用欠五分以上者革職旣定有處分之例其鈌額議應免追賠溢額加級紀錄永行停止十四年部議欠不及半分者降一級留任餘照定例遵行

按康熙十四年題定溢額定例一年額稅全完者紀錄一次溢銀一千兩者加一級溢銀一千兩者加二級溢銀　千兩者加三級溢銀四千兩者加四級溢銀五千兩以上者以應陞之鈌先用

又按康熙十六年七月　題爲地有可生之財等事按部覆内開二萬兩以上稅差官員額稅全完者紀錄一次溢額半分以上者加一級溢額一分以上者加二級溢額一分半以上者加三級溢額二分以上者加四級溢額三分以上者以應陞之鈌先用

卷之第二十　終

江南通志卷之第二十一

鹽法

鹽絺之貢始見青州鹽筴之謹肇自管仲然未嘗及江淮也至唐劉晏爲鹽鐵使天下之賦鹽居其半於是濱海皆仰給焉宋端拱間用商人輸粟折中倉專畀江淮鹽明則損益其法初亦稱便厥後存積常股流弊紛然而估人憂滯引矣

國朝設兩淮運使勅道臣體統行事更差御史往視之汰冗員恤商竈而釐政一新伐薪煮海以來其法莫良於今日也在昔榷山澤者言鹽必與冶俱

故鼓鑄亦得類見焉志鹽法

兩淮鹽運使司所屬

通州分司所屬豐利馬塘石港西亭金沙餘西餘中餘東呂四掘港共十場　泰州分司所屬富安安豐梁垛東臺何垛丁溪草堰小海角斜栟茶共十場　淮安分司所屬白駒劉莊伍祐新興廟灣莞瀆板浦徐瀆臨洪興莊共十場　以上設運使一員通州分司運判一員泰州分司運判一員淮安分司運判一員經歷一員知事一員廣盈庫大使一員及各場大使俱統於兩淮巡鹽御史姓名俱載職官志

正課淮南北額行綱鹽一百四十一萬三百六十引淮北派消二十二萬九千一百二十三引淮南派消一百一十八萬一千二百三十七引共南北正課銀九十五萬二千五百九十兩查明季原額引價銀三十四萬六千二百四十兩

本朝引不邊中俱赴該運司上納一例五錢增銀六

千三百五五千兩實共引價銀三十五萬二千五百九十兩又餘課銀淮南每引八錢淮北每引六錢共銀五十二萬八千九百一十二兩八錢又不論淮南北每引加帶割沒鹽二十觔納銀一錢共徵銀七萬一千八十七兩二錢以足餘課六十萬兩之額合引價餘鹽通共錢九十五萬二千三百九十兩爲定額不立餘鹽各色總日引淮南北一例無分輕重

襍課

一倉鹽折價銀五千兩　一潮包銀二千七百兩　一挖封銀八千九十兩六錢　一巡鹽贓罰銀四千六百兩　一運司裁扣經費銀一千六百四兩七錢八釐　一裁省京書廩費銀一百八十八兩　一更名食鹽變價銀三千九百四十六兩六錢二分五釐　一衡永寶三府代納粵西襍稅銀一萬五千兩

竈課

一額徵水腳銀一千七百五十三兩九錢　一額徵折價銀六萬八千三百四十九兩又順治九年清出草蕩銀一百六十兩六錢五分二共徵銀六萬八千五百九兩六錢五分　一新漲沙蕩銀四千二十一兩四錢三分二釐三毫九絲五忽六微五纖四沙九塵五渺　一紙硃銀四千七百六十

兩七錢三分九釐　一罪贖銀係緝獲私鹽犯人贖鍰每年一千七八百兩不等　一鹽物變價係緝獲私鹽船隻車驢等物變價每年約一千三四百兩不等　一滷稅銀六十兩係滴滷艘底船戶括賣每石納稅五釐

新加襍項

綱食加課八萬一百兩六錢五分　食鹽加課二萬一千六十七兩八錢　加丁加課一千三十七兩一錢　贛缺鹽稅一千兩因贛州改食淮鹽隨入淮課代納　加餉課銀四十萬五百三兩三錢五分　加丁加餉五千一百八十五兩五錢　加丁捲封六十三兩七錢九分八釐

行鹽地方

查行鹽各有地方所以杜私販防攙越也但戶口今昔不同時歲豐歉各異又不能不隨時酌派以濟其窮今止載原額存舊例也不載現派因時宜也要總不失年額年消之數而已故每年考核大約以原派爲準

淮南綱鹽

行江南省地方安慶府除桐城一縣外額行鹽四萬九千二百四十六引　池州府額行鹽二萬三千六百九引　太平府額行鹽一萬七千

四百七十引　行湖廣省地方武昌府額行鹽一十七萬七千一百三十引　漢陽府額行鹽一十一萬五千九百引　黃州府額行鹽一十萬九千四百七十引　安陸府額行鹽三萬二千二百引　德安府額行鹽二萬二千五百九十引　荆州府額行鹽五萬九千六百一十引　襄陽府額行鹽二萬九千八百引　鄖陽府額行鹽六千四百八十引　岳州府額行鹽四萬八千二百八十九引　長沙府額行鹽三萬二千二百七十引　常德府額行鹽三萬八千六百八十引　辰州府額行鹽一萬四千五百引　靖州額行鹽一千六百引　衡州府額行鹽二萬四千二十六引　永州府額行鹽二萬八千一百二十引　寶慶府額行鹽二萬九千五百六十引　行江西省地方南昌府額行鹽一千二萬五千一百二十五引　瑞州府額行鹽一萬五千二百四十四引　袁州府額行鹽一萬三千七百七十三引　臨江府額行鹽一萬九千一百六十五引　撫州府額行鹽四萬七千五百五十三引　建昌府額行鹽五千六百四十三引　饒州府額行鹽六萬七千一百三十

七引　南康府額行鹽一萬三千四百七引　九江府額行鹽一萬三千四百四十引　吉安府額行鹽五萬一千三百二引查吉安府原食淮鹽八萬四千九十一引一百八十二觔四兩明時因軍需未充立廠贛州抽分廣鹽許袁臨吉三處發賣起明正德六年至九年止及嘉靖三十四年以南贛吉行廣鹽袁臨二府仍行淮鹽萬曆年間屢請食淮鹽未果天啓五年始議覆吉安歸淮行鹽八萬五千引未幾仍還粤

本朝因海禁場遷無鹽到吉吉民既苦淡食又且虛賠粤課康熙五年巡鹽御史奏准招商照廣額課之數配以淮鹽則例該引五萬一千三百二引在前兩淮總額引之外

淮北綱鹽

行江南省地方廬州府額行鹽六萬一千引　鳳陽府除宿州額行鹽七萬九千三百二十三引　滁州來安額行鹽四千五百引　安慶府桐城縣額行鹽九千引　行河南省地方開封府額行鹽八千三百引　南陽府舞陽縣額行鹽八百引　汝寧府額行鹽六萬六千二百引

淮南北行食鹽

行江南省地方江寧府除溧陽縣外額行

鹽八萬九千一百八十五引　滁州全椒縣額
鹽七千五百一十五引　寧國府額行鹽九萬六
千五百引　淮安府額行鹽二　六千七百一十
引　揚州府高泰等九州縣係出鹽之地例不消
鹽止江都一縣額行鹽二萬六千七百一十
引　和州額行鹽一萬七千四百七十八引

按行鹽地方消鹽額數

國初以來歲各不同然因時制宜酌盈濟虛總以疏通足額為主蓋裒多益寡究不甚懸便民即所以裕國也

外蘇州松江常州鎮江徽州五府廣德一州江寧府溧陽一縣俱食兩浙鹽徐州食長蘆鹽鳳陽府宿州食河東鹽其鹺規引課自載直頴浙江山西等志

漢武帝元封元年始置鹽官於二十八郡會稽居其一前此淮吳王濞煮海為鹽以故無賦而國

用饒足若管仲之官海雖爲鹽筴之始而事在山東吳楚接壤云

陳 文帝天嘉二年太子中庶子虞荔御史中丞孔奐以國用不足奏立鹽稅從之

唐 肅宗初兩京陷沒用度不足於是吳鹽蜀麻銅冶皆有稅天寶末鹽每斗十錢乾元初鹽鐵鑄錢使第五琦初更鹽法就山海井竈近利之地置監院籍游民業鹽者爲亭戶免雜徭盜鬻者論如法及琦爲諸州榷鹽鐵使盡榷天下鹽斗加時價百錢而出之爲錢一百一十自兵起流庸未復稅賦不足供費鹽鐵使劉晏以爲因民所急而稅之則國用足於是上鹽法輕重之宜以官多則民擾於出鹽之鄉因舊監置吏置亭戶收鹽轉鬻商人任其所之其去鹽鄉遠者轉官鹽於所在貯之名常平鹽每商人不至則減價以糶官收其利而民不知貴晏又以鹽生於霖潦則鹵薄暵旱則土溜墳乃隨時爲令倣古勸農法遣使者曉導吳越揚楚廩鹽至數千積鹽二萬餘石有漣水湖州越州杭州四場嘉興海陵鹽城新亭臨平蘭亭永嘉大昌侯官富都十監歲得錢百餘萬緡以當百餘川

之賦淮北置巡院十三以捕私鹽姦盜哀息晏始至也鹽利歲纔四十萬緡至大歷末乃六百餘萬緡居天下賦稅之半宮闈服御軍餉百官祿俸皆仰給焉迨貞元四年淮西節度使陳少游奏加民賦自此江淮鹽每斗增二百爲錢三百一十其後復增六十江淮豪賈射利或時倍之官收不能過半而民始怨矣

宋時楚州鹽城鹽歲煮鹽四十一萬七千餘石通州豐利監四十八萬九千餘石泰州海陵監如皐倉小海場六十五萬六千餘石給本州及淮南之廬和舒蘄黃州無爲軍江南之江寧府宣洪袁吉筠江池大平饒信歙撫州廣德臨江軍兩浙之常潤湖睦州荊湖之江陵府安復潭鼎岳鄂衡永州漢陽軍其海州之板浦惠澤洛要三場歲煮四十七萬七千餘石漣水軍海口場十一萬五千餘石以給本州軍及京東之徐州淮南之光壽濠泗州兩浙之蘇杭江陰軍

元世祖至元間各州縣戸口預解鹽課其諸道運司官每年預期差人分路賫引徧給軍州

〔明〕初天下鹽課俱開中各邊上納本色米豆商人欲求鹽利俱於近邊預買米豆以待支鹽故邊無糧貴之時弘治初戶部尚書葉淇以大學士徐薄奏淮商赴邊納糧價少而有遠涉之虞在運司納銀價多而有易辦之利淇以爲然遂請淮商引鹽悉輸銀戶部送太倉銀庫分送各邊鹽銀積至百萬餘兩人以爲利不知永樂中邊儲悉賴鹽法每鹽一引輸粟二斗五升富商悉聚各邊自行耕種樹藝故兵强食足自赴邊開中之法廢商人不復到邊芻粟悉賴輓運轉販艱難米價踴貴邊儲全資於內帑國匱民貧實由於此○宣德三年江北大水淮揚被災鹽課虧少命巡撫周忱往視之忱奏令蘇州等府將撥剩餘米每府量撥一二萬石運揚州各鹽場收貯照數出給通關准作次年預納秋糧其米聽令竈戶將私鹽於附近場分上納即照時價給米食用於是米貴鹽賤官得積鹽民得積米上下賴之○宣德五年令兩淮兩浙長蘆運司每歲額辦鹽課以十分爲率八分給與守支客商二分另收在官候邊方缺餉名中以所積現鹽人到即支謂之存積其八分挨次給守支客

商者謂之常股凡中
常股價輕存積價重

錢法附

皇清順治三年始開爐於江寧設開通厰管鑄同知
一員廣操厰管鑄同
知一員寶源局管鑄同知一員統千錢法滿漢侍
郎每錢一文重一錢二分每錢千文重七觔八
兩　共計支用過鑄水銀一百六十一
整十四年停止萬三千一百八十八兩五分八釐
四毫九絲二忽鑄出制錢二十六萬三百三十四
萬五千六百三十九文内三萬三千九百一十五
萬一千九百九十文每七百文作銀一兩值銀四
十八萬四千五百二十兩八錢四分二釐七毫七絲
又三十二萬六千四百一十九萬三千六百四十
九文每千文作銀一兩值銀二百二十六萬四千
一百九十三兩六錢四分九釐二項共銀二百七
十四萬八千六百九十六兩四錢九分一釐七毫
七絲内除前項用過鑄本銀外淨獲息銀一百一
十三萬五千五百八兩四錢三分三釐二毫七絲

八忽

順治十八年三月復奉部文開爐歸併布政司承管錢背而添清漢文寧字各一每文重一錢四分每千文重八觔十三兩康熙九年停止共計支用過鑄本銀一百二十二萬七千四百五十七兩九錢六分一毫二絲五忽鑄出制錢一十五萬四千七百七十萬三千三百六十五文每千文作銀　一兩共值銀一百五十四萬七千七百三兩錢六分五釐內除前項鑄本銀外淨獲息銀三十二萬二百四十五兩四錢四釐八毫七絲五忽

〔漢〕吳王濞即山鑄錢富甲天下後以及誅

〔三國吳〕大帝赤烏元年鑄大錢一當十　神鳳三年鑄錢一當五百錢既大責但有空名民間患之

〔南北朝宋〕文帝元嘉七年鑄四銖錢　孝武帝孝建初鑄孝建錢形式薄小輪廓不成於

是私鑄雲起　廢帝景和二年鑄二銖錢形式轉細有荇葉鵞眼綖環諸名斗米萬錢不盈一掬商賈不行　明帝初禁民鑄而官署亦廢唯用古錢

梁武帝鑄五銖錢又別鑄女錢除其肉廓晉通中更鑄五銖鐵錢京師以九千爲陌名曰長錢後遂以三十五爲陌

陳文帝天嘉五年鑄五銖錢　宣帝大建十一年鑄六銖錢尋廢之復行五銖

隋文帝開皇十年詔晉王廣聽於揚州立五鑪以鑄錢

五代南唐元宗保大元年鑄錢曰唐國通寶曰保大元寶

明太祖洪武初置寶源於應天府鑄大中通寶錢凡五等一兩五錢三錢二錢一錢重各如之

宣宗宣德九年詔南京工部鑄宣德通寶錢　孝宗弘治十八年詔南京工部鑄弘治通寶錢　世宗嘉靖八年二十一年等年詔南京工部鑄嘉靖通寶錢

江南通志卷之第二十二

驛傳 船政附

置驛以備送迎四馬高足曰置傳四馬中足曰馳傳四馬下足曰乘傳一馬二馬則軺傳焉此古先之制而歷代變通其法見於郵政者也江南當直省之衝使車驛騎絡繹奔會應接不遑雖所司勉供騶牧而路遥力乏端賴於權騁宿恤虺隤則請爲頌騑騑之四牡駪駪之征夫矣志驛傳

江寧府

江寧府江東驛設馬七十五匹草料銀二千一百六十兩馬夫七十五名工食銀一

千八十兩支應馬價鞍轡等項銀一千八百六十兩歲支銀共五千一百兩

金陵驛設馬八十五匹草料銀二千四百四十八兩馬夫八十五名工食銀一千二百二十四兩支應馬價鞍轡等項銀二千二十八兩歲支銀共五千七百兩

龍江驛設水夫一百名歲支工食銀一千四百四十兩

遞運所設旱夫一百五十名歲支工食銀二千一百六十兩

大勝驛設站船二十隻水手七十名工食銀五百四兩又苫蓋銀五十一兩五錢歲支銀共五百五十五兩五錢

江寧縣

江寧驛設馬五十二匹草料銀一千四百九十七兩六錢馬夫四十二名工食銀六百四兩八錢支應馬價鞍轡等項銀八百四十三兩六錢歲支銀共二千九百四十六兩

句容縣

雲亭驛設馬五十匹草料銀一千四百四十兩馬夫四十名工食銀五十七十六兩轎損夫六十五名工食銀九百三十六兩支應馬價鞍轡等項銀七百九十兩歲支銀共三千七百四十三兩

龍潭驛設馬四十匹草料銀一千一百五十二兩馬夫三十一名工食

銀四百六十兩八錢支應馬價鞍轡等銀六百七十二兩歲支銀共二千二百八十四兩八錢

溧陽縣設馬二匹草料銀五十七兩六錢馬夫一名工食銀一十兩八錢差夫四名工食銀五十七兩六錢馬價鞍轡等銀一十三兩歲支銀共一百三十九兩

溧水縣設黑四匹草料銀一百一十五兩二錢馬夫二名工食銀二十一兩六錢差夫四名工食銀五十七兩六錢馬價鞍轡等銀二十六兩歲支銀共二百二十兩四錢

高淳縣設馬四匹草料銀一百一十五兩二錢馬夫二名工食銀二十一兩六錢差夫四名工食銀五十七兩六錢馬價鞍轡等銀二十六兩歲支銀共二百二十兩四錢

江浦縣設旱夫一百四十五名歲支工食銀二千八十八兩

江淮驛設馬五十五匹草料銀一千五百八十四兩馬夫五十五名工食銀七百九十二兩支應馬價鞍轡等銀一千三百二十四兩歲支銀共三千七百兩

東葛驛設馬五十匹草料銀一千四百四十兩馬夫五

十名工食銀七百二十兩支應馬價鞍轡等銀一千八十兩歲支銀共三千二百四十兩

六合縣設旱夫九十名歲支銀一千二百九十六兩

棠邑驛設馬四十匹草料銀一千一百五十二兩馬夫三十二名工食銀四百六十兩八錢支應馬價鞍轡等銀六百七十二兩歲支銀共二千二百八十四兩八錢

蘇州府

蘇州府姑蘇驛設馬七十匹草料銀二千一十六兩馬夫七十名工食銀一千八兩水夫二百五十名工食銀三千六百兩支應馬價鞍轡等銀二千三百七十六兩快船二十隻水手六十名工食銀四百三十二兩又修船銀九千九兩歲支銀共九千五百三十一兩

吳江縣平望驛設馬六十匹草料銀一千七百二十八兩馬夫六十名工食銀八百六十四兩水夫二百三十名工食銀三千三百一十二兩支應馬價鞍轡等銀一千五百五十八兩

快船二十隻水手六十名工食銀四百三十二兩
修船銀九十九兩歲支銀共七千九百九十三兩

太倉州設馬七匹草料銀二百一兩六錢馬夫三
名工食銀三十二兩四錢繹損夫十名工
食銀一百四十四兩馬價鞍轡等銀四十
五兩五錢歲支銀共四百三十三兩五錢

常熟縣設馬二匹草料銀五十七兩六錢馬夫一
名王食銀一十兩八錢差夫四名工食銀
五十七兩六錢馬價鞍轡等銀一
十三兩歲支銀共一百三十九兩

崑山縣設馬八匹草料銀二百三十兩四錢馬夫
四名工食銀四十三兩二錢繹損夫一十
五名工食銀二百一十六兩馬價鞍轡等銀
五十二兩歲支銀共五百四十一兩六錢

嘉定縣設馬六匹草料銀一百七十二兩八錢馬
夫三名工食銀三十二兩四錢繹損夫十
名工食銀一百四十四兩馬價鞍轡等銀
三十九兩歲支銀共三百八十八兩二錢

松江府

華亭縣設馬八匹草料銀二百三十兩四錢馬夫四名工食銀四十三兩二錢縴損夫十三名工食銀一百八十七兩二錢馬價鞍轡等銀五十二兩歲支銀共五百一十二兩八錢

婁縣設馬八匹草料銀二百三十兩四錢馬夫四名工食銀四十三兩二錢縴損夫十三名工食銀一百八十七兩二錢馬價鞍轡等銀五十二兩歲支銀共五百一十二兩八錢

上海縣設馬二匹草料銀五十七兩六錢馬夫一名工食銀十兩八錢差夫四名工食銀五十七兩六錢馬價鞍轡等銀一十三兩歲支銀共一百三十九兩

清浦縣設馬六匹草料銀一百七十二兩八錢馬夫三名工食銀三十二兩四錢旱夫八名工食銀一百一十五兩二錢馬價鞍轡等銀三十九兩歲支銀共三百五十九兩四錢

常州府

武進縣毘陵驛設馬六十匹草料銀一千七百二十八兩馬夫六十名工食銀八百

六十四兩水夫二百四十名工食銀三千四百五十六兩支應馬價鞁轡等銀一千七百八兩快船二十隻水手六十名工食銀四百三十二兩又修理銀九十九兩歲支共銀八千二百八十七兩

無錫縣錫山驛 設馬五十六匹草料銀一千六百一十二兩八錢馬夫五十六名工食銀八百六兩四錢水夫二百二十名工食銀三千一百六十八兩支應馬價鞁轡等銀一千四百九十兩八錢快船二十隻水手六十名工食銀四百三十二兩又修理銀九十九兩歲支銀共七千六百九兩

江陰縣 設馬七匹草料銀二百一兩六錢馬夫四名工食銀四十三兩二錢差夫四名工食銀五十七兩六錢馬價鞁轡等銀四十五兩五錢歲支銀共三百四十七兩九錢

宜興縣 設馬三匹草料銀八十六兩四錢馬夫二名工食銀二十一兩六錢差夫四名工食銀五十七兩六錢馬價鞁轡等銀一十九兩五錢歲支銀共一百八十五兩一錢

鎮江府

丹徒縣京口驛

設馬七十匹草料銀二千一十六兩馬夫七十名工食銀一千八兩水夫二百四十名工食銀三千四百五十六兩旱夫五十名工食銀七百二十兩支應馬價鞍轡等銀一千七百七十六兩快船二十隻水手六十名工食銀四百三十二兩又修理銀九十九兩歲支銀共九千五百七兩

炭渚驛

設馬三十匹草料銀八百六十四兩馬夫二十四名工食銀三百四十五兩六錢支應馬價鞍轡等銀四百五十四兩歲支銀共一千六百六十三兩六錢

丹陽縣雲陽驛

設馬七十匹草料銀二千一十六兩馬夫七十名工食銀一千八兩水夫二百二十名工食銀三千一百六十八兩旱夫六十名工食銀八百六十四兩支應馬價鞍轡等銀一千六百七十六兩快船二十隻水手六十名工食銀四百三十二兩又修理銀九十九兩歲支銀共九千二百六十三兩

金壇縣設馬二匹草料銀五十七兩六錢馬夫一名工食銀一十兩八錢差夫四名工食銀五十七兩六錢馬價鞍轡等銀一千三兩歲支銀共一百三十九兩

淮安府

山陽縣設馬一百匹草料銀二千八百八十兩馬夫一百名工食銀一千四百四十兩水夫一百六十名工食銀二千三百四兩旱夫九十名工食銀一千二百九十六兩馬價鞍轡等銀一千六百八十兩歲支銀共九千六百兩

淮陰驛設支應廩糧銀八百兩

清河縣設馬七十五匹草料銀二千一百六十兩馬夫七十五名工食銀一千八十兩水夫一百六十名工食銀二千三百四兩旱夫七十名工食銀一千八兩馬價鞍轡等銀一千二百六十兩歲支銀共七千八百一十二兩

清口驛設廩糧銀七百兩

桃源縣設馬七十五匹草料銀二千一百六十兩馬夫七十五名工食銀一千八十兩水夫

一百六十名工食銀二千三百四兩旱夫七十名工食銀一千八兩馬價鞍轡等銀一千二百六十兩歲支銀共七千八百一十二兩　桃源驛設廩糧銀七百兩　古城腰站設馬四十匹草料銀一千一百五十二兩馬夫四十名工食銀五百七十六兩馬價鞍轡等銀六百七十二兩歲支銀共二千四百兩

宿遷縣設馬八十匹草料銀二千三百四兩馬夫八十名工食銀一千一百五十二兩馬價鞍轡等銀一千三百四十四兩歲支銀共四千八百兩　鍾吾驛設水夫一百六十名工食銀二千三百四兩旱夫八十名工食銀一千一百五十二兩支應廩糧銀七百兩歲支銀共四千一百五十六兩　峒峿腰站設馬六十匹草料銀一千七百二十八兩馬夫六十名工食銀八百六十四兩馬價鞍轡等銀一千八兩歲支銀共三千六百兩

邳州設馬三十匹草料銀八百六十四兩馬夫二十四名工食銀三百四十五兩六錢馬價鞍

轡等銀三百五十四兩馬船十隻水手二十名二
食銀一百四十四兩歲支銀共一千七百七兩六
錢

下邳驛設旱夫四十名歲支工食銀五百七十六兩

趙村驛設水夫一百六十名工食銀二千三百四兩支應銀一百二十兩歲支銀共二千四百二十四兩

揚州府

江都縣設馬一百匹草料銀二千八百八十兩馬夫一百名工食銀一千四百四十兩水夫一百六十名工食銀二千三百四兩旱夫九十名工食銀一千二百九十六兩馬價鞍轡等銀一千六百八十兩歲支銀共九千六百兩

廣陵驛設支應廩糧銀八百兩

邵伯驛設支應廩糧銀四百五十兩設馬四十匹草料銀一千一百五十二兩馬夫四十名工食銀五百七十六兩馬價鞍轡等銀六百七十二兩歲支銀共二千八百五十兩

高郵州設馬七十五匹草料銀二千一百六十兩馬夫七十五名工食銀一千八十兩水夫

一百五十名工食銀二千一百六十兩旱夫七十名工食銀一千八兩馬價鞦轡等銀一千二百六十兩歲支銀共七千六百六十八兩　盂城驛設支應廩糧銀六百兩　界首驛設支應廩糧銀四百五十兩設馬四十匹草料銀一千一百五十二兩馬夫四十名工食銀五百七十六兩馬價鞦轡等銀六百七十二兩歲支銀共二千八百五十兩

寶應縣設馬七十五匹草料銀二千一百六十兩馬夫七十五名工食銀一千八十兩水夫一百五十名工食銀二千一百六十兩旱夫七十名工食銀一千八兩馬價鞦轡等銀一千二百六十兩歲支銀共七千六百六十八兩　安平驛設支應廩糧銀六百兩

儀真縣設馬五十匹草料銀一千四百四十兩馬夫四十名工食銀五百七十六兩水夫八十名工食銀一千一百五十二兩旱夫五十名工食銀七百二十兩馬價鞦轡等銀五百九十兩歲支銀共四千四百七十八兩　儀真水驛設支應廩糧銀四百兩

通州設馬五匹草料銀一百四十四兩馬夫三名工食銀三十二兩四錢馬價鞍轡等銀三十二兩五錢歲支銀共二百八兩九錢

泰州設馬五匹草料一百四十四兩馬夫三名工食銀三十二兩四錢馬價鞍轡等銀三十二兩五錢歲支銀共二百八兩九錢

如皐縣設馬五匹草料銀一百四十四兩馬夫三名工食銀三十二兩四錢馬價鞍轡等銀三十二兩五錢歲支銀共二百八兩九錢

安慶府

安慶府同安水驛設紅漿船十二隻水手三十九名工食銀二百八十兩八錢又修造銀一百一十兩裁水夫頭六十名工食銀四百三十二兩廩糧備僱縴夫等銀二百兩扣存帶閏銀二十三兩七錢六分歲支銀共一千四十六兩五錢六分

懷寧縣設馬六十一匹草料銀一千七百五十六兩八錢馬夫六十一名除另給捐置馬田租稻外工食銀六百五十八兩八錢差夫四十名工食銀四百三十二兩廪糧買馬鞦轡等銀一千二百三十三兩扣存帶閏銀九十四兩九錢二分歲支銀共四千一百七十五兩五錢二分 練潭驛設馬六十一匹草料銀一千七百五十六兩八錢馬夫六十一名除另給捐置馬田租稻外工食銀六百五十八兩八錢差夫四十名除另給捐置馬田租稻外工食銀二百八十八兩廪糧買馬鞦轡等銀一千二百三十三兩扣存帶閏銀九十兩一錢二分歲支銀共四千二十六兩七錢二分

桐城縣呂亭驛設馬九十六匹草料銀二千七百六十四兩八錢馬夫九十六名工食銀一千三百八十二兩四錢差夫六十名工食銀六百四十八兩廪糧買馬鞦轡等銀一千九百三十八兩扣有帶閏銀一百五十九兩八錢四分歲支銀共六千八百九十三兩四分 陶冲

驛設馬八十二匹草料銀二千三百六十一兩六錢馬夫八十二名工食銀一千一百八十兩八錢差夫六十名工食銀六百四十八兩廪糧買馬鞍轡等銀一千六百五十六兩扣存帶閏銀一百三十九兩六錢八分歲支銀共五千九百八十六兩八分

潛山縣青口驛設馬八十二匹草料銀二千三百六十一兩六錢馬夫八十二名工食銀一千一百八十兩八錢差夫七十名工食銀七百五十六兩廪糧買馬鞍轡等銀一千六百五十六兩扣存帶閏銀一百四十三兩二錢八分歲支銀共六千九十七兩六錢八分

太湖縣小池驛設馬八十二匹草料銀二千三百六十一兩六錢馬夫八十二名工食銀一千一百八十兩八錢差夫七十名工食銀七百五十六兩廪糧買馬鞍轡等銀一千六百五十六兩扣存帶閏銀一百四十三兩二錢八分歲支銀共六千九十七兩六錢八分

宿松縣楓香驛設馬八十二匹草料銀二千三百六十一兩六錢馬夫八十二名工

食銀一千一百八十兩八錢差夫七十名工食銀七百五十六兩廩糧買馬鞁轡等銀一千六百五十六兩扣存帶閏銀一百四十三兩二錢八分歲支銀共六千九十七兩六錢八分

徽州府

歙縣設馬七匹草料銀二百一兩六錢馬夫四名除另給捐置馬田租稻外工食銀二十八兩八錢差夫十名除另給捐置馬田租稻外工食銀七十二兩買馬鞁轡等銀七十三兩五錢扣存帶閏銀一十兩八分歲支銀共三百八十五兩九錢八分

休寧縣設馬七匹草料銀二百一兩六錢馬夫四名除另給捐置馬田租稻外工食銀二十八兩八錢差夫十名除另給捐置馬田租稻外工食銀七十二兩買馬鞁轡等銀七十二兩五錢扣存帶閏銀一十兩八分歲支銀共三百八十五兩九錢八分

婺源縣設馬七匹草料銀二百一兩六錢馬夫四名除另給捐置馬田租稻外工食銀二十

八兩八錢差夫十名除另給捐置馬田租稻外工食銀七十二兩買馬鞍轡等銀七十三兩五錢扣存帶閏銀一十兩八分歲支銀共三百八十五兩九錢八分

祁門縣設馬七匹草料銀二百一兩六錢馬夫四名除另給捐置馬田租稻外工食銀二十八兩八錢差夫十名除另給捐置馬田租稻外工食銀七十二兩買馬鞍轡等銀七十三兩五錢扣存帶閏銀一十兩八分歲支銀共三百八十五兩九錢八分

黟縣設馬七匹草料銀二百一兩六錢馬夫四名除另給捐置馬田租稻外工食銀二十八兩八錢差夫十名除另給捐置馬田租稻外工食銀七十二兩買馬鞍轡等銀七十三兩五錢扣存帶閏銀一十兩八分歲支銀共三百八十五兩九錢八分

績溪縣設馬七匹草料銀二百一兩六錢馬夫四名除另給捐置馬田租稻外工食銀二十八兩八錢差夫十名除另給捐置馬田租稻外工食銀七十二兩買馬鞍轡等銀七十三兩五錢扣

存帶閏銀一十兩八分歲支銀共三百八十五兩九錢八分

寧國府

宣城縣設馬三疋草料銀八十六兩四錢馬夫二名除另給捐置馬田租稻外工食銀一十四兩四錢買馬鞍轡等銀二十四兩扣存帶閏銀三兩三錢六分歲支銀共一百二十八兩一錢六分

南陵縣設馬四十疋草料銀一千一百五十二兩馬夫三十二名除另給捐置馬田租稻外工食銀三百三十兩四錢差夫三十名除另給捐置馬田相稻外工食銀二百一十六兩廩糧買馬鞍轡銀七百六十五兩扣存帶閏銀五十二兩二錢八分歲支銀共二千四百一十六兩六錢八分

南陵腰站設馬四十疋草料銀一千一百五十二兩馬夫三十二名除另給捐置馬田租稻外工食銀二百三十兩四錢差夫二十名除另給捐置馬田租稻外工食銀二百一十六兩廩糧

買馬鞍轡等銀七百六十五兩扣存帶閏銀五十三兩二錢八分歲支共銀二千四百一十六兩六錢八分

涇縣設馬七疋草料銀二百一兩六錢馬夫四名除另給捐置馬田田稻外工食銀二十八兩八錢差夫十名除另給捐置馬田租稻外工食銀七十二兩買馬鞍轡等銀七十三兩五錢扣存帶閏銀一十兩八分歲支銀共三百八十五兩九錢八分

寧國縣設馬三疋草料銀八十六兩四錢馬夫二名除另給捐置馬田租稻外工食銀一十四兩四錢買馬鞍轡等銀二十四兩扣存帶閏銀三兩三錢六分歲支銀共一百二十八兩一錢六分

旌德縣設馬七疋草料銀二百一兩六錢馬夫四名除另給捐置馬田租稻外工食銀二十八兩八錢差夫十名除另給捐置馬田租稻外工食銀七十二兩買馬鞍轡等銀七十三兩五錢扣

存帶閏銀十兩八分歲支銀
共三百八十五兩九錢八分

太平縣設馬七匹草料銀二百一兩六錢馬夫四
名除另給捐置馬田租稻外工食銀二十
八兩八錢差夫十名除另給捐置馬田租稻外工
食銀七十二兩買馬鞁轡等銀七十三兩五錢扣
存帶閏銀十兩八分歲支銀
共三百八十五兩九錢八分

池州府

貴池縣設馬四十八匹草料銀一千三百八十二
兩四錢馬夫三十九名除另給捐置馬田
租稻外工食銀二百八十兩八錢差夫三十名除
另給捐置馬田租稻外工食銀二百一十六兩廩
糧買馬鞁轡等銀九百一十六兩五錢扣存帶閏
銀六十二兩六錢四分歲支銀共二千八百五十
八兩三錢四分

貴池水驛設差馬船十隻水手三十九名
工食銀二百八十兩八錢又修
造銀一百一十九兩水夫頭四十五名工食銀三
百二十四兩廩糧備僱縴夫銀一百五千兩扣存

帶閏銀二十兩一錢六分歲支
銀共八百九十三兩九錢六分

青陽縣設馬四十八匹草料銀一千三百八十二
兩四錢馬夫三十九名除另給捐置馬田
租稻外工食銀二百八十兩八錢差夫三十名除
另給捐置馬田租稻外工食銀二百一十六兩廩
糧買馬鞁轡等銀九百一十六兩五錢扣存帶閏
銀六十二兩六錢四分歲支銀共二千八百五十
八兩三
錢四分

銅陵縣水驛設差船四隻水手二十名工食銀一
百四十四兩又修造銀六十兩水夫
頭門十五名工食銀三百二十四兩廩糧備僱縴
夫銀一百五十兩扣存帶閏銀十五兩六錢歲支
銀共六百九
十三兩六錢

石埭縣設馬七匹草料銀二百一兩六錢馬夫四
名除另給捐置馬田租稻外工食銀二十
八兩八錢差夫十名除另給捐置馬田租稻外工
食銀七十二兩買馬鞁轡等銀七十三兩五錢扣

存帶閏銀十兩八分歲支銀共三百八十五兩九錢八分

建德縣 設馬二十匹草料銀五百七十六兩馬夫十六名除另給捐置馬田租稻外工食銀一百一十五兩二錢差夫十八名除另給捐置馬田租稻外工食銀一百二十九兩六錢廩糧買馬鞦轡等銀三百八十二兩五錢扣存帶閏銀二十七兩三錢六分歲支銀共一千二百三十兩六錢六分

東流縣 設馬二十七匹草料銀七百七十七兩六錢馬夫二十一名除另給捐置馬田租稻外工食銀一百五十一兩二錢差夫二十名除另給捐置馬田租稻外工食銀一百四十四兩廩糧買馬鞦轡等銀五百一十六兩扣存帶閏銀三十五兩七錢六分歲支銀共一千六百二十四兩五錢六分

東流水驛 設差紅船五隻水手十九名工食一百三十六兩八錢又修造銀六十一兩水夫頭四十五名工食銀三百二十四兩廩糧備僱縴夫銀一百五十兩扣存帶閏銀一

十五兩三錢六分歲支銀共
六百八十七兩一錢六分

太平府

當塗縣設馬四十匹草料銀一千一百五十二兩
工食銀二百三十兩四錢差夫三十名除另給捐
置馬田租稻外工食銀二百一十六兩廩糧買馬
鞍轡等銀七百六十五兩扣存帶閏銀五十三兩
二錢八分歲支銀共二千四百一十六兩六錢八
分　采石驛設紅船三隻水手十五名工食銀一百
八兩又修造銀四十五兩水夫頭四十
五名工食銀三百二十四兩廩糧備雇縴夫銀一
百五十兩扣存帶閏銀一十四兩四錢歲支銀共
六百四十
一兩四錢

蕪湖縣設馬四十匹草料銀一千一百五十二兩
馬夫三十二名除另給捐置馬田租稻外
工食銀二百三十兩四錢差夫三十名除另給捐
置馬田租稻外工食銀二百一十六兩廩糧買馬

鞍轡等銀七百六十五兩扣存帶閏銀五十三兩二錢八分歲支銀共二千四百一十六兩六錢八分

櫓港驛設紅船五隻水手二十五名工食銀一百八十兩又修造銀七十五兩水夫頭四十五名工食銀三百二十四兩廩糧備僱縴夫銀一百五十兩扣存帶閏銀一十六兩八錢歲支銀共七百四十五兩八錢

繁昌縣設馬三匹草料銀八十六兩四錢馬夫二名除另給捐置馬田租稻外工食銀一十四兩四錢買馬鞍轡等銀二十四兩扣存帶閏銀三兩三錢六分歲支銀共一百二十八兩一錢六分

荻港驛設紅船三隻水手十五名工食銀一百八兩又修造銀四十五兩水夫頭四十五名工食銀三百二十四兩廩糧備僱縴夫銀一百五十兩扣存帶閏銀一十四兩四錢歲支銀共六百四十一兩四錢

廬州府

廬州府金斗驛設馬八十二匹草料銀二千三百六十一兩六錢馬夫八十二名工食銀一千一百八十兩八錢差夫六十名工食銀六百四十八兩廩糧買馬鞦轡等銀一千六百五十六兩扣存帶閏銀一百三十九兩六錢八分歲支銀共五千九百八十六兩八分

合肥縣護城驛設馬八十九匹草料銀二千五百六十三兩一錢馬夫八十九名工食銀一千二百八十一兩六錢差夫六十名工食銀六百四十八兩廩糧買馬鞦轡等銀一千七百九十七兩扣存帶閏銀一百四十九兩七錢六分歲支銀共六千四百三十九兩五錢六分

店埠驛設馬八十二匹草料銀二千三百六十一兩六錢馬夫八十二名工食銀一千一百八十兩八錢差夫六十名工食銀六百四十八兩廩糧買馬鞦轡等銀一千六百五十六兩扣存帶閏銀一百三十九兩六錢八分歲支銀共五千九百八十六兩八分

派河驛設馬八十九匹草料銀二千五百六十三兩二錢馬夫八十九名工食銀一千二百八十一兩六錢差夫六十名工食銀

六百四十八兩廩糧買馬鞍轡等銀一千七百九十七兩扣存帶閏銀一百四十九兩七錢六分歲支銀共六千四百三十九兩五錢六分

廬江縣設馬三匹草料銀八十六兩四錢馬夫二名工食銀二十一兩六錢馬價鞍轡等銀二十四兩扣存帶閏銀三兩六錢歲支銀共一百三十五兩六錢

舒城縣三溝驛設馬八十九匹草料銀二千五百六十三兩二錢馬夫八十九名工食銀一千二百八十一兩六錢差夫六十名工食銀六百四十八兩廩糧買馬鞍轡等銀一千七百九十七兩扣存帶閏銀一百四十九兩七錢六分歲支銀共六千四百三十九兩五錢六分

梅心驛設馬八十九匹草料銀二千五百六十三兩二錢馬夫八十九名工食銀一千二百八十一兩六錢差夫六十名工食銀六百四十八兩廩糧買馬鞍轡等銀一千七百九十七兩扣存帶閏銀一百四十九兩七錢六分歲支銀共六千四百三十九兩五錢六分

無爲州設馬三匹草料銀八十六兩四錢馬夫二名工食銀二十一兩六錢馬價鞍轡等銀二十四兩扣存帶閏銀三兩六錢歲支銀共一百三十五兩六錢

巢縣鎮巢驛設馬七匹草料銀二百一兩六錢馬夫四名工食銀四十三兩二錢差夫十名工食銀一百八兩買馬鞍轡等銀七十三兩五錢扣存帶閏銀一十一兩七錢六分歲支銀共四百三十八兩六分

高井驛設馬七匹草料銀二百一兩六錢馬夫四名工食銀四十三兩二錢差夫十名工食銀一百八兩買馬鞍轡等銀七十三兩五錢扣存帶閏銀一十一兩七錢六分歲支銀共四百三十八兩六分

六安州設馬三匹草料銀八十六兩四錢馬夫二名工食銀二十一兩六錢馬價鞍轡等銀二十四兩扣存帶閏銀三兩六錢歲支銀共一百三十五兩六錢

霍山縣設馬三匹草料銀八十六兩四錢馬夫二名工食銀二十一兩六錢馬價鞍轡等銀

二十四兩扣存帶閏銀三兩六錢
歲支銀共一百三十五兩六錢

英山縣設馬三匹草料銀八十六兩四錢馬夫二名工食銀二十一兩六錢馬價鞍轡等銀二十四兩扣存帶閏銀三兩六錢
歲支銀共一百三十五兩六錢

鳳陽府

鳳陽府濠梁驛設馬一百三匹草料銀二千九百六十六兩四錢馬夫一百三名工食銀一千四百八十三兩二錢差夫七十名工食銀七百五十六兩廩糧買馬鞍轡等銀二千七十九兩扣存帶閏銀一百七十三兩五錢二分
歲支銀共七千四百五十八兩一錢二分

鳳陽縣王莊驛設馬九十六匹草料銀二千七百六十四兩八錢馬夫九十六名工食銀一千三百八十二兩四錢差夫七十名工食銀七百五十六兩廩糧買馬鞍轡等銀一千九百三十八兩扣存帶閏銀一百六十三兩四錢四分歲支銀共七千四百兩六錢四分

臨淮縣紅心驛 設馬一百三匹草料銀二千九百六十六兩四錢馬夫一百三名工食銀一千四百八十三兩二錢差夫七十名工食銀七百五十六兩廩糧買馬鞍轡等銀二千七十九兩扣存帶閏銀一百七十三兩五錢二分歲支銀共七千四百五十八兩一錢二分

定遠縣定遠驛 設馬八十二匹草料銀二千三百六十一兩六錢馬夫八十二名工食銀一千一百八十兩八錢差夫六十名工食銀六百四十八兩廩糧買馬鞍轡等銀一千六百五十六兩扣存帶閏銀一百三十九兩六錢八分歲支銀共五千九百八十六兩八分

池河驛 設馬六十八匹草料銀一千九百五十八兩四錢馬夫六十八名工食銀九百七十九兩二錢差夫六十名工食銀六百四十八兩廩糧買馬鞍轡等銀一千三百七十四兩担存帶閏銀一百一十九兩五錢二分歲支銀共五千七十九兩一錢三分

張橋驛 設馬八十九匹草料銀二千五百六十三兩二錢馬夫八十九名工食銀一千二百八十一兩六錢差夫六十名工食銀六百四十

八兩廩糧買馬鞦轡等銀一千七百九十七兩扣存帶閏銀一百四十九兩七錢六分歲支銀共六千四百三十九兩五錢六分

懷遠縣設馬三匹草料銀八十六兩四錢馬夫二名工食銀二十一兩六錢買馬鞦轡等銀二十四兩扣存帶閏銀三兩六錢歲支銀共一百三十五兩六錢

五河縣設馬三匹草料銀八十六兩四錢馬夫二名工食銀二十一兩六錢買馬鞦轡等銀二十四兩扣存帶閏銀三兩六錢歲支銀共一百三十五兩六錢

虹縣設馬三匹草料銀八十六兩四錢馬夫二名工食銀二十一兩六錢買馬鞦轡等銀二十四兩扣存帶閏銀三兩六錢歲支銀共一百二十五兩六錢

壽州設馬三匹草料銀八十六兩四錢馬夫二名工食銀二十一兩六錢買馬鞦轡等銀二十四兩扣存帶閏銀三兩六錢歲支銀共一百三十五兩六錢

霍丘縣設馬三匹草料銀八十六兩四錢馬夫二名工食銀二十一兩六錢買馬鞍轡等銀二十四兩扣存帶閏銀三兩六錢歲支銀共一百三十五兩六錢

蒙城縣設馬三匹草料銀八十六兩四錢馬夫二名工食銀二十兩六錢買馬鞍轡等銀二十四兩扣存帶閏銀三兩六錢歲支銀共一百三十五兩六錢

泗州設馬七匹草料銀二百一兩六錢馬夫四名工食銀四十三兩二錢差夫十名工食銀一百八兩買馬鞍轡等銀七十三兩五錢扣存帶閏銀一十一兩七錢六分歲支銀共四百三十八兩六分

盱眙縣設馬七匹草料銀二百一兩六錢馬夫四名工食銀四十三兩二錢差夫十名工食銀一百八兩買馬鞍轡等銀七十三兩五錢扣存帶閏銀一十一兩七錢六分歲支銀共四百三十八兩六分

天長縣設馬七匹草料銀二百一兩六錢馬夫四名工食銀四十三兩二錢差夫十名工食銀一百八兩買馬鞍轡等銀七十三兩五錢扣存帶閏銀一十一兩七錢六分歲支銀共四百三十八兩六分

宿州睢陽驛設馬九十六匹草料銀二千七百六十四兩八錢馬夫九十六名工食銀一千三百八十二兩四錢差夫六十名工食銀六百四十八兩廩糧買馬鞍轡等銀一千九百三十八兩扣存帶閏銀一百五十九兩八錢四分歲支銀共六千八百九十三兩四分　大店驛設馬九十六匹草料銀二千七百六十四兩八錢馬夫九十六名工食銀一千三百八十二兩四錢差夫六十名工食銀六百四十八兩廩糧買馬鞍轡等銀一千九百三十八兩扣存帶閏銀一百五十九兩八錢四分歲支銀共六千八百九十三兩四分　百善驛設馬七匹草料銀二百一兩六錢馬夫四名工食銀四十三兩二錢差夫十名工食銀一百八兩買馬鞍轡等銀七十三兩五

錢扣存帶閏銀十一兩七錢六分歲支銀共四百三十八兩六分

夾溝驛設馬九十六匹草料銀二千七百六十四兩八錢馬夫九十六名工食銀一千三百八十二兩四錢差夫六十名工食銀六百四十八兩廩糧買馬鞍轡等銀一千九百三十八兩扣存帶閏銀一百五十九兩八錢四分歲支銀共六千八百九十三兩四分

靈璧縣固鎮驛設馬一百三匹草料銀二千九百六十六兩四錢馬夫一百三名工食銀一千四百八十三兩二錢差夫七十名工食銀七百五十六兩廩糧買馬鞍轡等銀二千七十九兩扣存帶閏銀一百七十三兩五錢二分歲支銀共七千四百五十八兩一錢二分

潁州設馬三匹草料銀八十六兩四錢馬夫二名工食銀二十一兩六錢買馬鞍轡等銀二十四兩扣存帶閏銀三兩六錢歲支銀共一百三十五兩六錢

潁上縣設馬三匹草料銀八十六兩四錢馬夫二名工食銀二十一兩六錢買馬鞍轡等銀

二十四兩扣存帶閏銀三兩六錢歲支銀共一百三十五兩六錢

太和縣設馬三匹草料銀八十六兩四錢馬夫二名工食銀二十一兩六錢買馬鞍轡等銀二十四兩扣存帶閏銀三兩六錢歲支銀一百三十五兩六錢

亳州設馬三匹草料銀八十六兩四錢馬夫二名工食銀二十一兩六錢買馬鞍轡等銀二十四兩扣有帶閏銀三兩六錢歲支銀共一百三十五兩六錢

徐州

徐州夫厰設損夫九十名工食銀一千二百九十六兩水夫五十名工食銀七百二十兩歲支銀共二千一十六兩**東岸驛**設馬一百二十五匹草料銀三千六百兩馬夫一百二十五名工食銀一千八百兩支應馬價鞍轡等銀二千六百兩歲支銀共八千兩**利國驛**設馬一百二十匹草料銀三千四百五十六兩馬夫二百二十名工食銀一千七百三十八兩支應馬價

鞍轡等銀二千五百一十六兩歲支銀共七千七百兩

桃山驛設馬九十五匹草料銀二千七百三十六兩馬夫九十五名工食銀一千三百六十八兩支應馬價鞍轡等銀一千九百九十六兩歲支銀共六千一百兩

彭城驛設水夫四十名工食銀五百七十六兩轎夫三十名工食銀四百三十二兩支應銀三百兩歲支銀共一千三百八兩

房村驛設馬船二十隻水手四十名歲支工食銀二百八十八兩

沛縣設馬一十二匹草料銀三百四十五兩六錢馬夫十名工食銀一百四十四兩損轎夫二十名工食銀二百八十八兩馬價鞍轡等銀一百四十一兩六錢歲支銀共九百一十九兩二錢

泗亭驛設損轎夫二十名工食銀二百八十八兩水夫八十名工食銀一千一百五十二兩支應廩糧銀二百五十兩歲支銀共一千六百九十兩

夏鎮夫廠設損夫六十名工食銀八百六十四兩水夫一百五十名工食銀二千一百六十兩歲支銀共三千二十四兩

豐縣設馬二匹草料銀五十七兩六錢馬夫一名工食銀一十兩八錢差夫五名工食銀七十二兩馬價鞍轡等銀一十三兩歲支銀共一百五十三兩四錢

蕭縣設馬二匹草料銀五十七兩六銀馬夫一名工食銀一十兩八錢差夫五名工食銀七十二兩馬價鞍轡等銀一十三兩歲支銀共一百五十三兩四錢

碭山縣設馬二匹草料銀五十七兩六錢馬夫一名工食銀一十兩八錢差夫五名工食銀七十二兩馬價鞍轡等銀一十三兩歲支銀共一百五十三兩四錢

滁州

滁州滁陽驛設馬七十五匹草料銀二千一百六十兩馬夫七十五名工食銀一千八十兩差夫五十名工食銀五百四十兩買馬廪糧鞍轡等銀一千五百一十五兩扣存帶閏銀一百二十六兩歲支銀共五千四百二十一兩

大柳驛設馬六十八匹草料銀一千九百五十八

兩四錢馬夫六十八名工食銀九百七十九兩二錢差夫五十名工食銀五百四十兩買馬麇糧鞍轡等銀一千三百七十四兩扣存帶閏銀一百一十五兩九錢二分歲支銀共四千九百六十七兩五錢二分

全椒縣設馬七匹草料銀二百一兩六錢馬夫四名工食銀四十三兩二錢差夫十名工食銀一百八兩買馬鞍轡等銀七十三兩五錢扣存帶閏銀一十一兩七錢六分歲支銀共四百三十八兩六分

來安縣設馬三匹草料銀八十六兩四錢馬夫二名工食銀二十一兩六錢買馬鞍轡等銀二十四兩扣存帶閏銀三兩六錢歲支銀共一百三十五兩六錢

和州

本州設馬七匹草料銀二百一兩六錢馬夫四名工食銀四十三兩二錢差夫十名工食銀一

百八兩買馬鞍轡等銀七十三兩五錢扣存帶閏銀一十一兩七錢六分歲支銀共四百三十八兩六分

含山縣設馬七匹草料銀二百一兩六錢馬夫四名工食銀四十三兩二錢差夫十名工食銀一百八兩買馬鞍轡等銀七十三兩五錢扣存帶閏銀一十一兩七錢六分歲支銀共四百三十八兩六分

廣德州

本州設馬三匹草料銀八十六兩四錢馬夫二名除另給捐置馬田租稻外工食銀一十四兩四錢買馬鞍轡等銀二十四兩扣存帶閏銀三兩三錢六分歲支銀共一百二十八兩一錢六分

建平縣設馬三匹草料銀八十六兩四錢馬夫二名除另給捐置馬田租稅外工食銀一十四兩四錢買馬鞍轡等銀二十四兩扣存帶閏銀三兩二錢六分歲支銀共一百二十八兩一錢六

分撥安徽等十府州屬原設夫馬船隻廩糧等項原額共銀二十一萬六千六百四十六兩二錢四釐零內裁減不一於康熙二十年十二月二十日
恩詔復二案內部定實止共額銀一十八萬九千二百五十七兩四錢四分
江蘇等八府州屬原額設共銀二十八萬四千四百九十三兩六釐零內裁減不一於康熙二十年十二月二十日
恩詔復二案內部定實止共額銀二十一萬一千三百九十二兩五錢
通省共額銀四十萬六百四十九兩九錢四分歲終於兵部核銷其安屬裁存銀二萬七千三百八十八兩七錢六分四釐零江屬裁存銀七萬一百兩五錢六釐零俱於布政使司衙門查收核算

船政附

江南省驛傳道額設船隻

江寧水驛黃快座船柒拾捌隻原額八十一隻內要字二四九號三船於順治年間遭風毀壞未經造補止見在船七十八隻每隻在塢看船頭舵水手八名出差加添水手六名耑供南北勘合差使及運送

上用龍袍其工食差修等銀悉於水船額編黃快丁銀項下

支給

江寧水驛快中划船拾陸隻原係新水營沙船因該營於順治六年奉裁其所遺船隻經操撫部院李日芃於順治九年

題明歸併江寧守巡池太常鎮揚州五道以備差遣後於順治十五年間准江寧道詳准將修理沙船十二隻移交驛道應差又於康熙四年總督部院郎廷佐　題請將揚州道堪修沙船三隻改歸驛道修理應用每隻在塢看船頭舵水手四名出見加添水手三名又划船一隻係於順治五年間總督戶部發下歸驛應差在塢看船頭舵水手三名

出差加添水手四名其工食苫修等銀亦於丁銀項下支給

江寧府便民船肆拾叁隻康熙七年總督部院郎廷佐題爲江南覓船等事請照汴梁通州事例令官員生監捐輸打造奉
旨依議通行捐納於康熙八年六月內造成便民座船三隻便民船一百四隻共船一百七隻續經部院撥發蘇州府應差便民船三十隻淮安府應差便民船三十隻止留江寧船四十七隻內除節年遭風火燬四隻工部咨文停造外實止現在便民座船三隻在塢看船頭舵水手三名出差加添水手八名現在便民船四十隻在塢看船頭舵水手二名出差加添水手六名其看船頭舵工食及苫葢修銀經部院阿席熙題准於工屬蘆課項下支給

上下兩江宣樓船貳百肆拾貳隻內江寧府屬成造船八十隻安慶府屬成造船二十五隻寧國府屬城造船三十隻池州府屬成造船二十五隻太平府屬成造船

四十隻廬州府屬成造船三十四隻和州屬成造
船八隻係順治十四年經總督部院郎廷佐於請
預造舟楫等事并請舒江南三大困等事案內
題請江南省江安鳳三撫院共造宣樓船六百隻以
供過往大兵之用每撫屬打造宣樓船二百隻除
江撫衙門所屬之江蘇松常鎮各府因無錢糧未
經成造外其安撫衙門搜查各屬水驛存剩建曠
無礙銀兩造成船二百隻又鳳撫衙門所屬廬和
二府州捐造船四十二隻未經足額後因鳳撫衙
門奉裁其廬和捐造船四十二隻歸安撫部院管
轄隨經題明與上江船二百隻一例動支驛站
建曠銀兩以作工修續於康熙十五年五月初五
日安撫部院靳輔題明將各船分發埠頭收管
聽其攬載以爲工食修銀之用如遇官兵大差即
行提應用照例給發差銀報銷若前船裝載未回
即令埠頭照式僱覓給發水脚詳銷近因朽壞甚
多部院具題部覆仍令地方官每年查修其船
在塢看船頭舵水手一名出差加添水手陸名

蘇州府便民船貳拾玖隻 原撥發蘇州府三十隻內除宋玉一船火燬奉

工部咨文停造外止船二十九隻其工食差修等項照依省會船隻則例支給彙冊報銷

淮安府便民船貳拾玖隻原撥發淮安府三十隻內除阮春一船遭風經工部咨文停造外實止船二十九隻其工食差修等項照依省會船隻則例支給

山陽縣樓唬船伍拾壹隻前項船隻原係總漕部院蔡士英捐俸成造於康熙十一年間經總漕部院帥顏保議令每船頭舵各一名每名日支工食銀伍分每船每月苫蓋銀壹兩一錢在於山陽縣地丁銀內取給該船原在於山陽縣應付往來差使年來調赴省塢蘇塢奏應回京官兵

外京口沙船貳百隻唬船壹百隻順治間以京口為江南重鎮特命鎮海將軍兩路總兵駐鎮額設上項沙唬船隻十八年六府三十六州縣成造三年小修五年大修商民苦累康熙九年科臣李宗孔請設廉能文武專官督理修造部覆行總督部院麻勒吉江寧

巡撫馬祜會同鎮江將軍保舉正紅旗阿達哈哈
番劉肇極蘇州府海防同知魯超二員
給闕防監督修造自十年興工十二年告成督臣
麻勒吉疏言京口戰船向來分發六府州縣以數
十官分在而不足今二官專任而有餘物料則平
價採買匠夫則給糧以時六府晏然不知有修船
之事又節省錢糧四萬餘兩部覆魯超陞知府劉
肇極陞叅領康熙十四年總督阿席熙覆題理
事同知任道立督修工完亦陞知府十九
年題裁船政同知仍歸六府州縣修理

江南通志卷之第二十三

蠲卹

極治之世上設荒政以濟民而語三統者則謂陰陽恒數各有其九善備荒者乘其九而消息之雖水旱不爲災葢籌所以賑濟者至豫也江南土瘠戸繁風雨稍不時輒苦饑頻年屢荷

皇仁蠲租改折二三大吏承流宣化復倣常平倉而設廩以資補救焉何其渥也夫有淮南發粟之汲黯則堯舜之澤奚憂不被斯民乎志蠲卹

漢文帝六年詔曰農天下之本務莫大焉今勤身

從事而有租稅之賦是為本末者無以異其於勸農之道未備其除田之租稅

十二年賜農民今年租稅之半遣謁者勞賜三老孝者帛人五匹弟者力田二匹

景帝元年五月除田半租

武帝元狩元年賜民百户牛一酒十石加年八十孤寡布帛二匹賜縣三老孝者帛人五匹鄉三老弟者力田帛人三匹年九十以上及鰥寡孤獨帛人二匹絮三斤八十以上米人三石文景以後賜貸大略相倣不能盡載

昭帝元平元年減口賦錢

宣帝本始四年正月賑貸困乏

元康二年令郡國被災甚者毋出今年租賦

元帝初元二年令郡國被災甚者毋出租賦

成帝建始元年賜三老孝弟力田鰥寡孤獨錢帛有差

河平四年春正月外國來朝赦天下諸逋租賦所賑貸勿收三月遣光祿大夫博士等行郡舉水所毀傷困乏不能自存者給財賑貸其爲水流壓死不能自葬令郡國給槥櫝葬埋已葬者與錢人二

于避水宅郡國者在所捛食之

鴻嘉元年逋貸未入者勿收

平帝元始三年被災之郡不滿十萬勿租稅民疾疫者舍空邸第爲置醫藥賜死者葬錢

東漢光武帝建武六年詔曰往歲水旱蝗蟲爲災穀價騰躍命郡國有穀者給稟高年鰥寡孤獨及篤癃無家屬貧不能自存者如律

明帝永平十八年賜鰥寡孤獨篤癃貧不能自存者粟人三斛　徐州等處大旱詔勿收田租以見穀賑給貧人

章帝建初元年郡國尤貧者計所貸并與之流人欲歸本者郡縣其實廩令足還到聽過止官亭無雇舍宿長吏親躬無使貧弱遺脫

三年賜癃貧粟人五斛

和帝永元元年戒郡國罷鹽鐵之禁

安帝永初三年詔長吏按行所在貧者給種餉

順帝陽嘉二年詔以吳郡會稽饑荒貸人種糧

三年賜天下民八十以上米人一斛肉二十觔酒五斗九十以上加賜絮帛

桓帝建和二年荆揚二州災人多饑死遣四府掾

分行賑給

九年水旱疾疫令大司農絶今歲徵求及前年未畢者勿復收責

吳大帝嘉禾三年正月以歲不登寬其諸逋

赤烏三年十一月民饑詔開倉以賑貧窮

十三年丹陽句容及故鄣寧國諸山崩洪水溢詔原逋責給貸種食

大元元年十二月詔省繇役減征賦

景帝永安二年詔令民廣開田業輕其賦稅差科彊羸課其田畝務令均優

晉武帝咸寧二年詔遭水之縣尤甚者全除一年租布其次聽除半年受賑貸者即以賜之

宋文帝元嘉四年詔蠲今年租布

十六年詔復僑舊租布之半行所經縣蠲田租之半又募諸州樂移京口者給以田宅并蠲復之

十七年詔前所給揚南徐百姓田糧種子應督入者悉除半今年有不收者都原之凡諸逋租優量申減并禁估稅煩刻

武帝大明五年詔南徐兖水潦逋租米入者申至秋登八年除揚南徐七年逋租

齊高帝建元二年詔長蠲南蘭陵租布

武帝永明四年詔揚南徐今年户租三分二取見布一分取錢來歲以後遠近諸州輸錢處竝減布直匹准四百依舊所半以爲永制

明帝建武二年詔南徐僑寓戍旅蠲今年三課

梁武帝大同十年三月謁園陵詔所經縣邑無出今年租賦監所責民蠲復二年

陳宣帝大建十二年九旱詔東海等十郡積年田稅祿秋各原半丁租半申至來歲秋登

唐太宗貞觀元年詔所在賑䘏蠲其租賦按綱目書赦災

之政十有三太宗居其三

元宗開元二十五年行和糴法停江淮運租

二十九年春正月立賑饑法制曰前年饑饉皆待奏報然後開倉道路悠遠何救懸絶自今委州縣及採訪使給訖奏聞

德宗貞元八年命揚楚盧壽滁潤蘇常等州百姓因水損田苗所在長吏具聞撫綏百姓因水不能自存者委宣撫使賑給死者各加賜物官爲收斂埋葬

憲宗元和二年十一月李錡伏誅有司籍其家裴

埇李絳請以賜代今年租賦上嘉歎從之

六年停鎮海軍使額所收俸料代百姓兩稅闕額

宋太宗淳化五年詔西浙頻年水災倍加安撫

眞宗大中祥符三年八月辛亥以江南旱潤州屢

火遣使存撫

仁宗嘉祐六年免收屯田隨苗錢耗米

英宗治平元年宣州大水遣使疏治賑䘏蠲租賦

徽宗崇寧四年九月秀州水賜乏食者粟

政和三年詔災傷放稅及七分以上常平賑貸

高宗建炎二十三年宣州大水泛溢至太平四十

月遣戸部郎官鍾世明修築圩田賑濟貧乏

紹興七年二月乙丑帝次鎮江詔免驛及經從州縣積年逋賦

孝宗乾道元年二月癸卯以淫雨有傷蠶麥詔浙東西路災傷去處人戸合納丁錢絹減放一半

淳熙二年秋寧國大旱民饑賑之粟

寧宗嘉定八年春旱首種不入至八月乃雨以江東提舉李傳道督賑行社倉法

理宗景定四年減公田租時民田之買為公田者十六萬八千五百二十八畆有奇

度宗咸淳六年十一月以蘇松大水詔免公田民田租有差

恭帝德祐元年罷公田復茶鹽市諸法如故諸害民者悉除之

元世祖至元二十年十一月上海縣儀詔發義倉糧及募富人出粟賑之

十三年二月免魚菱等稅除巨木花果外許貧民從便採取十二月免宋時諸名項繁冗科差如聖節上供經總制錢等類

十五年量減公田歲課二分浙西所有公田可權

依舊例名佃客耕種合得歲課十分中量減二分聽從各人自行量槩仍命有司選廉幹官吏主之

成宗大德元年停免江南新科夏稅已到官者筭

准租

三年正月量免江南等處夏稅以十分爲率量減三分以水旱疾病百姓多被其災又復賑貸

五年各路風水災重去處差撥稅糧並行除免貧乏缺食者計口賑濟尤甚者另加優給其餘災傷亦委官省視存卹

九年二月均免田租稅二分江淮以南諸處佃種

官田租稅均免二分其在前年分百姓拖欠差發
課程並行蠲免
十一年五月免夏稅五分秋稅三分已納在官者
准下年之數
武宗至大元年免賑濟戶差稅江南江北水旱災
荒去處已嘗遣使分頭賑䘏去歲今春曾經賑䘏
人戶其今年差發夏稅並行蠲免
二年三月免江淮被災百姓夏稅
四年正月免江南夏稅三分
仁宗延祐二年冬免夏稅二分經理自實租稅三

年

英宗至治元年三月賑寧國路饑

二年十一月免官田租三分

泰定帝泰定二年閏正月革包銀江淮迤南搠料包銀病民爲甚今後並革

三年九月水民饑賑之

文宗天曆元年九月免江淮夏稅三分

二年四月浙江行省上言諸路饑命賑之

至順元年二月寧國等路饑先後賑糧三萬五千石閏七月大水没民田逾萬計詔浙江行省以入

粟補官鈔及勸富人出粟賑之

順帝元統二年三月勅有司發義倉糧賑松江等路饑民八年四月以平江松江水災給海運糧十萬石賑之

明太祖洪武元年蠲免本年夏税秋糧

二年蠲免寧國等府夏税秋糧十二月賑應天蘇松諸府貧民人給米一石棉布一疋

三年蠲免鎮江等七處夏税秋糧

五年蠲免蘇松寧國等處秋糧

六年手詔今年三四月間蘇州各縣小民飲食曾

教府縣鄉里接濟我想那小百姓好生生受原借的糧米不須還官都免了

七年諭中書省體知蘇州松江嘉興三府百姓們好生缺食生受今歲夏稅令納的絲綿錢麥等物盡行蠲免恁省家便出榜去教百姓知道有司糧長毋得科擾

十一年詔以京口等六州四縣供給久勞今年秋糧盡行蠲免　五月蘇松水災免其歷年逋租遣使行賑饑民六萬二千八百四十四戸戸賜米一石七月蘇松揚等府海溢漂民居人多溺死詔遣

官存卹

十四年十月詔寧國等五府秋糧官田徵半民田其盡蠲免

十六年五月免寧國等五府稅糧命戶部宣諭敢有侵漁者寘於法

十八年降大誥以應天鎭江等五州創始之地久被差徭特將夏秋稅糧民田全免官田減半徵收

十九年詔所在鰥寡孤獨取勘明白田糧米曾除去差撥者即與除去若不能自養歲給米六石其孤兒有田不能自立既免差役責令親戚收養無

親戚隣里養之其無田者一體給米六石候出幼同民當差

成祖永樂二年以蘇松等府水災令低田稅糧以帛代輸從戶部奏請十一月蠲今年糧租有差

四年九月賑蘇松嘉湖杭常六府流徙復業民戶十二萬二千九百給粟十五萬七千二百餘石

十二年十一月蠲蘇松五府水災田租

宣宗宣德元年九月命行在戶部遣官覆視蘇松諸府被春夏雨災蠲其稅從左通政岳福奏請

七年九月命行在戶部遣人覆視蘇松水災田畝

蠲其租稅從巡按御史王來奏報

英宗正統四年勅諭行在工部右侍郎周忱總督

南直隸應天鎮江蘇州常州松江太平安慶池州

寧國徽州十府及廣德州預備饑荒之務金壇民

王𢍰徐以文鄧茂等出穀賑濟降勅旌奬免本戶

雜泛差役有差

十年八月命戶部蠲蘇松常鎮等十四府州縣正

統九年水災無徵糧米共四十萬三千五百六十

三石有奇從巡撫工部左侍郎周忱奏

景帝景泰五年九月停免蘇松等府民運八十

萬二千餘石并各項起運存留馬草折銀等俱俟
遣官勘實災傷奏請處置從戶部尚書張鳳等奏是歲吳民
侯端張英等各輸米八百斛助賑明年蔡璠等亦
各輸粟並賜冠帶以旌之
英宗天順八年詔免次年夏稅麥絲絹秋糧米
憲宗成化元年詔免節年逋賦次年夏稅麥絲絹
秋糧米數如前華亭人張溥等輸米助賑二年上
海陸經王謙輸賑本縣詔授承事郎迪功郎旌其
門有差
六年免節年逋賦又免池州寧國二府去年秋糧

一萬八千七百餘石宣州衛屯糧二百八十餘石

七年免節年逋賦以松江府連歲災傷免今年税糧五分有奇從巡按御史王杲奏報

十三年免夏税秋糧米十之三

十七年免秋糧十之七

十八年三月勅南直巡撫王恕地方自去年以來被災無收要行賑濟特命爾督委府州縣巡歷災重去處助勘饑民的數節將預備倉照數給散蘇松常鎮各有逋年該收糧內撥剩餘米斟酌多寡散與極貧軍民其年免夏麥秋糧十之九

孝宗弘治元年免秋糧十之六
五年詔免節年逋賦二月以水災免蘇松等府衛
糧草籽粒有差其非全災者自本年始以三分爲
率每歲漸徵之十一月免應天蘇松常鎮太平寧
國七府弘治四年夏秋稅糧有差
八年五月以水災免應天及蘇松常鎮等府弘治
七年糧草籽粒有差免本年夏麥十之三　十一
月以滸墅闗今年秋冬二季并明年春夏二季課
稅銀留賑蘇松常鎮四府饑民
十五年以蘇松災傷改折起運糧米

十八年詔免十六年以前糧草絲絹課鈔鹽錢歲
辦馬場籽粒銀兩贓役夫價未徵者其坍壓田糧
有累包賠查勘除豁
武宗正德元年免秋糧十之六　十月以蘇松等
府災免存留糧草籽粒
三年免夏麥十之一秋糧十之七　十二月以蘇
松等府旱災令無災處所免軍米及兩京俸糧共
折五十萬石省其耗費以補災傷地方起運之數
從總督糧儲都
御史羅鑒奏請
五年詔停免錢糧籽粒馬匹絹鹽課料物其應完

者俟歲豐帶徵一分　十一月以蘇松常三府水災凡起運稅糧棉布絲絹俱量改折色存留者本色折色中半徵收各衛所屯田籽粒並視災之輕重蠲免

七年以旱災免蘇松常鎮四府秋糧有差

十四年八月以水災免蘇松常鎮等府夏稅有差

世宗嘉靖元年赦節年逋賦

四年正月蠲免蘇松常帶徵錢穀三十八萬有奇從巡按御史朱實昌奏

六年秋糧每石免四斗

七年以蘇松被災蠲免全稅發太倉庫銀一百萬兩抵補起存錢糧餘行賑濟

二十三二十四年秋糧全免其緊要不可缺者額京倉米四千餘石抵補

三十三年以蘇松等府兵荒相繼盡蠲本年存留錢糧改折起運之半從巡按御史周如斗等奏報

四十年以蘇松等府水災改折起運糧米停徵宗人府米折京庫折草布絹等銀仍留關稅與各府引價事例銀賑濟時光祿少卿顧從禮倡義出粟以食饑民寧國大水漂沒圩岸大饑知府方逢時

發廩賑民修築諸圩
穆宗隆慶元年赦節年逋賦
二年十一月以蘇松常三府水災詔改折額解祿
米食糧一年
神宗萬曆七年以蘇松水災蠲免稅糧有差
十年詔免自隆慶元年至萬曆七年止逋賦又蠲
十一年分一應起存錢糧十之三漕糧除例免三
分外仍改折三分不分正改兌每石折銀六錢以
蘇松等府水災改折本年漕糧及南京各衛倉糧
蠲免宗人府米折南京倉麥折銀仍留關稅發賑

饑民

十三年詔免八年九年十年十一等年各項民欠錢糧

十五年因災漕糧改折五分不分正改兌每石折銀伍錢又南京戶部馬草銀蠲十之五

十六年吳中大荒發太僕寺馬價及南京戶部銀共三十萬兩命戶科楊文舉賑濟有司各處設廠煑粥賑饑國子生顧正心助濟荒義田三千二百二十九畝共除糧淨米二千一百九十八石九斗零每石定例易銀四錢四分納貯府庫以備濟荒

御史丁賓賑青浦次年鎮江人張栢輸粟千石臺
使上其事授布政司經歷餘輸粟者褒獎有差
十七年因災免本年起運淮鳳陽各府倉麥米十
之五又南糧水兑免十之三止徵其七而應征之
數俱改折徵解
十八年因災改折漕糧五分不分正改兑俱每石
折銀五錢又免十六年扣留漕折銀三分
十九年因災免南京戸部馬草銀十之五京庫麥
折見徵其半餘則停徵
二十九年以蘇松水災改折漕糧從巡按御史何熊祥奏請

三十六年蘇松等府大水詔以淮揚稅銀五萬兩行賑

三十七年歲饑巡撫都御史周孔教檄南直府縣分往鄉村作粥以濟民皆取給署丞顧正心助米濟荒使鄉士大夫好義者監領之

熹宗天啓七年蘇松常大水奏免本年起存額賦有差

懷宗崇禎三年歲饑米價踴貴松江知府方岳貢發貯倉顧氏濟荒米七千餘石平糶分賑饑民鄉士大夫各出粟爲助

五年以旱災蠲逋賦十萬餘兩從巡按御史陳乾陽奏請

十四年大旱米貴饑殍載道蘇州縉紳蔡懋德等松江舉人何剛等倡首出粟分賑是年冬詔蘇松等府漕米改兌麥折三分

十五年應天巡撫黄希憲賑蘇松常鎮四府饑民

皇清

世祖章皇帝順治二年平定江南奉旨蠲免本年稅糧十分之七兵餉十分之四其明末無藝之徵盡永除之

順治三年蘇松巡按趙弘文題爲王道本乎人情

事奉
旨本内稱長洲等縣額糧太重應否酌減江南官戶免役太濫困累小民作何限制俱著詳察舊制確議具奏
順治四年南中大祲六月畹屬米價騰至四兩有奇江右饑民駕船數百老幼畢集安慶知府桑開第知縣賈壯設粥賑之
順治八年蘇松等府大水斗米三錢八分巡按御史秦世禎題請改折秋糧十之六其寧國等府以旱災改折秋糧三之一其蘇州等處世順疏請

賑濟復率屬捐俸建厰設粥全活饑民無算
順治九年廵撫江蘇等處部院周國佐奏報地方
旱災戶部議改折江南省漕糧三十八萬石奏請
允行勅督撫按視災傷輕重分别速派務令災黎得
沾實惠改折漕糧免派耗米原任總兵官楊承祖
暨各屬知縣常熟湯家相武進姜艮性靖江高攀
龍等捐資設粥其安慶等府被旱災傷九分十分
不等操江廵撫部院李日芃　題請奉
旨恩蠲正賦改折漕糧並蠲耗米日芃軫念皖民乃
那銀於隣省米賤處市米轉大艘十數以濟民困

每石減價之半府州縣官設法賑饑全活無算

順治十一年靖江海嘯平地水湙丈餘漂毀民房

溺死男婦奉部文蠲免本年秋糧三之二

順治十二年廣德等處旱荒䟽免錢糧十分之一

順治十三年

詔蠲地畝人丁本折錢糧拖欠在民者

順治十六年江南大水奉

旨蠲免十五年以前未完錢糧

順治十八年三月

今皇上初登大寳奉有

綸音查洪武以後因有讎怨或一處錢糧徵收甚
或一處不許牛耕教人自耕此等情由爾部詳議
察奏
順治十八年大旱蠲免被災田糧十分之三
今上康熙元年鳳陽泗州等處被有災傷分數不等
遵照部文免銀有差
康熙二年鳳陽等處災傷分數不等蠲銀有差
康熙三年松江上海等處颶潮秋發奏報災傷蠲
銀有差
康熙四年星變地震欽奉

恩赦

詔開直隸各省順治十六七八年舊欠錢糧著照蠲免十五年以前一體蠲免本年蘇松等府水災蠲銀米停徵有差

康熙七年六月内淮安山陽泗州天長等州縣洪水泛漲實被秋災六分遵奉部文應免本年額賦十分之一

康熙八年重修太和殿告成欽奉

恩詔内開康熙元二三年直隸各省丁地正項錢糧實係拖欠在民不能完納者該督撫奏請蠲免

康熙九年江南蘇松淮楊等處大水巡撫部院馬祜　題請被災田地漕白米攤徵仍蠲起運改折十分之三　各屬捐俸勸募紳衿大戶助米設粥賑饑災民賴以全活

康熙十年

皇上躬詣　福陵　昭陵虔修祀事告成欽奉恩詔內開康熙四五六年直隸各省丁地正項錢糧實係拖欠在民不能完納該督撫奏請蠲免本年江南大旱江寧巡撫馬祐安徽巡撫靳輔　題蠲被災田地起運正賦十分之一二三不等漕糧改

折外耗贈米俱奉蠲免又行各屬安慶等府分廠
設糜普賑饑民常州知府駱鍾麟廣行勸募賑濟
康熙十一年旱蝗是年五月特奉
上傳憫江南水旱頻仍停徵九年分攤米折銀又停
徵九年以前未完錢糧江寧巡撫馬祐彙報秋災
蠲銀有差本年安慶桐城等處發粟按籍分賑
康熙十二年四月揚州高郵等處水大至几全渰
田地正賦漕糧漕項俱全免本年江蘇布政慕天
顏入
覲條奏有徵臣目覩等事一疏奉

旨水渰田地但有涸者效墾荒例三年後起徵以後
凡涸出田地亦准三年起徵歷年遵行
康熙十三年奉
旨諭戶部江南蘇松常鎮淮揚六府連年災荒民生
困苦與別處不同朕心時切軫念除漕白外其地
丁正項錢糧特行蠲免一半以昭朕存恤災黎之
意本年鳳陽泗州揚州高郵泰州寶應滁州等地
方被災蠲免地丁銀兩漕米鳳米月糧米等有差
興化等縣積水渰田正賦漕糧俱免
康熙十四年鳳陽泗州揚州高郵泰州寶應等地

方被災蠲銀有差興化縣正賦漕糧俱免

康熙十五六兩年揚州高郵等處水災蠲免銀兩有差興化全免江寧巡撫慕天顏檄有司賑濟武進知縣郭萃首倡廣賑大寧政成等區各水鄉災黎

康熙十七年江南等處水災蠲停地丁漕項等銀兩有差滁州全椒等處旱蝗災傷九分十分不等安徽巡撫徐國相具　題奉
旨正賦蠲免十分之三　又蘇常等處俱動支正項錢糧買米賑濟

康熙十八年正二月間江寧巡撫慕天顏司道丁思孔劉鼎祖澤深等率各屬知府魯超等知縣林象祖任辰旦等措捐賑恤男婦老幼就食粥廠者日多荷蒙

皇恩俞請動帑命撫臣等親行督賑道府册報饑民一邑多至十數萬慕天顏徵服躬詣村鎮廠所散米宣布

皇仁領賑感泣者踵於道路本年二月至八月不雨湖水盡涸運河絕流禾苗盡槁巡撫慕天顏陳舊欠無徵之積困謹請酌蠲分緩之

特恩以培邦本一疏會同總督阿席熙 題奉
旨江南財賦繁多舊欠無徵錢糧如再行追比恐累
小民其十年十一年十二年錢糧俱著蠲免其十
三十四十五十六年錢糧俱自十九年起分年帶
徵以舒民力著該撫通行曉諭務命均沾實惠以
副朕愛養斯民至意該部知道本年旱災江撫慕
天顔會同總督阿席熙 題請蠲免奉
旨九十分荒者免本年稅銀十分之四七分荒者免
十分之三五六分荒者免十分之二高郵等處被
水災傷蠲停正賦銀兩巡撫慕天顔又念江南各

郡籽粒無收正耗漕米災民難辦再疏懇請奉
旨各屬災田漕米緩至來年帶徵於緩徵米內半徵
漕米半徵漕麥又因本省無米告糴隣封不拘米
色紅白兼收粳秈並納皆一時通融之善政云其
鳳屬十七年慘罹奇災窮黎謀生無計安徽巡撫
徐國相 題請賑濟奉
旨據奏鳳陽地方水旱災黎衣食無資深軫朕懷該
撫即親身速往督率地方賢能官員賑濟以救饑
民副朕愛民至意欽遵部覆准動鳳倉米二萬石
并積穀二千石十八年正月內親赴鳳臨懷蒙定

等處并委鳳廬道孫蘭前往壽泗潁盱天等處鳳陽府知府高必大前往宿靈五虹等處分頭設厰賑濟饑民甚衆賑米不敷又特疏請借正帑銀三萬兩接賑水年鳳廬滁三府州地方又被異常旱災安徽巡撫徐國相會同總督阿席熙具題本年十一月部覆俱委戶部郎中詹布禮員外郎堪泰復經勘明覆題欽奉

皇恩破格全蠲或蠲銀有差漕糧改折外耗贈米俱奉

恩蠲安撫徐國相復親赴鳳陽府霍壽等州縣督率

司道府各官捐穀并動支正項賑濟又因賑項無出合疏請展烏沙船工事例限期以補從前借欵以活後此饑民奉

旨准行

康熙十九年淮揚蘇松常鎮等處大水城市街衢盡成巨浸廬舍漂流人民溺死二麥浥爛巡撫慕天顏會同總督阿席熙　題請奉

旨蠲免被災田畝錢糧十分之三緩徵本年災田漕米於二十年分帶徵是年松江知府魯超率同華婁知縣南夢班史彬等捐俸爲倡士民王允鍔等

助米設粥所賑饑民三十餘萬

康熙二十年揚州等處水災蠲停正賦銀兩巡撫慕天顔清查蘇松常等府地方坍缺版荒田地賠糧累民特疏　題請奉

旨將版荒田地一應本折錢糧盡行豁免於康熙七年爲始先是江寧巡撫韓世琦

勅書内開拋荒田地不許人戸包賠於是蘇松九州縣造册開報奉

旨永行蠲免萬姓沾恩於此見

睿慈軫念蘇松不待訏謨入告特出

宸衷尤爲千古異典本年十二月内奉
恩詔兵革寢息人民又安赦免康熙十三十四十五
十六十七年地丁民欠錢糧
康熙二十一年揚州高泰等處水災江寧巡撫余
國柱會同總督部院于成龍疏請停蠲正賦銀四
萬有奇興化縣積水淹田正賦漕糧俱免其揚州
歸併高郵等衛屯田錢糧自康熙十八年爲始各
伍屯田被旱荒災傷十分除漕項不免外蠲免四
分本年鳳陽等處疊遇災荒窮黎堪憫安徽巡撫
徐國相司道龔佳育孫蘭等捐穀賑濟又查淮安

鳳陽揚州泰州泰興興化高郵等府州縣歲被災傷

本朝蠲卹弘多

終

江南通志卷之第二十四

物產

昔聖人辨土物之宜而教之樹藝定其貢賦見於禹貢周書之所記載然江南揚州之域其時錫貢惟金三品瑤琨齒革羽毛今無一焉即左思所賦國稅再熟之稻鄉貢八蠶之綿亦不無少過其實維是魚鹽布帛綺縠工巧技藝之所成就隱賑流衍衣被四國而帆檣商賈絡繹奔湊若江寧鳩茲姑蘇廣陵諸地皆不啻五都之市焉其地之所生與夫工匠之所造四方所集襍陳於闤闠之間則

見以爲繁殖富饒而或忘其厥田之下下厥土之泥塗也憬然見其盛而思其始焉亦覽者所當留意也志物產

江寧府

五穀 各屬俱產近北多菽麥近南多秈稉 姚棗 出姚坊門長可二寸許 湖池藕 甘脆無查滓 大板紅菱 入口如氷雪不待咀咬而化 櫻桃 地產皆美獨靈谷寺所產尤大色若紅靺鞨 獱 出溧陽狀似田雞聲甚清激 鰣魚 揚子江出四月時郭公鳥鳴捕魚者以此候之魚遊江底惜其鱗纔挂網卽隨水而上其鱗如銀纖明可愛 茅山石 光白類玉又有怪石亦出茅山 雨花臺石 五色類瑪瑙出聚寶山 靈巖石 非石非玉文理交錯佳者堪充盆玩又有假山石洞穴玲瓏與太湖石形相類並產冶山 扇 摺扇精雅

擅於四方紵絲　羅　紗　文絹即禹貢厥篚織貝

蘇州府

楊梅為吳中名品出光福山銅坑第一聚塢次之　枇杷出洞庭山者佳　櫻桃其出常熟者色微黃如蠟味尤勝　綠橘出洞庭東西山比常橘特大深綠色未霜臍間一點先黃味已全可啖　真柑亦出洞庭雖橘類而品特高其木畏霜雪又不宜早故不能多植也　香櫞樹高實大類橙色黃形圓香芬襲人可搗為湯昔人以黃柑釀酒名洞庭春色　海棠皆單葉別有蓮花海棠重葉豐腴如小蓮花范成大自蜀移歸吳中遂有此種　錦帶花長枝密花如錦帶在處有之而吳中者特香王禹偁云花譜謂海棠為花中仙此花品在海棠上宜名海仙　鶯粟花即米囊花有千葉單葉之異成畦種之五色爛然　斑竹　哺雞竹皮日休有詠本名護居竹　芡實葉似荷而大俗名雞頭出吳江者殼薄色綠味腴出長洲車坊

者色黄有粳糯之分

薄荷 出府學前南園者佳謂之龍腦薄荷

燈草 種法與蒲草同其心作燈炷皮製雨簑

苧麻 正月栽五月斫爲頭苧七月爲二苧九月爲三苧

鯗魚 出太湖鱗薄頭大其大者名刀鱭帶子者名鮚子

石首魚 出海中其色如金俗名黃魚味絕佳夏初則至以楝花爲候諺云楝子花開石首來

蟹 凡數種出太湖大而色黃殼軟曰湖蟹冬月益肥美謂之十月雄出吳江汾湖者曰紫鬚蟹出崑山蔚洲者曰蔚遲蟹

太湖石 出西洞庭生水中歲久爲波濤所衝皆成嵌空鱗鱗作靨名彈窩實水痕也沒人縋下鑿取極不易得石性溫潤扣之鏗然如鐘磬聲

錦 惟蜀錦名天下今吳中所織海馬雲鶴寶相花方勝之類五色眩耀工巧殊勝於古

紵絲 出郡城有素花紋有金縷彩粧其製不一皆極精巧禹貢所謂織文是也

綾 出吳江唐時充貢謂之吳綾羅紗絹並出郡城

藥斑布 出嘉定縣及安亭鎮宋嘉泰中有歸姓者創爲之以布抹灰藥而染青白相間有樓臺人物花鳥詩詞各色充帳幔衾帨之用

蓆

出虎丘者佳其次出滸墅

酒 唐有五酘酒宋有木蘭堂洞庭春今其法不傳惟煮酒以臘月釀貯小餅旋賣名生泔蒸過泥封爲者煮酒可以經歲或入木香荳蔻金橘諸品則各以其類名之香洌超勝

松江府

香粳 七月熟米粒小而性柔類糯有紅芒白芒二種又一種曰香子色斑粒小以二三十粒入他米數升炊之芬芳可愛然不宜多亦謂之香稫

蓴菜 出華亭谷及松江四月生名雉尾蓴最肥美

筍 出佘山者香味如蘭

鶴 志懷錄鶴惟華亭鶴窠村所出爲得地他雖有凡格也瘞鶴銘謂壬辰歲得之華亭鶴窠嘗詢之土人實自海東來馴養久乃生雛以足有龜紋者貴

黃雀 每歲秋時出蕩北鄉有之吳地記謂小魚長五寸秋社化爲黃雀味腴美

鱸魚 生松江出長橋南者在諸魚之上羅隱詩膾憶松江滿箸紅

螃蟹 出三泖者大謂之泖蟹出上橫涇者

小謂之金錢蟹今惟出青浦潘蕩者大而美**黃魚**即石首魚每夏初賈人駕巨舟羣百呼噪網取先於蘇州冰廠市冰以待謂之冰鮮**鯧魚**身廣而頭銳細鱗而脆骨味甚美**梅魚**似石首不盈五寸別一種名黃婁**蝤蛑**生海邊泥穴中大者青鱘小者黃甲螯足無毛兩小足薄而濶者曰撥棹子**沙鉤**生海埂沙中鉤取乃得故名清以甘釀殼輭而味腴爲珍品爾雅翼云沙狗蘆虎皆海之屬**木棉布**古名吉貝又雙廟橋有丁氏者彈木棉極純熟花飛起收以織布尤爲精輭號丁娘子布一名飛花布又一種番布出烏泥涇燦爛異常今其製不傳**綾**一名紵絲綾自唐有之天寶中吳郡貢以文綾大曆六年禁吳綾爲龍鳳麒麟天馬辟邪之紋者夏竦對策宦者以吳綾手巾乞題詩時貴重如此**畫絹**張氏倣宋氏造**剪羢花毯**以木棉線經采色毛線結緯而剪之花樣出下異巧應手而出能爲廣數丈者至今有之**鹽**沙毒村袁部等塲色白如雪所謂吳鹽也**酒**顧志云雪香酒味香洌而色白松酒之最佳者泖濱近有

劉氏者汲泖水倣三白法釀酒味亦甘冽 **梅皮** 出青浦削青梅皮以蜜餞製之味甘脆用以餽遺

常州府

稻 說文謂稻爲秔稉稉亦名秫字林云稉黏稻而秔稻不黏此其異耳今夏熟者曰晚禾品色不一又南畿志謂毘陵產惟白粱 **茶** 詩云茶爾雅云檟苦茶陸羽茶經云浙西以湖州爲上常州次之產宜興者曰岕茶 **罌粟** 本草云罌子粟蘇穎濱詩云罌小如罌粟細如粟與麥皆種與稌皆熟研作牛乳烹爲佛粥 **赤藤** 亦附木而茂或照影水中青紅可愛 **棖** 皮皺而色黃或縷爲絲或搗爲虀可薦膾鱠斫虀之味張芸叟詩云異味欲搗虀寒香先漬手 **棠毬** 生山野間有紅黃二色 **筍** 春初出爲燕筍四月浸盛又有貓頭筍及苦筍皆產宜興山谷詩云貓頭突兀想穿籬 **石逍遙草** 冬夏常無花實生亦不多產常州 **紫堇** 本草云出晉陵郡名水萄

菜

何首烏 一名野苗又名地精本名夜交藤田何姓人服之得名秋冬取根赤者雄白者雌

鵜鶘 一名提壺山谷詩云提壺惟解勸酤酒

香貍 微有麝氣肉可作羹臛荀輿嘗寫貍骨方帖謂能療瘋

鮰 生江中東坡詩云粉紅石首仍無骨雪白河豚不藥人寄語天公與河伯何妨乞與水晶鱗

鮆 爾雅鮤鱭刀春初出江魚又子鮆四月最盛又有湖鮆出太湖湖山海經所謂刀魚是也

蟹 宜興谿產尤美

綾 宋有機戶號晉綾今無之

鎮江府

黃粟 唐地理志潤州土貢黃粟今無此種

石墨 茅山記費長房得壺公術寓茅山書符救人一日出山傾硯水澗中其石變色因號石墨至今取以書符

玉蘭 出馬跡山紫府觀其花表裏瑩白如玉香如蘭不根而植不菩而花開時多於春暮遇者以為瑞宋淳祐間忽開郡守李迪作詩歌之見咸淳志

文觀花 鎮江范氏所植唐時惟學士院有之胡翰有贊

禹餘糧

本草茅山生有佳者狀如牛黃重甲錯如麵嚙之無糝宜細研水淘取汁澄之勿令有沙土隱居云茅山鑿地得之極精好乃芍藥有赤白二種陶隱有紫花䕷䕷服食用之芍藥居云出茅山者最好白而長大又芍藥譜有茅南燭其樹似木而葉山冠子紫樓子茅山紅三種南燭似草吳越閒亦呼染杈其子如茱萸冬夏長青八九月熟酸美可食茅山道士採其嫩葉染飯謂之烏飯甚甘香可以寄遠杜詩中蒼朮茅山蒼朮爲天下延壺索出青精飯即此蒼朮第一亦有白朮延壺索金壇溪陵零陵香出丹陽之埤城丹徒亦有檜唐李閒者佳零陵香之遠人亦呼爲丹陽草檜衞公手植雙檜於北固山下後不存晉許長史手植左紐檜在茅山玉晨觀郗尊師手植雙檜左紐一株四幹數花而不實右一株二幹偷倉鳥似雀而差不花而實在金壇清眞觀殿前偷倉鳥小籠畜易馴雌雄遞鱘鰉魚鯡魚琴魚背上有鬣似琴放不失琴魚惟呂城十里內有針魚首戴針芒身長五六寸許舊之針魚出揚子江蒜山下今徧他所

淮安府

鹽產山陽之廟灣鹽城之白駒劉莊伍祐新興海州之板浦莞瀆臨洪安東之興莊屯徐瀆海共十場　酒苦蒿金盤露珍珠酒五香藥酒惟苦蒿最美　黃涼茶是木即楷樹可葅其嫩葉芽　菱　芡實　海螵蛸　豨薟草藥中治瘋　雉　兔　山羊　野馬盧石山中野馬數百獲而馴之者則納官數緡以馬多不良乃不取　烏賊魚其魚背骨即海螵蛸　紫菜海州　飴錫糖　絲　靛靛種最青河南種蔽其種于多取於淮　蠟黃白二種　麻有苧麻白麻檾麻諸類　木棉曰絮曰吉貝產於河南　鹽精石海州　鏤金銅器舊稱淮安鎏金壺瓶神佛工藝最精近歲漸稀　鑄鏡淮鏡開明勝湖鑄　鼓淮鼓大小鞔法獨精　香神香　蘆蓆蓆簞數色工製不苟

揚州府

稻 唐書地理志揚州貢黄稑米烏節米又漢書揚州有挑花米 稴 北地呼穲爲稴最先熟味香美 西瓜 產興化餘東者佳學圃雜疏以爲金征西域得之洪皓自燕中攜歸故以西名 扶芳 大業雜記煬帝在江都吳郡送扶芳二百樹其樹蔓生纏繞他樹葉圓而厚淩冬不衰 芍藥 亦稱花相揚州號天下第一江都凡三十二種惟金帶圍者不易得宋有圖在禪智寺前又有芍藥廳其種最多 五加皮 一名文章草今高郵以之造酒 海艾 本草揚州海艾人鮮知之 鶴 出呂四場者脚有龜文 花雞 似雀而小羽有花紋種名生海外山窟中每值大露則至千百爲羣霧散即墮林樾弱不能飛通州人因掩得之味極脆美 黄雀 出通州海門者曰海鰯揚州差大與江南產者不同 閏魚 閏年自海出骨可爲橋 鹽 出沿海諸場 鹻 出泰興如皐 酒 江都雪酒高郵皮酒通州露酒 土紬 高郵出 草布 江都出 苧布 出通州宋揚州貢苧布 鏡 唐於揚子江心鑄銅鏡宋尚入貢

安慶府

秈種名不一自東作以計西成百日內皆熟　山熒即山葫蘆以其突然而生故名葉翠如雲正二月間浥露抽苗見日即梟熟而點茶香甘異常上人美其名日珊瑚苗懷桐太三縣出　石耳生天柱者佳　蒟蒻根似芋可食葉似天南星而大潛山縣出　菰色白內有黑米謂之雕菰江南人呼爲茭以其根交結也　黃精苗葉稍類鉤吻蘇天老日太陽之草名黃精久食可以長生太陰之精名鉤吻不可食　丹砂出太湖司空石壁望若赤霞險峻從無敢取者　長春藤太湖出服之延年唐天寶問遣中使取之不得　青箱子太湖縣出　凌霄一名紫葳延於木上詩云苕之華是也夏月盛開花有紅黃二色苞中露水能損目　鴨跖即竹葉菜青碧如黛可染衣色　錦雞　石猴類陷無髀以行猿之性靜猴之性燥　鰉魚一名鱣一名鱘長丈餘黃色銳頭口有頜下背上腹下皆有甲天者千餘斤生華山穴中三月朔可而上

能度龍門之限則化爲龍性喜遊江底秋水初落漁人以鉤取之遇一鉤羣鉤悉中可爲鮓骨鬆脆皮亦肥美**鮪**似鱸而小色青黑頭小而銳一名鮥一名王鮪季春薦鮓於寢廟是也**鰣**出大江木草以鰣爲魚中君子何景明稱其銀鱗細骨彭淵材恨其美而多刺蘇子瞻亦恨鰣魚多骨**楊花鱖**產潛山吳塘四月出夏半即不見相傳爲左慈所放**鮓**以紅麴釀之可生食懷用鱘魚桐用青魚**酒**以桐釀爲最**茶**六邑俱有以桐之龍眠潛之閔山者爲最**紙**六邑俱有**藍**一名染青草有蓼藍大藍槐藍三種皆可作靛六邑俱有**蓆**灊山龍鬚草可爲蓆**葛布**桐城

徽州府

秈穀新安宜秈有紅白二種**茶**細者爲雀舌蓮心金芽**山藥**歙休俱產**筍**出問敢山鮮脆香美獨異他種**石耳**黃山者肥大**菖蒲**石生而細者本草載所出之州七歙

與焉大葉爲葺羊　黃連　歙產黃山亦名黃連山　白石英　陶隱居云今醫家用新安所出極細長白澈者爲佳　白朮　本草稱歙州之朮較浙朮優以其白勝也　杉　杉與櫧同婺祁山多田少民多值此爲材以供賦稅故火禁甚嚴　三友栢　一樹兼有扁側翠三種　羅漢古栢　在婺瑞雲樓古唐時舊物高三丈餘圍徑五尺許生羅漢子味特甘　方竹　惟新安有之　禿竹　此竹在婺源三靈山昔傳有仙姑修眞其地去目以燎火筒挿地至今生禿竹不成枝葉六月最盛　雪梨　婺產　榧　黃山　蕙　花莖九節如建蘭各邑俱有　翼魚　四足狀如蝘蜓能緣木以啖飛鳥紫陽山南及各邑深山中多有之　樓羅魚　色黑斑有蟲寄其腹或一或二穴休邑屯溪出土人取肉爲其鬚旁以食　螺　乾色綠味清饌之最雅者　石雞　狀如蛙而大亦名石鳴出深山石巖中　硯　出龍尾山以青色綠暈多金星者爲上郡志又稱有刷絲石棗心石小班紋粗羅紋細羅紋瓜子紋緫山深溪者始可珍重自南唐置歙硯務搜取始盡　墨

五代李超及子廷珪造墨至宋徽州逐歲以大龍鳳墨千觔充貢仁宗嘉祐中宴廷臣於羣玉殿以李超墨賜之日新安香墨其後賜翰林皆李廷珪雙脊龍樣品尤佳墨譜稱墨之上者拈來輕嗅來馨磨來淸今失其傳近代製墨者以程君房方于魯爲上吳去塵次之

寧國府

秈各邑俱產惟南陵獨早　茶宣涇寧旌太諸山產松蘿茶又雅山茶宋梅詢有茶煮鴉山雪滿甌之句今不可復得　紙宣涇寧俱造涇之吳北沖者爲最　栗宣寧出結實獨大名日魁栗　薑宣南寧出　雪梨宣城出　杉木涇寧太出　蘭多出深巖絕壑香最幽遠　麻宣南出　白朮產深谷秋月採根雖瘦小得土氣充盈寧與歙隣故本草並稱歙朮　木瓜宣出能固氣調榮衞除霍亂止轉筋　漆寧出宋梅堯臣詩斫漆高巖畔千筩不一盈言取之難也　琴魚一名藥渣魚長不盈寸龍鬚果腹三月三日出餘日無　慔魚其小似琴魚而無龍

髻味亦佳**筆**諸記載稱宣州諸葛氏善製筆晉王羲之專用之家藏有羲之索筆帖今其法失傳

石炭　**桐油**並宣寧出

池州府

茶青陽石埭建德產貴池亦有之九華山閔公墓茶四方稱之　**木綿花**貴池銅陵東流產

紙貴池石埭銅陵建德產其光潤潔白者藏久愈佳　**土紅**銅陵店山產　**木炭**貴池石埭青陽建德產

薑銅陵產　**漆**銅陵建德產　**桐油**　**柏油**並產建德

太平府

蓴菜蓴生水中葉似鳧葵浮水上花黃白子紫色莖細如釵股味甜體軟和鯽魚作羹佳　**荇**俗謂荇絲田家美味姑孰最多

芰紅者爲菱綠者爲芰味亦別曝乾可當糧糗　**藕**花有紅日黃池稠塘尤甜

槵子樹高葉大體似栗結實如楝子剝核可爲數珠僧多貴重之　**菖蒲**

生池澤花抱梗端如槌謂之蒲黃生石澗中名石菖蒲尤佳 烏昧草 澠水燕談云宋明道中天下旱蝗范仲淹奉詔安撫江淮還以太平州貧民所食烏昧草進呈乞宣示六宮戚里用抑奢侈 穿山甲 一名鯪鯉四足而巨鱗如鯉能陸能水地有微孔鑽入倏忽尋丈繁昌產 鰣 采石江三漁月始來 碧霄魚 出繁昌隱靜山碧霄泉中鱗鬣金色異常今不產 膏風 土也繁昌土人掘涔下地得黑土燥之可以炊燄盛而色綠或疑劫灰即此是山煤外又有此一種也 凍緣布 繁昌迎熏門外有泉曰烏泥井土民當寒沍時以此水凍綠色倍鮮明他水凍者不及也 鋼窑 出荻港製器最堅厚一種小鋼竈勝於銅鐵煮藥尤佳

廬州府

茶 六安霍山並產名茶早採者曰茶晚採者爲茗其最著惟白茅貢尖即芽茶也 酒 郡屬皆美惟蠟酥爲最唐時貢物 糖毬 五加皮 石斛 產合肥深山中 竹雞

郡屬俱産土人呼爲山菌子狀如小雞鳴音泥滑滑又是一種**天鵝**　**鹿**　**麞**郡縣俱産**紙**英山出　**礬**　**蜜**　**漆**　**蠟**　**葛布**　**土紬**

竹簟産合肥深山中

鳳陽府

脂麻古者止有大麻張騫始自大宛得油麻種來曰芝麻隋大業四年改曰交麻**木棉**林邑諸國出古貝花中如鵝毳抽其緒紡爲布或作吉貝**雲母石**出鳳陽雲母山方輿勝覽彭祖取服其上有廟久服輕身延年貌澤不老**磬石**出靈璧縣磬石山取製編磬以供郊廟朝廷之用尚書蔡註謂石露水濱若浮於水然林氏曰徐州貢浮磬**罌粟**出定遠**虞美人草**出虹縣虞姬墓無風自舞**石斛**産壽州一名金釵一名林蘭**都梁香**即澤蘭草出盱眙都梁山故名古詩博山鑪中百和香鬱金蘇合與都梁今亦空有其名**苜蓿**出大

宛張騫帶歸　桔梗根結而梗直一名薺苨　葛根鹿食九草此其一也故曰鹿藿　烏頭魚郭璞寓烏尤山著爾雅洗墨山下魚吞墨水頭俱黑至今有烏頭魚　鶴　麞　鹿埤雅曰仙獸南方千百爲羣食澤草踐處成泥名曰麋畯其息處曰鹿埸

徐州

粱蕭縣出　天棗蕭縣產　蘑菰州通產　茼蒿州通產與黃菊相似　茵蔯州產本草註蒿類經冬不死因舊苗而生故云　澤蘭本草云徐州澤蘭紫節方莖　花石州境諸山皆有　白土禹貢徐州厥貢惟土五色

滁州

黑晚稻州產　蠶豆州產蠶時出較諸豆獨早　山查全椒出土人謂棠毬秋實纍纍有紅白二色　紫蘇州通產　木瓜爾雅楙木瓜州產　甜瓜州通產有綠有黃有

花班香而小者隹黃如金大如鵝子者名金瓜　風鯽產州城濠中明初會入貢至萬曆間以鯽非珍品免貢後濠汚亦不復產　酒用釀泉釀者色味清冽　絲　棉　麻苧

和州

麻枲州通產晉樂志白紵舞紵本吳地所出有白麻黃麻苧麻諸種　半夏州通產以畝下出者爲上一名守田生於夏半前後　牡丹含山產其種有水紅千葉重臺開如列錦　天鵝出本州州渚間大者至十餘觔　鹿州通產　麋州通產陶弘景云海陵間最多千百爲羣多牝少牡　麂形小於麞州通產　狐州通產　煤炭州通產

廣德州

茶州縣通產出建平雅山者色味香美　梨　栗　木耳　玉面狸嶽寧廣德並產面白而尾短喜食諸果善上樹枝四足如抱其肉甘美過於竹節香貍　桐油洲產

桐有週歲結子者　漆出建平　絲建平出所製有土綿紬

江南通志卷之第二十四終

江南通志卷之第二十五

職官

古建官三百有六十上法天象而冢宰統之此天官所由稱也歷代師古創制秩有崇卑要在上下相維弘濟蒼生克副寅亮天工之意而已江南於秦以前悉隸侯國自秦郡縣天下始設守令兩漢而後復用大臣行部表率加嚴自是立國稱藩官制代殊其歸於大法小廉文經武緯迄明猶守遺意也

昭代銓衡度地之宜以弘任使而位置臺司分列特

領裁留叅佐於南服尤稱便焉志職官

周

伍尚 棠邑大夫　文種 棠邑大夫

孫叔敖 楚令尹　黃歇 楚相

黔夫 徐州守

秦

殷通 會稽守　項梁 下相人會稽守

漢

魏相 揚州刺史　何武 揚州刺史

鮑永 揚州牧　張禹 揚州刺史

潘乾 溧陽長　孔安國 臨淮太守

路溫舒 臨淮太守　蕭咸 睢陽泗水內史

王嘉 九江太守　薛宣 臨淮太守

侯霸 淮平令　朱暉 臨淮太守

虞延 細陽令　許愼 沛縣長

馬宮 九江太守　時苗 壽春令

宋均 九江太守　虞植 九江太守

何比干 鹽瀆丞　宋登 汝陰令

孫堅 鹽瀆丞　嚴助 會稽太守

朱買臣 會稽太守　周歆 丹陽守

王廣嗣 石城侯　尹閎儒 廣陵相

黃霸 揚州刺史　臧旻 揚州刺史

趙夔吾 楚王太傅　袁忠 沛相

呂範宛陵侯遷揚州牧大司馬　麋豹會稽太守

孫瑜丹陽守加奮威將軍　陸康吴郡人廬江太守

陳儒揚州刺史　程嘉江都王相

杜詩沛郡尉　唐翔丹陽守

陳珪沛相　觀恂揚州刺史

傅俊揚州牧　穆生楚中大夫

方儼丹陽郡守　枚乘吴王郎中

溫恢揚州刺史　范式廬江太守

王子鳳丹陽守　盛憲會稽守

趙昱徐州別駕　周昕丹陽守

趙苞天長令　劉舒丹陽守
鄭當時廣陵相　鄭泰揚州刺史
蔣濟丹陽守封都鄉侯　童恢丹陽郡守
周乾揚州刺史　張馴丹陽守拜尚書大司農
敬紹揚州刺史　百里嵩徐州刺史
嚴遵揚州刺史　吳穰廣陵太守
劉祐中山人揚州刺史　任延會稽都尉
張霸會稽太守　第五倫會稽太守
袁玘陽羨令　董仲舒江都相
馬稜廣陵太守　張綱廣陵太守

陳　登廣陵太守　　汲　黯東海太守

尹翁歸東海太守　　于　公東海郡決曹

黃　浮東海相　　蘇　章武原令

鄭　弘淮陰太守　　徐　璆東海相

劉　馥揚州刺史　　張　竦丹陽太守

李　忠丹陽太守　　法　雄宣威令

竇子明陵陽令　　馬　成全椒侯

劉　平全椒長　　楊　統彭城令

楊　秉徐州刺史　　牟　融豐令

王　尊徐州刺史　　欒　巴光祿大夫使徐州

陶謙徐州牧

三國

盧毓魏譙郡太守　鄭渾沛郡太守

王基安豐太守　諸葛恪威北將軍鎮盧江

徐邈魏譙郡相　滕應吳郡太守

顧雍吳曲阿長　張遼盪寇將軍屯合肥

陸遜月偏將軍鎮姑孰　朱桓吳濡須督

駱統吳濡須督　顧雍吳合肥長

孟宗吳望江池監　周瑜吳大都督

鍾離牧山陰人濡須督　賀齊新都太守

袁渙魏沛郡都尉　司馬芝魏沛郡太守

石苞 徐州刺史

晉

劉惔 丹陽尹　　羊曼 丹陽尹

溫嶠 丹陽尹　　范廣 棠邑令

劉超 句容令　　王渾 以安東將軍鎮壽陽

鄧殷 吳郡太守　　荀羨 以建威將軍為吳國內史

鄧攸 吳郡太守　　賀循 安東將軍為吳國內史

顏含 吳郡太守　　應詹 吳國內史

何無忌 東海郯人都督廬郡軍事　　袁崧 吳郡太守

吳隱之 晉陵太守　　張闓 晉陵內史

庾懌 豫州刺史監廬江等郡　　殷仲堪 晉陵太守

蔡謨南徐州刺史　謝安以尚書僕射鎮廣陵

謝元建武將軍監江北軍事鎮廣陵　劉毅豫州刺史

祖逖范陽人奮威將軍豫州刺史　欷鑒金鄉人都督揚州鎮合肥

陶侃樅陽令　謝尚以衞將軍鎮牛渚

庾亮豫州刺史領宣城內史鎮蕪湖　胡母輔之繁昌令

殷浩陳郡長平人以都督鎮壽陽　桓冲都督揚荊豫江州軍事

桓彝宣城內史　陶汪宣城內史

周嵩新安太守　裴松之鄣令

陳敏廬江人合肥度支　甘卓歷陽內史

王祥徐州別駕

南北朝

顧憲之 宋建康令　劉穆之 丹陽尹

江秉之 宋建康令　王僧達 太子洗馬任宣城郡守

王沉 南齊秣陵令　劉元明 南齊建康令

孫謙 南齊句容令　沈約 梁慎東將軍丹陽尹

劉湛 豫州長史　沈璞 宋盱眙太守

沈慶之 袞州刺史鎮盱眙　張冲 南齊盱眙太守

昌義之 梁北徐州刺史鎮鍾離　夏侯亶 梁南豫州刺史

李崇 後魏將守壽春　羊元保 宋吳郡太守

傅翽 南齊吳縣令　張瓌 南齊吳郡太守

何敬容 梁天監中吳郡太守　謝舉 吳郡太守

王亮齊晉陵太守　褚翔齊義興太守
任昉齊義興太守　孔奐晉陵守
吉翰監徐兗二州軍事　丘仲孚南齊曲阿令
周洽南齊曲阿令　沈巑之梁丹徒令
江子一梁曲阿令　侯安都陳南徐州刺史
檀道濟宋南兗州刺史鎮廣陵　徐湛之宋南兗州刺史
陸子眞宋海陵太守　袁粲宋東海太守
蕭僧珍宋山陽太守　裴邃梁豫州刺史
蕭鏗齊南豫州刺史鎮姑孰　范曄宋宣城太守
江淹南齊宣城太守　王志南齊宣城内史

謝朓南齊宣城太守

何遠梁宣城太守

羊欣宋新安太守

伏元曜梁新安太守

袁淑陽夏人宣城太守補中書侍郎

徐摛梁新安太守

丘寂之南齊故鄣令

杜弼曲陽人攝潁州刺史行臺

張齊梁歷陽太守

王懿宋徐州刺史

劉懷慎宋徐州刺史

垣護之宋徐州刺史

張暢宋彭城長史

房謨梁徐州刺史

隋

韓擒虎河東堰人廬州總管

元胄濠預州刺史

賀若弼吳州總管鎮廣陵

高勱楚州刺史

張孝徵東海令

元瞹東海令

房兆　徐州總管

盧昌衡　徐州總管長史

劉高　蕭縣令

席大雅　廣州總管

伊婁謙　譙郡總管

趙軌　壽州總管長史

唐

盧祖尚　蔣州刺史

李光弼　肅宗時都統

王績　六合丞

薛元賞　武寧軍節度使

岑仲休　溧水令

竇叔向　溧水令

孟郊　溧陽尉

顏真卿　昇州刺史

柳寶積　潁州刺史

顏元孫　濠州刺史

蘇晉　泗州刺史

常知人　泗州刺史

李岵　潁州刺史

張公度　壽州刺史

張鎰 濠州刺史
張巡 眞元令

李繁 亳州刺史
員半千 濠州刺史

李翱 廬州刺史
劉茂復 濠州刺史

楊凝 亳州判
李則 定遠尉

羅珦 壽州刺史
侯固 濠州刺史

鄭惲 下蔡長
杜慆 泗州刺史

韋應物 蘇州刺史
白居易 蘇州刺史

李棲筠 蘇州刺史
段珂 汧陽人頻州司馬

王仲舒 蘇州刺史
于頔 蘇州刺史

皮日休 吳郡從事
劉綺莊 崑山尉

狄兼謨蘇州刺史　蘇崙華亭令

張聿華亭令　謝元超潤州刺史

岑羲金壇令　武平一金壇令

李元紘潤州司馬　韓滉鎮海軍節度使

齊澣潤州刺史　韋損潤州刺史

閻濟美潤州刺史　蕭定潤州刺史

陸象先潤州刺史　裴寬潤州參軍刺史

崔彥曾徐州察使　馬炫潤州刺史

審權潤州刺史　婁師德江都尉揚州長史

姚崇揚州刺史　蘇瓌揚州大都督府長史

張延賞淮南節度使　杜佑淮南節度使

杜亞淮南節度使　李鄘淮南節度使

李吉甫淮南節度使　李珏淮南節度使

崔從淮南節度使　李德裕淮南節度使

牛僧孺淮南節度使　杜悰淮南節度使

李紳淮南節度使　李襲譽揚州長史

陸亘吳人宣歙觀察使加御史大夫　杜令昭海州刺史

宋璟楚州刺史　李聽楚州刺史

王光謙淮陰令　薛珏楚州刺史

朱敬則廬州刺史　劉佑廬州刺史

路應求 廬州刺史　鄭綮 廬州刺史

盧潘 廬州太守　張知謇 舒州刺史

獨孤及 舒州刺史　麴信陵 望江令

張萬福 舒州刺史督淮南　張籍 舒州從事

胡珦 舒州刺史　李陽冰 當塗令

裴耀卿 宣城太守　班景倩 宣州刺史

崔惇 宣州刺史　高智周 壽州刺史

盧坦 宣州刺史　柳鎮 宣城令

崔羣 宣州幕府　杜牧 宣州團練判官

王質 宣州刺史　路應 宣歙池觀察使

高元裕 宣歙觀察使　張鎮周 舒州都督

韋仲堪 青陽令　崔衍 池州觀察使

蕭復 池州刺史　竇潏 池州守

李芃 池州判官　孫愿 池州刺史

王雄誕 歙州總管　崔鉉 宣州觀察使

劉贊 歙州刺史　路旻 祁門令

崔淙 歙州刺史　范傳正 歙州刺史

馮宿 歙州刺史　李文則 司馬叅軍

崔元亮 歙州刺史　陳甘節 祁門令

呂季重 歙州刺史　張無擇 和州刺史

劉禹錫 和州刺史　凌準 和州刺史

李幼卿 太子庶子出知滁州　韓思復 滁州刺史

論惟貞 吐番人濠州刺史　鄭令譓 司馬參軍

顏元孫 京兆萬年人刺史　令狐楚 以同平章事出任宣州刺史

張建封 節度使鎮徐州　韓愈 徐州推官

溫庭皓 徐州觀察使

五代

徐知誥 昇州刺史　王祚 漢潁川刺史

司超 宿亳二州遊奕使　朱景 楊吳霍丘守

郭全義 南唐濠州觀察使　江夢孫 南唐天長令

劉仁贍 南唐清淮軍節度使鎮壽州　荆罕儒 周泰州刺史

朱昂 知楊子縣　邊珝 知通州

張彥能 南唐楚州守將　何敬洙 南唐楚州刺史

馬仁瑀 南唐廬州節度使　馮令頵 南唐歙州鹽鐵院判官

趙普 滁州參軍判官

宋

曹彬 昇州行營都部署　慕容德豐 昇州都監

胡旦 昇州通判　楊克讓 知昇州

賈黄中 知昇州　蘇易簡 昇州通判

張詠 知昇州　馬亮 知昇州

薛映 知昇州　呂蒙正 通判昇州

薛顔 知江寧府　蘇頌 知江寧縣

馮　京 知江寧府

王　琪 知江寧府

丘　濬 知句容

張方平 知江寧府

包　拯 知江寧府

梅　摯 通判蘇州

程　顥 主上元簿

吳中復 知江寧府

王安禮 知江寧府

陸　佃 知江寧府

呂　溱 知江寧府

李若谷 知江寧府

李　宥 知江寧府

張　奎 知江寧府

王　隨 知江寧府

朱定國 知六合

王安石 翰林學士使相判江寧

元　絳 江寧推官

鄭　驤 知溧陽

蔣　靜 知江寧府

楊邦乂建康通判　權邦彦知建康府

呂頤浩知江寧府　葉夢得江東制置大使兼知建康府

趙鼎江東安撫大使知建康府　張浚判建康府

虞允文督江淮軍　葉義問知江寧

葛邲上元丞　范成大以端明殿大學士帥金陵

劉頡溧陽簿　李光安撫大使知建康府

王拱建康府前軍統判　梁克家知建康府

陳俊卿判建康兼江東安撫　李衡知溧陽

葉適知建康兼沿江制置使　洪遵知建康府兼行宫畱守

張燾知建康府兼行宫畱守　李植知建康軍府兼本路安撫使

朱熹 江東轉運　　張杓 知建康府

黃度 知建康府兼江淮制置使　　徐誼 知建康府兼江淮制置使

劉珙 建康留守　　馬光祖 知建康

陸子遹 知溧陽縣　　吳淵 江東安撫使兼知建康府

史彌鞏 知溧水縣　　楊大異 通判溧陽

眞德秀 江東轉運副使　　劉宰 江寧尉

陳韡 知建康府兼行營留守　　姚希得 沿江制置使知建康府

董槐 江東安撫使兼知建康府　　趙善湘 知建康府遷江淮安撫制置使

吳從龍 建康統制　　趙溍 江東轉運判官

段思恭 知泗州　　王郁 濠州判官

朱昂 知泗州　王審琦 忠正軍節度

韓丕 知濠州　楊覃 判壽州

李迪 知亳州　俞獻卿 安豐尉

崔立 知安豐縣　畢士安 知潁州

王旦 通判濠州　張知白 知亳州

蔡齊 知潁州　栁植 知壽州

夏竦 知潁州　晏殊 知潁州

段少連 知蒙城　陳希亮 知宿州

尹洙 通判濠州　宋庠 以使相判亳州

宋祁 知壽亳二州　陳執中 以使相判亳州

張昷之 淮南提刑　魏琰 知壽州

李防 知宿州　連庶 知壽春

楊察 通判宿州歷知潁壽二州　趙抃 通判泗州

趙賀 知濠州　劉渙 潁上令

吳奎 知壽州　包拯 定遠令

李先 淮南轉運使　傅楫 知天長

朱景 知壽州　朱壽隆 知宿州

蘇軾 知潁州　韓晉卿 知壽州

葉康直 知亳州　傅永 知濠州

馬從先 知宿州　石楊休 知宿州

呂公著知揚州　燕　肅知潁州

富紹庭知宿州　陶　令知盱眙

曾　悟知亳州　徐端益虹縣尉

康允之知壽春　孫　逸知濠州

畢再遇知盱眙軍　吳　說知盱眙軍

國鳳卿通判濠州　夏　俊盱眙尉

劉　錡副留守　汪若海通判順昌府

王　霆知濠州　鄭　絪通判壽春府

周　淙守濠梁　王　阮知濠州

李　祥濠州錄事參軍　黃　榦通判安豐

趙士嶐淮西兵馬　楊　照濠州將官
杜　泉知定遠　李庭芝兩淮制置司叅議
王禹偁知長洲　陳省華知蘇州
王　覿知潤州　閭　象知蘇州
蔣　堂楚州團練推官　孫　冕知蘇州
徐　奭運使　王　質通判蘇州
胡　瑗蘇州教授　鞠真卿知長洲
蒲宗孟蘇州推官　林　肇知吳江
章　岵知蘇州　向子韶知吳江
張克戩知吳縣　賈公望通判平江府

湯東野知平江府　莊徽知平江府

張浚節制軍馬　胡松年知平江府

汪應辰知平江府　謝深甫知崑山

袁韶知吳江　常楙知常熟

徐鹿卿知平江府兼發運使　胡穎知平江府

陳塏淮浙發運使　黃震知華亭

韓彥古知平江府　蔡抗知蘇州

趙彥敔監青龍鎮　董楷提舉松江

許恢晉陵令　焦千之無錫令

王罕知宜興縣　陳襄知常州

司馬旦知宜興縣　岳　飛通泰鎮撫使移屯宜興

李　寶浙西總管駐江陰防海　葉　顒知常州

葉　衡知常州　王聞禮江東轉運判官

趙　坯無錫令　林祖洽知常州

高商老知宜興　范　炎知晉陵

袁　燮知江陰　唐　璘知晉陵

家鉉翁知常州　孫子秀浙西提刑兼知常州

顏耆仲知江陰軍　史能之知常州

鄭　向兩浙轉運副使　劉師道知潤州

范仲淹知潤州　許　元知丹陽

孫立節 知鎮江軍　劉子羽 知鎮江府兼沿江安撫使

梅執禮 知潤州　沈與求 知鎮江府

陳居仁 知鎮江府　胡唐老 知鎮江府

王　萬 通判鎮江府　汪　綱 鎮江司戶叅軍

李成大 知金壇縣　陶居仁 鎮江錄事叅軍

李處耘 知揚州　劉　綜 知建安

王嗣宗 淮南轉運使　孔道輔 知泰州

滕宗諒 泰州判官　薛　奎 淮南轉運副使

王　素 知通州　張　綸 江淮發運使

錢明逸 知揚州　曾致堯 知泰州

徐景　知興化
韓琦　資政殿學士判揚州
歐陽脩　知滁州
王珪　通判揚州
趙槩　知通州
沈起　知海門
黃萬頃　知興化
劉敞　知揚州
劉攽　通判廬州
張次元　知靜海
陳升之　通判揚州
曾肇　知泰州
晁補之　通判揚州
徐勣　知太平
任建中　通州通判
楊蟠　知高郵軍
陳德林　知真州
羅適　知江都
邵必　知高郵軍
吳表臣　通州司理叅軍

胡安國知通州　呂好問揚州儀曹參軍

羅薦可高郵理曹　薛慶承州天長軍鎮撫使

張榮知泰州　胡令儀知如臯

韓世忠淮南宣撫使屯楚州　尤袤知泰興

莫濛知揚州　方信孺知眞州

吳遵路淮南轉運副使　辛棄疾淮東帥

洪興祖知眞州　崔與之淮東安撫司

趙范知眞州　喬惟岳淮南轉運使

張傳知建州　吳中甫江淮發運使

葉適知淮陽軍　沈括沭陽令

李清因通判海州　李宣知楚州

米芾知水連軍　孫洙知海州

劉彝知朐山　陳師錫知宿遷

田晝知淮陽軍　陳敏都統制守楚州

賈涉知楚州　應純之知楚州

余介淮東提刑　耿世安淮東副總

侯畐通判海州　劉錡知廬州

刁衎知廬州　呂彝簡無爲軍通判

陳堯佐廬州守　張田知廬州

孫覺知太平　楚建中知無爲軍事

傅堯俞知廬州　陳瓘知無爲軍事

張宗顏知廬州　王希呂知廬州安撫使

趙汝談知無爲軍事　陳規知廬州兼淮西安撫

胡舜陟知廬州　仇悆淮西宣撫

趙康直知廬州　郭振以都統制帥淮西

杜杲廬州推官　杜庶廬州安撫副使

夏貴淮西安撫制置太使　李炳知舒州

馮瓚知舒州　劉沆通判舒州

黃庭堅知太平　游酢知舒州

孫之微舒州通判　黃幹知安慶

夏　椅通判安慶府　　宋　準知平南軍
宋敏求知太平　　曾　鞏知太平
夏希道知繁昌　　劉光世江東安撫使
趙汝勣當塗令　　洪　邁知太平
趙汝愚知太平　　張　運知太平
吳柔勝知太平　　江萬里知太平
呂　誨知旌德　　彭思永知宣州
余　靖宣州司理　　杜　範知寧國
李椿年寧國軍節度　　李　堅知宣城
趙時賞知旌德　　樊知古領池州

梅詢 知池州　　梅堯臣 建德令

錢勰 知池州　　楊元秉 知青陽

林桷 知銅陵　　趙昂發 通判池州

許介 知青陽　　李度 知歙州

曹脩古 監察御史出知歙州　　李紘 知歙縣

鮮于侁 黟縣令　　李維 知歙州

胡順之 知休寧　　蘇轍 知績溪

呂大防 監察御史出知休寧　　黃誥 知歙州

崔鶠 知績溪　　鞠嗣復 知休寧

毛㮚 嚴州司士參軍　　曾孝蘊 知歙州

周　葵徽州推官　　洪　适提學江東

上官均知廣德軍　　孫　諤知廣德軍

趙時踐廣德司戶參軍　　周　虎和州守

凌　冲知舍山　　吳居厚知和州

魏安行知滁州

元董士選江南行御史臺中丞　　岳　存建康路總管

高　睿南臺御史中丞　　福　壽江南行臺御史大夫

張晉亨以萬戶成宿州　　羅　璧以管軍總管鎮金山

王　艮江浙行省檢校　　呂　謙以懷遠將軍鎮守上海

曹　晉常州路總管　　太　平鎮江路總管

郝　彬揚州路治中　　李天祿以元帥守通州

曹元用鎮江路學正　　趙　璉以參政行省揚州

許惟禎淮安路判官　　姚天福淮西按察使

塔　海廬州路總管　　余　闕淮西宣慰副使

暢師文太平路總管　　許　楫徽州路總管

偰文質廣德路總管

官制之遞更非獨江南一隅也周秦以還大小相維凡官玆土者皆可彰往以示來焉顧察吏安民有明巡撫一官便宜行事持權最重職與唐節度宋使相等爰考其制肇於永樂成於宣德初永樂

詔尚書蹇義等二十六人巡行天下事畢回朝未設專官宣德始超擢熊槩周忱巡撫應天蘇松遂爲定制故歷稽周秦以逮宋元自丞相將軍司隷僕射以下刺史州牧守令丞尉以上咸書名以列職而崇卑共著若明則首列巡撫都御史次列直指京兆尹而以監司終又皆列官以紀氏而輕重自見云

明巡撫應天侍郎都御史

熊槩 江西人 由進士　周忱 吉水人 由進士

李敏 新安人 由舉人　鄒來學 麻城人 由進士

陳　泰　光澤人由鄉舉　　李　秉　曹州人由進士

崔　恭　廣宗人由進士　　劉　孜　萬安人由進士

宋　傑　定興人由進士　　邢　宥　文昌人由進士

滕　昭　汝州人由鄉舉　　畢　亨　單縣人由進士

牟　俸　巴縣人由進士　　王　恕　三原人由進士

彭　韶　莆田人由進士　　李　嗣　南海人由進士

王克復　福清人由進士　　侶　鍾　鄆城人由進士

何　鑑　新昌人由進士　　朱　瑄　鄞縣人由進士

朱　璉　四明人由進士　　彭　禮　安福人由進士

魏　紳　曲阜人由進士　　艾　璞　南昌人由進士

羅　鑒茶陵人由進士　張　鳳宜春人由進士

王　縝東莞人由進士　張　津博羅人由進士

李充嗣內江人由進士　吳廷舉蒼梧人由進士

陳鳳梧泰和人由進士　方良永莆田人由進士

歐陽重廬陵人由進士　周季鳳寧州人由進士

陳　祥高安人出進士　毛思義陽信人由進士

陳　軾應城人由進士　侯　位永新人由進士

陳克宅餘姚人由進士　歐陽鐸泰和人由進士

夏邦謨涪州人由進士　喻茂堅滎昌人由進士

丁汝夔霑化人由進士　歐陽必進安福人由進士

周延 吉水人 由進士　張烜 慶遠人 由進士
孫世祜 豐城人 由進士　彭黷 安福人 由進士
方任 黃岡人 由進士　陳洙 上虞人 由進士
屠大山 鄞縣人 由進士　楊宜 衡水人 由進士
周珫 應城人 由進士　曹邦輔 定陶人 由進士
張景賢 着州人 由進士　趙忻 盩厔人 由進士
陳錠 江陵人 由進士　翁大立 餘姚人 由進士
方廉 新城人 由進士　周如斗 餘姚人 由進士
謝登之 巴陵人 由進士　林潤 莆田人 由進士
海瑞 瓊山人 由舉人　朱大器 南城人 由進士

陳道基 同安人由進士　張佳應 銅梁人由進士

胡執禮 永昌衛人由進士　孫光祐 絳州人由進士

郭思極 襄垣人由進士　王元敬 山陰人由進士

佘立 馬平人由進士　周繼 歷城人由進士

李淶 雩都人由進士

總督漕運兼巡撫尚書侍郎都御史

王竑 陝西人由進士　王文 東鹿人

徐有貞 吳縣人由進士　陳泰 光澤人解元

滕昭 河南人由舉人　高明 江西人由進士

陳濂 浙江人由進士　張鵬 淶水人由進士

李裕 豐城人由進士　李綱 山東人由進士
張瓚 孝感人由進士　徐英 四川人由進士
劉璋 福建人由進士　馬文升 河南人由進士
李敏 河南人由進士　丘鼐 江西人由進士
秦紘 山東人由進士　李昂 浙江人由進士
張瑋 景州人由進士　李蕙 當塗人由進士
白昂 武進人　徐鏞 湖廣人由進士
張敷華 江西人由進士　張縉 山西人由進士
洪鍾 浙江人由進士　王瓊 太原人由進士
李瀚 山西人由進士　邵寶 無錫人由進士

屈　直陝西人由進士　陶　琰山西人由進士

張　縉見前正德六年再任　陶　琰見前正德九年再任

叢　蘭山東人由進士　臧　鳳山東人由進士

許庭光河南人由進士　陶　琰見前正德十六年再任

俞　諫浙江人由進士　胡　錠長垣人由進士

李　鉞河南人由進士　高友璣浙江人由進士

鄭　毅江西人由進士　唐　龍浙江人由進士

毛思義山東人由進士　陳　祥江西人由進士

劉　節江西人由進士　馬　欽河南人由進士

周　金武進人由進士　王　杲山東人由進士

張景華山東人由進士　周用吳江人由進士

王瑋句容人由進士　喻茂堅四川人由進士

歐陽必進江西人由進士　韓士英四川人由進士

胡松績溪人由進士　龔輝浙江人由進士

魏有本浙江人由進士　何鰲浙江人由進士

應檟浙江人由進士　路顒四川人由進士

連鑛永年人由進士　吳鵬浙江人由進士

鄭曉浙江人由進士　陳儒錦衣衛人由進士

蔡克廉福建人由進士　王誥河南人由進士

傅頤湖廣人由進士　章煥吳縣人由進士

何遷湖廣人由進士　胡植江西人由進士
李遂江西人由進士　唐順之武進人由進士
潘季馴湖州人由進士　李誌浙江人
俞時河南人由進士　毛愷浙江人由進士
王廷四川人由進士　馬森福建人由進士
張瀚浙江人由進士　方廉浙江人由進士
趙孔昭邢臺人由進士　陳炌江西人由進士
王宗沐浙江人由進士　張翀廣西人由進士
吳桂芳江西人由進士　江一麟婺源人由進士
凌雲翼太倉州人由進士　傅希摯衡水人由進士

李世達陝西人由進士　王廷瞻湖廣人由進士
楊俊民山西人由進士　楊一魁山西人由進士
舒應龍廣西人由進士　陳于陛曲周人由進士
周寀江西人由進士　李戴延津人由進士
褚鈇榆次人由進士　李三才武功衛人由進士
李誌浙江人　史可法直隸人由進士
劉士中華州人　劉東星沁水人
陳薦祁陽人　王紀山西人
李養正魏縣人　呂兆熊栢鄉人
蘇茂相晉江人　郭尚友山東人

李侍問 廣平人由進士

巡按監察御史

顧　佐 河南人由進士　　閻　賡 山西人由進士

張　志 河南人由監生　　董　寅 湖廣人由進士

李日艮 江西人由進士　　方　林 廣東人由進士

艾　廣 江西人由進士　　劉　棨 浙江人由進士

陳　俊 浙江人由進士　　張　琦 山西人由進士

陳　懋 由進士　　楊　春 雲南人由進士

張文昌 四川人由進士　　李　杲 山東人由進士

羅　琦 河南人由進士　　馬　昂 北直人由舉人

李確　陝西人由進士　　江玉琳　江西人由進士

周銓　江西人由進士　　劉甄　山東人由進士

黃英　由進士　　齊讓　山西人由進士

王元　山東人由進士　　朱瑄　華亭人由進士

陳叔紹　福建人由進士　　陳璥　河南人由進士

汪琰　江西人由進士　　李獻　江西人由進士

李巽　宛平人由進士　　劉泰　浙江人由進士

許闇　浙江人由進士　　李林　山東人由進士

吳玘　華亭人由進士　　樊英　陝西人由進士

白侃　山西人由進士　　司福　山西人由進士

胡　涇　江西人由進士　　朱　鋐　常熟人由進士

凃　疇　江西人由進士　　吳　裕　浙江人由進士

歐陽復　湖廣人由進士　　史　瑛　山西人由進士

程　文　河南人由進士　　方　榮　浙江人由進士

連　盛　北直人由進士　　邢　又　山東人由進士

丘天祐　福建人由進士　　劉　淮　河南人由進士

陳世良　浙江人由進士　　公勉仁　山東人由進士

黎　鳳　江西人由進士　　姜　佐　山東人由進士

劉　溥　山東人由進士　　洗　光　廣東人由進士

鄺　約　廣東人由進士　　張　晉　四川人由進士

吳　鉞江西人由進士　施　儒浙江人由進士

張仲賢山西人由進士　陳　軾湖廣人由進士

胡　潔雲南人由進士　王　完四川人由進士

陳　實廣東人由進士　鄭光琬福建人由進士

楊　鏊廣西人由進士　李　儼江西人由進士

葉　奇福建人由進士　劉謙言河南人由進士

傅　烱江西人由進士　詹　寬福建人由進士

虞守愚浙江人由進士　宋茂熙福建人由進士

游君敬福建人由進士　邢　第長垣人由進士

劉良卿河南人由進士　喬　佑河南人由進士

江　濬　山東人由進士
陳與音　河南人由進士

周　亮　福建人由進士
唐　臣　大興人由進士

劉存德　福建人由進士
張　洽　浙江人由進士

孫文錫　福建人由進士
趙　鏜　浙江人由進士

閻　東　四川人由進士
張雲路　山西人由進士

莫如士　廣東人由進士
董　鯤　浙江人由進士

黄　中　浙江人由舉人
黄　蕎　江西人由舉人

劉以節　廣東人由進士
申　佐　永平人由進士

王汝正　蘇州人由進士
宋　纁　河南人由進士

王宗舜　山西人由進士
馮　善　河南人由進士

劉世會四川人由進士　郭　莊陝西人由進士

向　程浙江人由進士　朱文科福建人由進士

鮑希顏山西人由進士　唐　鍊湖廣人由進士

鄭國士北直人由進士　耿明世山東人由進士

董光裕山西人由進士　陳　薦湖廣人由進士

蔡夢説福建人由進士　劉　維湖廣人由進士

張治興福建人由進士　龔一清浙江人由進士

李廷彦陝山人由進士　王象蒙山東人由進士

喬壁星北直人由進士　林道楠福建人由進士

姚三讓北直人由進士　黄紀賢四川人由進士

王明 山西人由進士

綦才 山東人由進士

龔文選 四川人由進士

李炳 河南人由進士

牛應元 陝西人由進士

劉日梧 江西人由進士

何熊祥 廣東人由進士

曹楷 山西人由進士

宋燾 山東人由進士

王國禎 陝西人由進士

荆養喬 山西人由進士

徐應登 浙江人由進士

駱駸曾 武康人由進士

李嵩 山西人由進士

田生金 湖廣人由進士

易應昌 江西人由進士

林柱 福建人由進士

郭增光 大名人由進士

賈毓祥 由進士

楊春茂 江西人由進士

何廷樞　廣西人由進士　田唯嘉　北直人由進士

溫國奇　江西人由進士　龔一程　江西人由進士

遲大成　山東人由進士　李右讜　江西人由進士

劉令譽　山西人由進士　張煊　山西人由進士

陳起龍　浙江人由進士　徐之垣　浙江人由進士

鄭崑貞　賀登選　湖廣人由進士

督學御史

王以寧　由陰人由進士　駱騄曾　武康人由進士

毛一鷺　遂安人由進士　孫之益　邛州人由進士

周邦基　麻城人　陳保泰　惠安人由進士

朱鑑浙江人由進士　甯欽湖廣人

劉欒山西人由進士　郭布愈真定人由進士

張惟恕河南人由進士　郭廷晃山西人由進士

賈大亨浙江人由進士　成子學廣東人由進士

李逢時德州人由進士　馬斯臧河南人由進士

陳志福建人由進士　蔡應暘湖廣人由舉人

舒鰲江西人由進士　邵陛浙江人由進士

崔廷試河南人由進士　李時成湖廣人由進士

陳用賓福建人由進士　李棟河南人由進士

李天麟武定人由進士　劉應龍湖廣人由進士

高　舉山東人由進士　曹　楷山西人由進士

牛應元陝西人由進士　蔣春芳益都人由進士

周　盤山西人由進士　唐世濟浙江人由進士

李應薦山東人由進士　史　莛清苑人由進士

饒　京湖廣人由進士　王鼎鎮河南人由進士

劉興秀湖廣人由進士　梁雲搆河南人由進士

耿定向湖廣人由進士　甘學濶鄞水人由進士

李懋芳上虞人由進士　亓　煒維縣人由進士

倪元琪上虞人由進士　宗敦一宣賓人由進士

張鳳翮城固人由進士　朱國昌由進士

應天府府尹

藺以權湖廣人由才能　鄭　沂

楊元果滁州人由國初隨侍　孟景容山東人由薦舉

班　吉河南人由儒士　劉　仁湖廣人由歸附

曹廷訓河南人由人才　徐　鐸江西人由舉人才

曾朝佐　高守禮河南人由薦舉

李　拳徐溝人由孝廉　李　實河南人由薦舉

林　衡福建人由鄉舉　宋　詡陝西人由孝廉

洪　敬浙江人由鄉舉　張道禮陝西人舉人才

侯　賢江南人由薦舉　向　寶江西人由進士

方　賓浙江人太學生　　張遇林

薛正言浙江人由薦舉　　向　寶再任

姚　恕江西人由監生　　夏思忠高郵人由進士

汪　翔徽州人由貢生　　紀　正

陳　諤廣東人由鄉舉　　于　潛河南人由薦舉

陳　福宿州人由國學　　李　秀湖廣人

顧　佐河南人由進士　　向　寶召還再任

薛　均湖廣人由薦舉　　紀　正再任

張　璘湖廣人由進士　　史　怡永平人守城敘功用

鄺　埜湖廣人由進士　　陳　俊浙江人由進士

杜時　深州人由進士　李敏　新安人由鄉舉

馬諒　和州人由進士　王弼　江西人由進士

郭士道　江西人由進士　畢亨　河南人由進士

彭信　浙江人由進士　魯崇志　浙江人由進士

于晃　浙江人由蔭生　楊守隨　浙江人由進士

秦崇　山東人由進士　樊瑩　浙江人由進士

冀綺　寶應人由進士　高敞　崑山人由進士

韓重　山西人由進士　吴雄　浙江人由進士

陸珩　阜城人由進士　沈銳　浙江人由進士

黄寶　湖廣人由進士　常麟　浙江人由進士

周　宏浙江人由進士　丁　鳳蠡縣人由進士

孫　春河南人由進士　張　淳合肥人由進士

歐陽旦江西人由進士　白　圻武進人由進士

黄　瓚儀眞人由進士　王　宸河南人由進士

龔　弘嘉定人由進士　陳世良浙江人由進士

胡宗道陝西人由進士　孟　春山西人由進士

王　震邢臺人由進士　孫　祿由進士

陳　鼎山東人由進士　聞　淵浙江人由進士

王　爌浙江人由進士　王大用儀眞人由進士

陳　錫廣東人由進士　陳良器浙江人由進士

江曉 浙江人由進士
邊憲 任丘人由進士
柴奇 崑山人由進士
江曉 再任
吳山 吳江人由進士
孫懋 浙江人由進士
袁擯 吳江人由進士
文明 江西人由進士
戴金 湖廣人由進士
陳卿 四川人由進士
洪珠 福建人由進士
戴儒 江西人由進士
吳瀚 河南人由進士
歐陽塾 江西人由進士
蔣應奎 山西人由進士
呂顓 陝西人由進士
鄭漳 福建人由進士
歐陽塾 再任
扈永通 山東人由進士
李珊 湖廣人由進士

汪宗元 順廣人由進士　葉鏜 江西人由進士

鮑道明 歙縣人由進士　呂光洵 浙江人由進士

呂時中 新豐人由進士　孟淮 河南人由進士

魏尚純 河南人由進士　唐寬 山西人由進士

劉自强 河南人由進士　劉望之 四川人由進士

王鶴 陝西人由進士　萬士和 宜興人由進士

李一瀚 浙江人由進士　譚大初 廣東人由進士

畢鏘 石埭人由進士　周倣 四川人由進士

鄔璉 江西人由進士　陳一松 廣東人由進士

杜拯 江西人由進士　陶承學 浙江人由進士

楊　成　長洲人　由進士　　汪宗伊　湖廣人　由進士

吳文華　福建人　由進士　　程嗣功　歙縣人　由進士

陳于陛　曲周人　由進士　　陰武卿　四川人　由進士

方良曙　歙縣人　由進士　　劉志伊　浙江人　由進士

劉　庠　湖廣人　由進士　　鄭　欽　涇縣人　由進士

游季勳　江西人　由進士　　吳　善　福建人　由進士

王元敬　浙江人　由進士　　顧章志　崑山人　由進士

袁三接　廣東人　由進士　　孫丕揚　陝西人　由進士

石應岳　福建人　由進士　　張　樻　江西人　由進士

陳文燭　湖廣人　由進士　　邵仲祿　四川人　由進士

楊廷相 福建人由進士

應天府府丞

高　舉 鳳陽人由明經　　梁伯興 江西人由薦舉

馮昭克　　王公亮 華亭人由薦舉

張執中　　張　元

王　驥 由進士　　王　鐸 四川人

趙公器 松江人由舉人　　陳　俊

檀　凱　　蔡　錫 浙江人由舉人

陳　宜 江西人由進士　　劉　洙 江西人由進士

冉　哲 四川人由進士　　白　昂 武進人由進士

談　倫上海人由進士
張　達江西人由進士

楊守隨
龔　綺

高　敞
呂　獻浙江人由進士

李　堂浙江人由進士
王彥奇四川人由進士

陳　玉山東人由進士
楊　旦福建人由進士

尹　梅靈壽人由進士
趙　斌陝西人由進士

許庭光河南人由進士
寇天敘山西人由進士

唐鳳儀湖廣人由進士
楊　璨華亭人

柴　奇
郭登庸山西人由進士

楊　麟江西人由進士
朱隆禧崑山人由進士

李舜臣山東人由進士　王學益江西人由進士

李　鏞山西人由進士　何　鰲浙江人由進士

胡叔廉江西人由進士　李　珊

凌汝志常熟人由進士　喩　時河南人由進士

徐　絅湖廣人由進士　孫允中山西人由進士

羅嘉賓四川人由進士　徐　應浙江人由進士

史朝賓福建人由進士　朱　繪山西人由進士

丘有巖福建人由進士　楊　標江西人由進士

雷稽古山東人由進士　陸樹德華亭人由進士

辛自修河南人由進士　曹大埜四川人由進士

李　巳 河南人由進士

杜友蘭 四川人由進士

張　價

許孚遠 浙江人由進士

周希旦 旌德人由進士

王執禮 崑山人由進士

郭惟賢 福建人由進士

苗朝陽 山西人由進士

漕儲道

潘允端 上海人由進士

宋豫卿 富順人由進士

楊一魁 安邑人由進士

陳文燭 沔陽人由進士

游季勳 豊城人由進士

蕭　遍 沔陽人由進士

劉東星 沁水人由進士

馮敏功 平湖人由進士

陳　瑛 福建人由進士

徐用儉 蘭谿人由進士

陳文燧　臨川人由進士
陳　瑛　再任

吳同春　固始人由進士
張惟城　永清人由進士

沈　修　仁和人由進士
衛成方　連州人由進士

白希繡　膚施人由進士
王任重　晉江人由進士

李開藻　永春人由進士
董漢儒　澤州人由進士

陳　簡　長留人由進士
梅守相　宣城人由進士

趙應選　新昌人由進士
施爾志　嘉興人由進士

翟師雍　襄陵人由進士
岳駿聲　嘉興人由進士

熊　膏　公安人由進士
朱國盛　松江人由進士

周　鼎　宜興人由進士
宗統殷　即墨人由進士

曹守勳河南人由進士　胡爾愷浙江人由進士

宋繼登山東人由進士　錢士晉浙江人由進士

王元雅山西人由進士　張翼明河南人由進士

陳陛河南人由進士　莊起元武進人由進士

章思齊鳳縣人由舉人

整飭蘇松等處兵備兼理糧儲水利提刑按察司

魏良貴江西人由進士　饒思聰江西人由進士

吳相內丘人由進士　任環山西人由進士

馬佩山東人由進士　熊桴武昌人由進士

王道行山西人由進士　耿隨卿北直人由進士

謝　琛　弋陽人由進士　　李士允　祥符人由進士
王　儀　文安人由進士　　李　遂　江西人由進士
陳　楠　浙江人由進士　　陶欽夔　江西人由進士
敖　璠　江西人由進士　　馮舜漁　浦州人由進士
湯　賓　南皮人由進士　　鄧之屏　四川人由進士
蔡國熙　永平人由進士　　盧　鎰　咸寧人由進士
王叔杲　浙江人由進士　　馮叔吉　浙江人由進士
徐　節　山西人由進士　　李　頤　江西人由進士
李　浗　江西人由進士　　蹇　達　四川人由進士
王　基　山東人由進士　　李　浗　再任

江　鐸仁和人由進士　曹時聘北直人由進士

鄒　㙊浙江人由進士　楊　洵山東人由進士

李右諫江西人由進士　俞維宇福建人由進士

高　出山東人由進士　尹　伸四川人由進士

熊　膏湖廣人由進士　朱童蒙山東人由進士

張　孝四川人由進士　錢繼登浙江人由進士

蔣　英浙江人由進士　沈萃禎浙江人由進士

周汝弼河南人由進士　馮元颺浙江人由進士

宋繼登山東人由進士　凌義渠浙江人由進士

詹時雨江西人由進士　程　峋江西人由進士

督理屯種倉塲兼糧儲河道驛傳江防整餙廬鳳等處兵備道

史　俊　　申　盤

閻　璽山西人由進士　　王　純浙江人由進士

席　書四川人由進士　　李天衢山西人由進士

孫　盤儀州人　　曾大顯湖廣人由進士

李　鉞山西人由貢士　　郭　震山西人

袁　經河間人由進士　　伍希周江西人由進士

周允中山東人由進士　　史　道涿州人由進士

張　絅江西人由進士　　李崇樞陝西人

陳洙浙江人由進士　孔天蔭山西人
林雲同福建人　蘇志皐順天人
顧翀浙江人　許天倫山西人由進士
程時思江西人由進士　朱舜民山東人由進士
許嶽浙江人由進士　徐惟賢浙江人由進士
黃元恭浙江人由進士　胡湧江西人由進士
王學謨陝西人由進士　張佳蔭四川人由進士
段錦山東人由進士　劉德寬山西人由進士
馬豸山西人由貢士　隨府山東人由進士
陳治典山東人由貢士　聶廷璧

楊　芳

唐　鍊武陵人由進士

賈如式武強人由進士

王之猷新城人由進士

詹在泮常山人由進士

李維禎京山人由進士

歐陽東鳳潛江人由進士

朱　錦餘姚人由進士

梁有年順德人由進士

陸夢祖浙江人由進士

朱東光江西人由進士

潘頤龍錢塘人由進士

李弘道襄陵人由進士

李驥千招遠人由進士

楊繼光定興人由進士

劉如寵蘄州人由進士

臧爾勸諸城人由進士

董元學汜城人由進士

趙　彥膚施人由進士

賈之鳳陽城人由進士

饒景暐 進賢人由進士
魏士前 景陵人由進士
呂封齊 鉅野人由進士
焦源溥 鉅野人由進士
劉應召 昌平人由進士
胡沾恩 永平人由進士
呂道昌 江陵人由進士
申爲憲 永平人由進士
謝肇元 湘潭人由進士
袁　楷 鳳翔人由進士
李一鰲 南鄭人由進士
張如蕙 信陽人由進士
彭國光 德化人由進士
梁祖齡 由進士
蔡獻臣 同安人由進士
臧爾勸 諸城人由進士
陳　瑛 晉江人由進士
曾道唯 南海人由進士
楊弘備 南昌人由進士
周　頌 臨海人由進士

吴時亮烏程人由進士　吴麟瑞海鹽人由進士

徐世蔭開化人由進士　曾化龍晉江人由進士

商周初會稽人由進士　林銘鼎莆田人由進士

李時芃霸州人由進士　張調鼎甌寧人由進士

徽寧池太兵備道

張允成由進士　鄧瓊由進士

鄭光溥益都人由進士　朱舜民齊東人由進士

徐光啓貴溪人由進士　丁應璧壽光人由進士

馮叔吉慈谿人由進士　劉志業慈溪人由進士

程拱震莆田人由進士　周標晉江人由進士

牛惟炳 曲周人由進士
袁國臣 潛江人由進士

侯應蔚 杞縣人由進士
張天德 烏程人由進士

陳王庭 仁和人由進士
柳希點 蘭溪人由進士

饒景曜 南昌人由進士
蘇　進 由進士

王龍德 由進士
林汝詔 漳浦人由進士

劉　會 惠安人由進士
金　勵 西華人由進士

張九德 慈溪人由進士
王三才 蕭山人由進士

張　孝 巴縣人由進士
楊作節 四川人由進士

陳　英 晉江人由進士
傅淑訓 孝感人由進士

孫　轂 湖廣人由進士
彭克濟 湖廣人由進士

盧洪珪東陽人由進士　王公弼滄洲人由進士

史可法直隸人由進士　張士第山東人由進士

顧元鏡烏程人由進士　程世昌光山人由進士

劉開文鄒平人由進士　侯安國通州人由進士

佘緄翔桃源人由進士　張文煇通州人由進士

唐良懿江西人由進士　馬鳴霆平湖人由進士

袁繼咸江西人由進士　熊尚文江西人由進士

王象晋新城人由進士　陳燿文河南人由進士

劉景韶湖廣人由進士　張景賢眉州人由進士

淮徐道

張憲蔚州人由進士　毛科餘姚人由進士
馮顯安肅人由進士　柳尚義巴陵人由進士
羅循吉水人由進士　陳和龍岩人由進士
余祐鄱陽人由進士　蔡需金吾衛人由進士
李珏開州人由進士　吳加聰武振衛人由進士
趙春巴陵人由進士　秦越慈谿人由進士
吳昂海鹽人由進士　何鰲順德人由進士
何鰲山陰人由進士　查應兆長洲人由進士
宋圭新城人由進士　張臬進賢人由進士
屠大山鄞縣人由進士　王梃象山人由進士

郭廷晃文水人由進士　王畿衢州人由進士

譚棨涪州人由進士　李天寵孟津人由進士

劉天授江西人由進士　丁德昌四川人由進士

翁時器餘姚人由進士　盧鑑咸寧人由進士

錢嶧鄞縣人由進士　余朝卿南昌人由進士

徐節臨汾人由進士　陳奎懷安人由進士

劉經緯進賢人由進士　馮敏功臨川人由進士

舒應龍全州人由進士　陳文煥臨川人由進士

林紹漳浦人由進士　游季勳豐城人由進士

張純漳浦人由進士　莫與齊柳城人由進士

陳文燧 臨川人由進士　徐成位 景陵人由進士
郭光復 固安人由進士　曹時聘 獲鹿人由進士
劉大文 博平人由進士　卜汝梁 歸安人由進士
馮盛明 涿鹿人由進士　徐成位 再任
李文芳 綿州人由進士　袁應泰 鳳翔人由進士
楊　洵 濟寧人由進士　高　捷 淄川人由進士
岳駿聲 嘉興人由進士　施天德 江西人由進士
趙　謙 山西人由進士　楊廷槐 錢塘人由進士
王振祚 陝西人由進士　唐　煥 山東人由進士
楊　宜 衡水人由進士

官制載於職方聲稱施於後世亦闡微蒐逸之
盛典也况勝國去今未遠非元宋以前可比宜
乎載筆無遺而姓氏反多湮没者何哉葢前有
南畿一統諸志名臣列卿諸記可採而有明侍
御監司分典數郡非一府專官故郡乘不載間
或有載亦仕蹟可訖寥寥莫備追諮訪故老尋
問碑碣而考據無存則非搜輯不勤之過也變
例書銜聊存舊制云

提督操江都御史

巡撫鳳陽都御史

督理漕儲儹運兼管濟寧一帶河道御史

督理兩淮鹽課兼監兌應天江西湖廣開汝歸三

州御史

巡視上江御史

巡視下江御史

巡視江南江北御史

整飭鎮常二府兼理糧儲水利農務兵備道

整飭池安太道兼句容六縣江防

江南通志卷之第二十六

職官

江南未經改革郡爲京兆位亞列卿制府未開兩司莫設撫綏專授中丞我

世祖章皇帝戡定以來參酌因革建置省會內院經畧伊始督撫藩臬立綱陳紀肅僚貞度法最善也

詳載銜名用彰官制噫嘻盛矣

皇淸經畧招撫內院大學士

洪承疇　滿洲籍福建人由進士順治二年任後設總督銜門停止內院

總督

馬國柱　遼東遼陽人順治四年任

馬鳴佩　遼東遼陽人順治十二年任

郎廷佐　遼東廣寧人順治十三年任

麻勒吉　滿洲人壬辰狀元康熙八年任

阿席熙　滿洲人康熙十二年任

于成龍　山西永寧人巳卯舉貢康熙二十一年任

王新命　滿洲籍四川潼川人貢監康熙二十三年任

公孤保傳內外兼治所以表率羣僚也江南於順治四年停止經畧創設總督開府省城初轄江南河南江西三省自六年轄江南江西二省康熙元年操院奉裁操江歸併總督至十三年轄江南一省今二十一年復轄江南江西二省兼管操江

總督漕運都御史

王文奎　滿洲籍浙江人順治二年任

楊聲遠　滿洲籍北直人順治四年任

吳惟華　順天籍陝西人順治四年任

沈文奎　滿洲籍浙江人順治十一年任

蔡士英　滿洲籍遼東人順治十二年任

亢得時　滿洲籍山西人順治十五年任

蔡士英　十六年再任

林起龍　順天大興人進士康熙元年任

屈盡美　滿洲籍遼東人康熙六年任

帥顔保　滿洲人康熙八年任

部甘　滿洲人康熙二十年任

漕儲上關國計駐節淮安府城蓋以便趲運也鳳撫奉裁併管巡撫則自順治六年始至十六年復設鳳撫遂專督七省漕運事務

巡撫江蘇等處都御史

土國寶 山西人順治二年任

周伯達 山東人進士順治六年任

周國佐 滿洲人正黃旗世襲阿達哈哈番順治九年任

張中元 遼東廣寧人正黃旗國學生順治十一年任

朱國柱 滿洲人正紅旗順治十七年任

韓世琦 滿洲人正紅旗康熙元年任

馬祜 滿洲人正黃旗進士康熙八年任

慕天顏 陝西靖寧人進士康熙十五年任

余國柱 湖廣籍南昌人進士康熙二十一年任

王新命滿洲籍四川潼川人貢監康熙二十三年任

江寧爲東南重地巡撫分陝蘇城相沿已舊前轄江蘇松常鎮五府後併轄淮揚徐三府州其提督軍務康熙元年奉裁至十三年復奉提督軍務

巡撫安徽等處都御史

李猶龍陝西洵陽人貢士順治二年任

李棲鳳遼陽人

王懩

劉洪遇

李日芃遼東人

秦世禎遼東人順治十二年任

蔣國柱遼東人正黃旗順治十二年任

朱衣助遼東人順治十六年任

宜永貴遼東人順治十六年任

張朝珍遼東人順治十八年任

靳輔遼陽人康熙十年任

徐國相遼東廣寧人康熙十六年任

薛柱斗陝西延長人拔貢康熙二十三年任

皖城踞江南上遊　國初專設操江後以操江兼管巡撫任綦重事實繁也康熙元年操江歸併總督專任巡撫事務所轄有安徽寧池太廬鳳七府滁和廣三州

巡撫鳳陽都御史

陳芝龍

王一品

林起龍

張尚賢

原駐泰州順治六年因調撫標入粤奉裁歸併漕督兼理至十六年漕撫請　旨復設鳳撫又於康熙五年奉裁歸併安撫

巡撫操江都御史

先駐池州後駐安慶以操兼撫轄安徽五府一州康熙元年五月內兵部咨爲申明操撫兩標等事操江軍務歸併總督專設巡撫操江衙門遂奉裁併

巡漕監察御史

劉明英 順治二年任

匡蘭兆 順治三年任

裴希度 順治四年任

馮右京 順治五年任至本年止差

張中元 順治九年任

朱紱 順治十年任

牟文龍 順治十一年任

周上世 順治十二年任

侯于唐 順治十三年任

竇遴奇順治十四年任至十五年六月内奉裁

巡江監察御史

巡江御史原隸操江康熙二年四月奉吏部咨爲敬陳巡江並理等事操江已併總督應將巡江統歸督臣遂奉裁併

巡按監察御史

原分按江安蘇松順治十八年六月内刑部咨爲巡寧事竣等事各直省巡按事務交付撫臣江南巡按遂奉裁併

毛九華山東人進士順治二年任

竇蔚山東人進士順治四年任

陳顯忠遼東人進士順治六年任

上官鉉　山西人進士順治七年任

鍾有鳴　遼東人郎中順治九年任

林起宗　進士順治十年任

劉宗韓　北直人進士順治十三年任

衛貞元　山西人進士員外順治十五年任

何可化　北直人進士順治十七年任

以上巡按江安徽寧池太廬鳳滁和廣今裁併

趙弘文　秦安州人進士順治二年任

盧　傳　晉州人舉人順治三年任

梁應龍　遼東人順治四年任

金元禎 順治五年任

張慎學 進士順治六年任

秦世禎 遼東鐵嶺人生員順治八年任

李成紀 遼東人順治十年任

孔蔭樾 宛平人進士順治十二年任

李森先 山東平度人進士順治十四年任

王秉衡 順治十五年任

馬騰陞 順治十六年任

張鳳起 山西翼城人進士順治十七年任

以上巡按蘇松常鎮淮揚徐今裁併

姜金印 山東人進士順治二年任

宋調元 山西人進士順治年任

李邦嵒 河南人順治年任

張 濩 山東人順治年任

以上巡按廬鳳淮揚滁徐和今裁併

驄馬紛馳非襲明制宋元以前如巡行天下之官代異名殊自昔爲然要以興利除害而已今裁巡按併歸巡撫殆省官以省事省事以寧人歟雖建武之節約何以復加焉

督學御史

高去奢 直隸寧晉人由進士督學江安順治二年任

陳昌言 山西人由進士督學蘇松順治二年任管六府一州

魏琯 山東壽光人由進士督學江安順治四年任

蘇銓 交河人由進士督學蘇松順治四年任

李蔭嵒 永城人由進士督學蘇松順治六年任

李嵩陽 河南封丘人由舉人督學江安順治六年任順治八年併考下江

楊義 山西洪洞人由進士督學通省順治九年任本年復奉停差

督學內翰林院

照直隸順天特設停差御史

藍潤　山東郎墨人進士弘文院侍讀順治十年任上江

石申　順天灤州人進士國史院侍講順治十年任下江十二年停差

翰林督學前此未有順治十二年緣江南改直隸爲省議照各省例俱用道臣督學停差翰林

巡視兩淮鹽課監察御史

李發元 直隸高陽人進士順治二年任

李嵩陽 河南封丘人舉人順治三年任

張翮 山西高平人進士順治四年任

王士驥 浙江山陰人進士順治五年任

崔蔭弘 直隸長垣人進士順治六年任

王士驥 順治七年再任

張瑃 山西陽城人進士順治八年任

陳自德 遼東復州人貢士順治九年任

姜圖南 浙江仁和人進士順治十二年任

白尚登　遼東鐵嶺人貢士順治十三年任

周宸藻　浙江嘉善人進士順治十四年任

高爾位　遼東籍寧懷人貢士順治十五年任

李贊元　山東大嵩衛人進士順治十七年任

胡文學　浙江鄞縣人進士順治十八年任

鄭　名　直隸寧晉人進士康熙元年任

張問政　遼東廣寧人貢士康熙二年任

趙玉堂　陝西麟遊人舉人康熙三年任

黃敬璣　山東曲阜人進士康熙四年任

馬大士　直隸濬縣人進士康熙五年任

甯爾講 直隸永平人進士康熙六年任

郭丕 滿洲人康熙七年任

宋翔 順天大典人進士康熙七年同任

胡什巴 滿洲人康熙八年任

侯于唐 陝西三原人進士康熙八年同任

席特納 滿洲人康熙九年任

徐旭齡 浙江錢塘人進士康熙九年同任

色克德 滿洲人康熙十年任

陳可畏 浙江山陰人進士康熙十年同任

聶爾古 滿洲人康熙十一年任

劉　錫　滿洲人康熙十二年任

魏雙鳳　直隸獲鹿人進士康熙十三年任

戈　英　直隸獻縣人進士康熙十四年任

席　珠　滿洲人康熙十五年任

郝　浴　直隸定州人進士康熙十六年任十七年再任

布　哈　滿洲人康熙十八年任

丹　代　滿洲人康熙十九年任

堪　泰　滿洲人康熙二十年任

裘充美　昌平人進士康熙二十一年任

張志棟　山東人進士康熙二十二年任

左布政

張士第 山東掖縣人進士順治二年任

朱國柱 遼東瀋陽衛人戸部啓心郎順治三年任

趙福星 遼東義州衛人生員順治四年任

劉漢祚 遼東金州衛人國學生順治五年任

陳培禎 遼東遼陽人國學生順治十三年任

徐爲卿 遼東遼陽人國學生順治十六年任

崔　澄 遼東廣寧人康熙元年任

王　鍈 山東青州諸城人進士康熙三年任

金　鋐 順天宛平籍浙江山陰人進士康熙五年任

右布政

申朝紀 遼東人生員順治二年任

孫肇興 山東萃縣人進士順治三年任

鄭廷櫆 廣東澄海人舉人順治九年任

馮如京 山西振武衛人恩貢保舉順治十一年任

王無咎 河南孟津人進士順治十四年任

毛一麟 遼東廣寧人鑲白旗貢士順治十六年任

孫代 遼東廣寧人康熙元年任

江蘇布政使

佟彭年 遼東人正藍旗舉人康熙二年任

慕天顏 陝西靜寧人進士康熙九年任

丁思孔 鑲黃旗人進士康熙十五年任

章欽文 順天宛平人貢監康熙二十二年任

安徽布政使

法若真 山東膠州人進士康熙七年任

徐國相 遼東廣寧人康熙九年任

龔佳育 浙江仁和人吏員保舉康熙十六年任

柯永昇 奉天人鑲紅旗廕生康熙二十二年任

方伯宣猷久推岳鎮國初藩列左右並駐省城順治十八年以吳省錢糧分駐左右右移蘇州管江寧蘇松常鎮五府康熙五年又併管淮揚徐三府州左駐江寧省城管安徽

寧池太廬鳳滁和廣等府州至康熙六年奉

停左右之名蓋仿古諸侯各治其國各子其

民之

意歟

按察司

于重華　山東青城人進士順治二年任

張文衡　開平衛人廩生順治四年任

土國寶　山西大同人順治四年任

夏一鶚　遼東人正藍旗生員順治五年任

謝　道　遼東人正藍旗生員順治八年任

史記功　遼東人正白旗生員順治十一年任

余應魁　遼東人國學生順治十二年任

許　宸　河南內鄉人進士順治十三年任

盧慎言　北直晉州人官生順治十四年任

姚延著　浙江烏程人進士順治十六年任

藍　潤　山東卽墨人進士順治十七年任

劉興漢　遼陽人鑲黄旗國學生順治十八年任

郟天擎　遼東蓋州人鑲藍旗佐領康熙元年任

李芝蘭　遼東鐵嶺衛人貢士康熙元年任

石　琳　遼東廣寧衛人正白旗佐領康熙三年任

江蘇按察司

劉景榮　遼東人鑲白旗進士康熙四年任

陳秉直　遼東人鑲黄旗貢士康熙九年任

崔維雅　保定新安人舉人康熙十三年任

金　鎮　順天宛平人舉人 康熙十八年任

安徽按察司

佟國禎　遼東人貢生 康熙三年任

丁思孔　遼東廣寧人進士 康熙十四年任

薛柱斗　陝西延長人拔貢 康熙十五年任

王國泰　奉天廣寧人康 熙十九年任

王定國　奉天遼陽人康 熙二十年任

盧崇興　遼東廣寧人廕生 康熙二十二年任

王國泰　奉天廣寧人康 熙二十三年任

書稱弼教刑措爲先　國初按察司提刑通省康熙三年臬分南北南駐省城管江蘇九

府一州北駐皖城管安徽五府三州康熙五年爲請

旨事南臬改爲江蘇按察司管七府一州北臬改爲安徽按察司管七府三州將民自以爲無冤而吏亦無所謂徇縱者古廷尉之風庶幾其近之歟

督理江安糧儲道

高射斗 順治二年以副使任

高岐鳳 順治四年以參議任

陳極新 順治五年以右布政使任 本年添設糧道一員押運

傅作霖 順治十年以參議任

韋成賢 順治十一年以參政任

黃鼎象 順治十五年以參議任十六年裁併於各府管糧同知通判中輪詳押運

范廷元 順治十五年以參議任

吳大壯 順治十七年以參政任

李聖翼 康熙元年以參政任

周亮工　康熙六年以參議任

范廷元　康熙九年以參議任

王緒祖　康熙十年以參議任

章欽文　康熙十三年以副使任

陸光旭　康熙二十年以參議任

張永茂　奉天人癸卯舉人康熙二十年以參議任二十一年併管池太道事

江安督糧道原劄授通省順治三年實管江安十府四州至康熙二十一年爲江南郵遞等事復兼轄分巡池太道事務

督理蘇松常鎮糧儲道

王　儀北直開州人順治二年任

徐逢時遼東人

步文武陝西乾州人順治七年任

張懋忠遼東人

宋　杞景陵籍大興人

陳啓泰遼東人

張懋勲雄縣人舉人

石在閶陝西人貢生

王添貴

李來泰　江西臨川人進士順治十七年以參議任

盧　鋐　湖廣蘄州人進士康熙元年以參政任至四年撤回再任

李實秀　河南汲縣人進士康熙四年以參政任撤回

運日震　奉天廣寧人貢士康熙九年以參政任

劉　鼎　正白旗廕生康熙十七年以副使任今二十一年兼轄分守蘇松道事務

整飭江南通省驛傳鹽法道

羅　森　順天府大興人進士康熙二年以副使任

陳寶鑰　福建晉江人舉人康熙六年以僉事任

王功成　山東博平人進士康熙八年以副使任

金　鎮　順天宛平人舉人康熙十四年以副使任

黄　桂　遼東人正黄旗官生康熙十八年任

安徽驛傳鹽法道

尚崇善　遼東人廕生今康熙二十一年裁併

驛鹽一道原駐省城管理通省國初未經裁併順治二年以來歷任姓名册未開載以故無憑全列僅從康熙二年起至康熙十三年因軍興將安徽等府驛鹽事務添設道臣

一員分駐安慶至二十一年爲江南郵遞等事安徽驛鹽道歸併江蘇驛鹽道復轄通省事務

提督學政道

李來泰　江西臨川人進士順治十二年以僉事任

張能麟　大興人進士順治十三年以僉事任

王同春　山西沁水人進士順治十六年以僉事任

胡在恪　江陵人進士順治十六年以僉事任

孫蔭驥　福建南安人進士康熙元年以僉事任

梁　儒　鑲白旗進士康熙四年以僉事任

簡　上　四川巴縣人舉人康熙七年以僉事任

虞二球　浙江定海人進士康熙十二年以僉事任

解幾貞　陝西韓城人進士康熙十三年以僉事任

郜嘉　浙江富陽人進士康熙十五年以僉事任

劉果　山東諸城人進士康熙十八年以僉事任

田雯　山東德州人進士康熙十九年以僉事任

趙崙　山東萊陽人進士康熙二十一年以僉事任

學道原分上江下江二員康熙九年部議爲科歲既併一考學臣自宜歸併等事遂裁併歸一改爲督理

通省學政道

分守江寧道

張天璣　河南蘭陽人進士順治二年以參議任

林天擎　遼東蓋州人廪貢順治五年以副使兼參議任

張爾素　山西陽城人進士順治十一年以參政任

楊璥　北直宛平人進士順治十二年以參政任

王化淳　河南靈寶人庠生順治十二年以參政任分守江寧兵備道

梁鳳鳴　鳳凰城人正白旗順治十三年以參政任分守江寧兵備道

吳逢春　遼東人正黄旗順治十四年以參政任分守江寧驛傳兵備道

李栁霄　山西絳州人貢生順治十四年以參政任分守江寧驛傳兵備道

王紹隆　浙江海寧人進士順治十五年以參政任分守江寧兵備道

武攀龍山西交城人進士順治十八年以參政任分守江寧道

分守江鎮道

胡昇猷浙江山陰人進士康熙二年以參政任

劉通順天大興人貢生康熙四年以參政任兼督理西新龍江關務

杜湙山東濱州人進士康熙五年以參政任兼督關務

高恒豫直隸靜海人官生康熙十三年以僉事兼理驛鹽道務

石珍正白旗廕生

原設分守江寧道駐省城與分巡江寧道並設順治十三年奉裁驛鹽道歸併江寧守巡二道後巡道奉裁歸併守道遂為江寧兵備道十八年裁兵備二字康熙二年為請專銓政等事將鎮江一府歸併江寧道駐省城改為分守江鎮道康熙六年為遵諭敬陳錢

糧等事裁缺十三年爲請復要地道員等事

復設江鎮道駐京口康熙二十一年爲海宇

已寧等事事裁缺督臣于成龍撫臣余國柱會

題爲鎮江水陸之衝等事奉留江鎮道將蘇

松常道裁常州一府併江鎮

道管理改爲分守江鎮常道

分守江鎮常道

孔典洪 山東曲阜人至聖裔廕生

康熙二十年以僉事任

分守蘇松常道

王之晉　河南人進士順治二年任

趙福星　遼東人順治三年任

金一鳳　遼東人順治四年任

胡以泓　順治五年任

張獻捷　遼東人歲貢順治八年任

張基遠　山西汾州人廕生順治十二年任

宮家璧　前屯人選貢順治十四年任

王　紀　山西沁水人進士順治十六年任

孫丕承　正白旗貢士順治十八年以副使任

陳　彩　廣東順德人進士順治十八年以左叅政任

安世鼎　鑲紅旗貢士康熙三年以叅政任

李來泰　江西臨川人進士康熙六年以叅議任

韓佐周　鑲藍旗佐領康熙九年以叅議任

方國棟　順天大興人舉人康熙十二年以叅議任

單務嘉　山東高密人進士康熙十七年以副使任

祖澤深　正黄旗叅領康熙十八年以叅議任　今裁

原設蘇松道駐太倉常鎮道駐江陰康熙二年爲請專銓政等事裁蘇松道歸併常鎮道又將鎮江一府歸併江寧道改爲蘇松常一道移駐蘇州康熙六年爲遵　諭敬陳等事奉裁九年爲請設要地道員事復設今二十二年爲鎮江水陸之衝等事　題明裁併將

蘇松二府歸蘇松糧道兼管常州
一府歸江鎮道管理遂奉裁併

江南通志

卷之第二十

分巡揚州兵備道

劉漢式 山東人順治二年任

周亮工 河南祥符人進士順治三年任

卞三元 遼東蓋州人順治四年任

王爾祿 湖廣黄陂人進士順治四年任

胡江 湖廣人進士順治五年任

陳一理 遼東人順治六年任

高光夔 北直人進士順治十四年任

牟廷選 遼東人順治十七年任

杜溧 山東濱州人進士順治十八年任 今裁

江南通志　卷之第二十八　　　　三

康熙二年奉裁

分巡淮揚道

李丕著 順治二年以參議任

李政修 順治三年以參議任

卞三元 奉天人順治五年以參議任

陳素抱 順治十一年以僉事任

李士郃 順治十一年以僉事任

祝文震 順治十三年以僉事任

霍　炳 山東青城人進士順治十五年以僉事任

張　尚 順治十六年以參議任

杜　淶 山東濱州人進士順治十七年以副使任

佟國禎　遼陽人貢士康熙二年以參議任

祖澤深　遼東寧遠人正黃旗參領康熙三年以僉事任

張萬春　遼東開元衞人鑲藍旗國學生康熙九年以副使任

張登選　奉天遼陽人進士康熙十年以副使任

黃　桂　奉天海城人正黃旗官生康熙十四年以副使任

佟康年　遼陽人正藍旗佐領康熙十六年以副使任

劉國靖　遼東廣寧人正黃旗兵部筆帖式康熙十八年以副使任

多弘安　直隸阜城人拔貢康熙二十一年以副使任

舊設揚州道駐劄泰州淮海道駐劄淮安淮徐道駐劄徐州康熙二年爲請專銓政等事裁去揚州道將道事歸驛鹽道兼管裁去淮徐道併淮海道管理康熙六年爲遵　諭敬

陳等事裁去各道止存淮海一道康熙拾叁
四月內爲請設要地道員等事復設改爲淮
揚道駐
淮安

江南通志　卷之二十九　畫

分巡淮徐道

趙福星以叅政任

蕭時彦以叅議任

張兆羆以叅議任

劉明偀以叅議任

張　斌以叅政任

胡廷佐以僉事任

李洛日以僉事任

李世洽以僉事任

項錫𪋿遼東全州衛人貢士順治十七年以叅政任

戴聖聰　遼東蓋州衞人貢士康熙九年以副使任

吳煒　順天大興人舉人康熙十七年以參政任

司琨　直隸內黄人廕生康熙十九年以僉事任

劉元勳　陜西咸陽人進士康熙二十年以僉事任

淮徐道衙門原駐徐州自康熙二年奉裁歸併淮海道管理至九年爲請復緊要道員等事復設十五年兼轄夏鎭工部分司十六年併管中河分司鈔稅河工移駐宿遷

分巡鳳廬道

羅志儒 山東人由進士順治二年任

趙振業 盆都人由進士順治年任

丁允元 日照人由進士順治年任

石鎮國 湖廣人由舉人順治年任

陳顯忠 遼東人順治年任

崔應弘 長垣人由進士順治年任

陳襄 文安人由舉人康熙年任

王宷 膠州人由進士康熙年任

孫播 嘉興人由進士康熙五年裁缺

范時秀 奉天瀋陽人康熙九年任本年題復

孫　蘭 遼東人康熙十七年任

張　璿 河南永寧人由進士康熙二十三年任

分巡徽寧道

莊則敬　河南人進士順治二年以僉事任

張文衡　順治三年以副使任

盧世揚　河南人進士順治五年以僉事任

郝璧　山西人舉人順治六年以右參議任

袁仲魁　遼東人順治七年以僉事任

孫登第　遼東人順治十年以副使任

申偉抱　遼東人順治十四年以副使任

孫蔭裕　河南人進士順治十六年以副使任

王漆貴　遼東人順治十八年以副使任

竇遴奇　大名人進士康熙四年以僉事任

沈　爽　浙江人進士康熙六年以副使任

呂正音　新昌人進士康熙十年以僉事任

王緒祖　遼陽人廕生康熙十三年以副使任

黃懷玉　錢塘人拔貢康熙十九年以僉事任

康熙二十一年奉裁

潘延吉 順治二年任

海時動 京衛人順治五年任

封雄 陝西人順治九年任

佟養謨 遼東人正藍旗順治十三年任

黃甲 京衛人武進士順治十八年任

張弘弼 山東人武舉康熙八年任

鄭玉 順天人康熙十一年任

周奭 京衛人武進士康熙十六年任

張廷貴 遼東人康熙二十年任

梁士治 真定人武舉康熙二十一年任

鹽城營遊擊

順治七年任

陳其瑚　北直人順治七年任

徐　信　浙江人順治八年任

孫肇武　北直人順治十二年任

楊雙鳳　四川人康熙元年任

姚弘信　遼東人康熙八年任

陳　鑄　山東人康熙十四年任

賈重俊　遼東人康熙二十年任

宿遷營遊擊

沈應麟　紹興人武舉順治五年任

都使司

危列宿

許壯衍

徐　烶

高師文

胡世舉

李雲龍

文培世

李雲龍

王承吉

闔司班聯藩臬省會舊制也江南向稱直隷三司槩未分設國初循例建置駐劄省城可謂文武兼資矣官有屯田有操捕而二司總以掌篆爲重順治十二年爲請裁無益贅弁等事屯操二司奉裁其捕務悉併有司屯務歸併掌篆要以事權之寄不外屯衞軍政而已

兩淮鹽運使

周亮工 河南籍江西金谿人進士順治二年任

朱延慶 遼東人順治三年以內院任

夏時芳 遼東人國學生順治四年任

白本質 遼東人國學生順治五年任

孫承盛 遼東人國學生順治六年任

陸登甲 遼東人生員順治七年任

梁鳳鳴 滿洲人正白旗國學生順治九年任

方策 滿洲人正紅旗生員順治十三年任

馬元 遼東籍真定人正藍旗貢士順治十五年任

梁知先山東鄒平人進士順治十七年任

朱之瑞遼東人貢士康熙元年任

李月桂遼東人鑲白旗貢生康熙七年任

王維新遼東人鑲白旗貢生康熙九年任

張應瑞遼東人正白旗進士康熙十四年任

羅文瑜遼東人進士康熙十六年任

龔其裕福建閩縣人貢生保舉康熙二十一年任

督理江寧織造府

張元勳 遼東人順治五年任

楊文科

張嘉謨 滿洲人順治十三年任

楊秉恭 北直人

劉之武 滿洲籍順治十四年任

周天成 滿洲人順治十五年任

曹璽 滿洲人康熙二年任

督理蘇州織造府

陳有明 遼東人順治三年任

尚　興　滿洲人順治三年任

馬木清　滿洲人

張嘉謨　滿洲人

周天成　滿洲人順治十年任後歸併專理蘇州

馬偏俄　遼東人順治十三年任

鄧秉忠　京籍太監順治十三年任

李自昌　遼東人順治十四年任

馬偏俄　順治十五年再任

法　哈　滿洲人順治十八年任

衣　色　遼東人康熙元年任

納　秦　滿洲人康熙二年任

馬偏俄　滿洲人康熙二年任

陳　武　遼東人康熙四年任

雷先聲　遼東人康熙五年任

薩碧漢　遼東人康熙十五年任

祁華善　遼東人康熙二十一年任

江寧織造衙門自有明設立漢府用太監管理　國初內院洪承疇題奉照舊織造順治五年始差戶部官董理至十三年改差內十三衙門官一年一換至十五年改三年一換康熙二年遂定專差久任至蘇州織造係順治三年初設督理蘇杭康熙十年歸併一局止管蘇州織造事務

江南通志　卷之第二十八

龍江瓦屑兼管西新關分司

萬堯一 順治二年以工部員外郎管理

劉舜濬 順治二年以戶部主事任

周奭 順治四年以戶部主事任先管新江關隨併西新關

鍾古爾代 康熙八年以禮部郎中任

胡一璉 康熙八年以工部郎中同任

能代 康熙九年以工部郎中任

顏光敏 康熙九年以禮部主事同任

石圖 康熙十年以工部員外郎任

張文韜 康熙十年以戶部主事同任

布甘　康熙十一年以兵部主事任

景文魁　康熙十一年以刑部郎中同任

羅光泉　康熙十二年以戶部主事任自本年起止差一員

陳廷樞　康熙十三年以刑部郎中任

祖維煥　康熙十四年以兵部主事任

阿禮瑚　康熙十五年以戶部員外郎任

紀愈　康熙十六年以兵部主事任

薛之佐　康熙十七年以戶部郎中任

卲禮瑚　康熙十八年以工部員外郎任

額爾赫圖　康熙十九年以工部員外郎任

馬爾漢康熙二十年以工部員外郎任

法爾哈康熙二十一年以刑部員外郎任

祖允圖康熙二十二年以戶部郎中任

龍江關差歷任部員應宜序列順治二年至四年僅得三人後皆無稽關冊未開遂使裁併復設無考故序名從康熙八年迄今蓋因復差部員從八年始也

江南通志

卷之第二十六

滸墅鈔關分司

丘俊孫 淮安人順治二年任

呂翕如 清苑人進士順治三年任

鄭庫納 滿洲人鑲紅旗順治四年任是年差滿漢官二員

王崇銘 山西陽城人舉人順治四年任

石 免 滿洲人鑲白旗順治五年任

楊 威 滿洲人鑲黃旗順治六年任

申騰芳 長洲人官生順治六年同任

額 倫 遼東人正黃旗順治七年任

李起元 人舉人順治七年同任

馮達道 武進人進士順治九年任是年撤回滿官專差漢官一員

嚴我公 紹興人貢生順治十年任

陳襄 文安人順治十一年任

王有報 滿洲人順治十二年任是年復差滿漢官二員

劉廷獻 仁和人進士順治十二年任

呀思哈 滿洲人正白旗愛惜喇庫哈方順治十三年任

費達 溧陽人進士順治十三年同任

秦廷獻 曲沃人拔貢順治十四年任是年復撤回滿官止差漢官一員

杜宸輔 長垣人進士順治十五年任

郭金鉉 平安人進士順治十六年任

李繼白 臨漳人進士順治十七年任

王元晉 寧晉人進士康熙元年任是年復兼差滿漢官

庫爾訥 滿洲人正藍旗康熙二年任

馮鏞 吉安人進士康熙二年任

馬喇 滿洲人正白旗康熙三年任

劉宏譽 真定人進士康熙三年同任

白爾墨 滿洲人正藍旗康熙四年任

王天成 遼東人舉人康熙四年任

安世鼎 康熙五年任本年停差歸併道臣府佐管理三

馬爾赤哈 滿洲人鑲紅旗康熙八年任本年復差滿漢部員

黃虞赤　伏羌人進士禮部郎中康熙八年任

桑梓　滿洲人正藍旗康熙九年任

鄭爀新　閩縣人貢生康熙九年同任

徐大用　滿洲人正紅旗刑部郎中康熙十年任

楊芳　山西人廩生刑部主事康熙十年任

關音布　滿洲人正黃旗戶部主事康熙十年任

易道沛　漢陽人進士康熙十年任

席柱　滿洲人正黃旗吏部主事康熙十一年任

劉士龍　雎州人進士康熙十一年同任

陳常夏　富平人貢士康熙十二年任

郭禮 滿洲人鑲藍旗兵部員外康熙十三年任

碩羅 滿洲人康熙十四年任

高璜 遼陽人鑲黄旗進士康熙十五年任

汪世選 海城人康熙十六年任

鄂木愷 滿洲人正白旗康熙十七年任

陶羅 滿洲人正紅旗康熙十八年任

年哈 滿洲人康熙十九年任

鄂屯 滿洲人正黄旗康熙二十年任

長命 滿洲人正紅旗康熙二十一年任

黄懋 滿洲人鑲黄旗康熙二十二年任

江南通志　卷之第二十八

淮安鈔關分司

丹　代　戶部陝西司員外郎康熙十一年三月任

陳肇昌　工部都水司主事康熙十一年三月任

耿夔忠　工部屯田司郎中康熙十二年二月任

薛　坤　戶部廣西司主事康熙十三年二月任

他納庫　刑部四川司主事康熙十四年二月任

翁　英　工部屯田司員外郎康熙十五年正月任

鄂　愷　吏部文選司郎中康熙十六年正月任

李耀祖　兵部職方司郎中康熙十七年正月任

紀爾塔渾　兵部武選司員外郎康熙十七年二月任

德　明　吏部主事康熙十八年十二月任

劉秉忠　刑部浙江司員外郎康熙十九年十一月任

杜能格　兵部員外郎康熙二十年十一月任

伊　壘　禮部祠祭司郎中康熙二十一年十二月任

淮安鈔關　國初歷任俱差部員至康熙十一年以前姓名關冊未經開載以故序列無據焉

揚州工部管河分司

李若星　河南寧陵人舉人順治二年任

高　明　河南河內人進士順治五年任

王開基　山東諸城人舉人順治八年任

王維誠　直隸新城人舉人順治十一年任

楊西狩　江西南昌人進士順治十四年任

陳天清　河南柘城人進士順治十七年任

吳　煒　順天大興人舉人順治十八年任

廖元發　山東東平人進士康熙三年任

王　鼎　河南林縣人進士康熙七年任

胡鶴翥 浙江餘姚人舉人康熙八年任

馬颿 陝西固原人貢士康熙九年任

蘇赫德 滿洲人康熙九年任

吳養浩 莆田人康熙九年任

勒德禮 滿洲人康熙十二年任

王自修 河南新鄉人康熙十二年任

管河分司照揚郡志錄於部員王自修止康熙十二年以後歷任部員無憑備列云

揚州戶部鈔關分司

英　額　滿洲人順治四年任

李果珍　陝西雒南人舉人順治三年任

馬呈祥　遼東人順治三年任

孫伯洛　滿洲人

李遇昌　順天大興人舉人順治四年同任

黃世富　遼東人順治四年任

習喇布　滿洲人

高廉興　順治五年同任

煖　我　滿洲人

張彦珩河南洛陽人進士順治六年同任

季之駿河南進士順治七年任

陳三謨山東益都人舉人順治九年任

方若珽江南桐城人進士順治十年任

木臣滿洲人

劉果遠江南無錫人進士順治十一年任

葉克滿洲人

胡希聖山西人進士順治十二年任

蔣文燦直隸人舉人順治十三年任

周而淳江南江寧人進士順治十四年任

范發愚河南人進士順治十五年任
夏霖江南長洲人進士順治十六年任
戈珽江南江寧人舉人順治十七年任
張懷德遼東人進士順治十八年任
戴篤禮滿洲人
李皇詔湖廣人拔貢康熙元年任
艾蕭滿洲人康熙二年任
戎上德浙江鄞縣人進士康熙三年任是後停止關差歸併道臣府佐管理三年
岳什滿洲人
鄭崑璧山西人進士康熙八年設關差同任

尼揚哈 滿洲人

呂祚德 江南金壇人舉人康熙九年同任

德爾得 滿洲人

郎廷秀 遼東廣寧人康熙十八年任

周襄緒 遼東籍浙江山陰人貢生康熙十年任

桑開運 直隷玉田人進士康熙十三年任

達哈哈 滿洲人康熙十二年任

李耀祖 遼東鐵嶺人康熙十三年任

噶爾泰 滿洲人康熙十四年任

佛倫 滿洲人康熙十五年任

滕元鼎　順天舉人康熙十六年任

素爾孫　滿洲人康熙十七年任

戴通　滿洲人康熙十八年任

林潤　順天遵化舉人康熙十九年任

趙吉士　浙江錢塘舉人康熙二十年任

趙隨　浙江嘉興人進士康熙二十一年任

達蘇喀　滿洲人康熙二十二年任

江南通志

卷之第二十六

監督鳳陽等處糧儲兼管運餉屯榷户部

王師保 四川人舉人順治二年任

南有臺 湖廣人進士順治四年任五年歸併本府七年復

秦仁管 江南寧國人進士順治七年任

傅鶴祥 河南人官生順治九年任

周文華 山西人進士順治十年任

徐明弼 江南蕪湖人進士順治十二年任

鄭應皐 江南無錫人進士順治十三年任

田六善 山西人進士順治十四年任

郭金鉉 北直人進士順治十五年任

錢世淸　浙江人拔貢順治十六年任

王元晉　北直人進士順治十七年任

鄭　秀　江西人進士順治十八年任

張易賁　江南人進士康熙元年任

吕正音　浙江人進士康熙二年任

劉源澄　北直人進士康熙三年任

范乃藩　山東人進士康熙四年任本年奉裁倉關歸併鳳陽府管理三年

馬克渡　滿洲人康熙八年任本年復差滿漢部員

王斗樞　進士康熙八年任

圖　鼐　滿洲人康熙九年任

詹惟聖　浙江人進士康熙九年任

鄂起禮　滿洲人康熙十年任

盧元培　浙江仁和人進士康熙十年任

達哈哈　滿洲人康熙十一年任

田慶曾　進士康熙十一年任

楊鍾岳　廣東揭陽人進士康熙十二年任本年奉裁滿官止差漢官一員

譚洪憲　北直文安人進士康熙十三年任十四年奉裁歸併鳳陽府管理五年

詹布禮　滿洲人康熙二十年任本年復差滿洲部員

禪布　滿洲人康熙二十一年任

江南通志

卷之第二十八

督理蕪湖鈔關兼管工部分司

拜音布 工部郎中康熙八年任

耿繼光 兵部職方清吏司郎中康熙八年任

王尚禮 禮部員外郎康熙九年任

顧耿臣 刑部湖廣清吏司郎中康熙九年任

巴錫 吏部文選清吏司郎中康熙十年任

戚崇進 工部虞衡清吏司主事康熙十年任

唐翰馥 工部員外郎康熙十一年任

黃懷玉 禮部祠祭清吏司員外郎康熙十一年任

任弘謨 兵部職方司員外郎康熙十二年任

房廷禎　兵部武庫清吏司主事康熙十三年任

江中耀　刑部湖廣清吏司郎中康熙十四年任

沙木哈　戶部浙江清吏司郎中康熙十五年任

宋炘　戶部廣東清吏司員外郎康熙十六年任

劉源　刑部廣西清吏司主事康熙十七年任

何嘉祐　戶部江西清吏司員外郎康熙十八年任

鄧秉恆　戶部浙江清吏司郎中康熙十九年任

張秉孝　工部都水清吏司主事康熙二十年任

噶祿　禮部儀制清吏司員外郎康熙二十一年任

馬奇　工部都水清吏司郎中康熙二十二年任

蕪關戶工兩差歷任姓名應自順治二年序次乃關冊於康熙八年列名迄今蓋瓜期一週差經遞更題名無記以致裁併復設槩無可稽耳

江南通志卷之二十六

江寧府知府

李正茂　直隸宛平縣人拔貢順治二年任

林天擎　遼東蓋州衛人拔貢順治四年任

張　錦　山西翼城縣人舉人順治六年任

邊維隆　直隸任丘縣人舉人順治九年任

李　持　四川江津縣人順治十年任

孟　元　河南祥符縣人恩貢順治十一年任

何中舉　遼東瀋陽衛人貢生順治十二年任

李　儁　直隸永年縣人舉人順治十四年任

高培元　直隸肅寧縣人生員順治十六年任

徐　恭　遼東鐵嶺衛人廕生順治十七年任

張羽明　遼東寧遠人舉人順治十八年任

陳開虞　陝西西安府人生員康熙二年任

張際龍　浙江蕭山人拔貢康熙八年任

孫　芳　遼東人康熙十三年任

陳龍巖　福建人康熙十八年任

于成龍　奉天人廕生康熙二十一年任

蘇州府知府

王鍈　河南孟津人生員順治二年任

丁允元　山東日照人辛未進士順治　年任

陳服遠　滿洲人國學生順治三年任

吳崇宗　滿洲人國學生順治四年任

徐應台　遼陽人國學生順治五年任

王光晉　遼東蓋州人貢生順治七年任

高文芳　遼東人貢生順治十年任

張學曾　浙江會稽人副榜貢生順治十二年任

吳一位　滿洲人貢生順治十二年任

鄒蘊賢 遼陽人貢生順治十四年任

余廉徵 浙江遂安人己丑進士順治十七年任

武弘祖 遼東蓋州人貢生順治十八年任

吳道煌 宛平人己丑進士康熙二年任

曹鼎 河南祥符人恩貢康熙六年任

郭四維 山西猗氏人丁亥進士康熙八年任

甯雲鵬 遼東前屯衛人生員康熙十一年任

高翀 山西襄陵人戊戌進士康熙十三年任

曹首望 順天豐潤人拔貢康熙十七年任

陳常夏 廕生陝西人康熙二十年任

盧祿星 康熙二十二年任

松江府知府

張銚　河南偃師人舉人順治二年任

傅世烈　滿洲人順治三年任

林永盛　遼東奉天府人國學生順治四年任

盧士俊　遼東錦州人國學生順治五年任

廖文元　遼東錦州人正黃旗貢士順治七年任

李正華　直隸獻縣人拔貢順治十年任

郭起鳳　遼東金州衛人選貢順治十四年任

祖永勳　遼東寧遠衛人正黃旗貢士順治十四年任

于汝翼　遼東海州衛人貢士順治十七年任

劉洪宗 直隸灤州人拔貢順治十七年任

郭廷弼 遼東奉天府人鑲白旗貢士順治十八年任

張羽明 遼東寧遠衛人舉人康熙三年任

陳繼訓 廕生康熙九年任

劉 樗 山西安邑人廕生康熙十三年任

劉名標 遼陽人國學生康熙十四年任

曾 超 順天大興人康熙十五年任

常州府知府

宗　灝　江都人進士順治二年任

蕭起元　遼東人順治二年任

夏一鶚　遼東人順治三年任

佟　達　遼東人順治四年任

祖重光　遼東人順治七年任

宋之普　沂州人進士順治九年任

崔宗泰　遼東人順治十二年任

趙　琪　宛平人舉人順治十四年任

陳翼鶚　遼東人順治十八年任

王吉人清源人康熙三年任

駱鍾麟臨安人舉人康熙八年任

紀堯典遼東人康熙十年任

單務嘉高密人進士康熙十三年任

呂應奎蓋平人廕生康熙十七年任

何中象廣寧人貢生康熙十八年任

孟宗舜天津衛人己丑進士康熙十九年任

盧崇義遼東廣寧人廕生康熙二十年任

鎮江府知府

趙廷禎 順天人順治二年任

塗廓

李芝茂 遼東人順治四年任

趙士冕 山東人順治五年任

劉芳烈 宛平籍山東濱州人官生順治七年任

高來鳳

郝應第 北直新樂人順治十三年任

李禎 山東人貢士

戴可進 遼東人順治十六年任

劉進禮　遼東人順治十七年任

孔貞來　山東曲阜人至聖裔康熙二年任

錢　升　順天人乙未進士康熙四年任

劉元輔　遼東人康熙八年任

高得貴　瀋陽人監生康熙十年任

劉　鼎　滿洲人廕生康熙十三年任

余紀龍

蔣　燦

高龍光　福建人進士康熙十九年任

淮安府知府

張文衡 滿洲廩生順治二年任

謝　道 遼東人順治三年任

索榮袞 睢陽縣舉人順治三年任

牟廷選 遼東國學生順治五年任

李廷梅 遼陽貢生順治十年任

任長慶 石樓縣拔貢順治十二年任

高象樞 遼東貢生順治十七年任

韓昌祉 禹城縣監生康熙元年任

張　瑄 永寧縣拔貢康熙元年任

張行生　石門縣恩貢康熙三年任

董期生　會籍人舉人康熙六年任

張萬春　遼東開原衛國學生康熙八年任

曹得爵　廣寧衛歲貢康熙十年任

馮源泗　涿州官監生康熙十三年任

徐　欐　遼陽人康熙十五年任

戚崇進　山東威海衛拔貢康熙十九年任

高成美　遼東人康熙二十一年任

揚州府知府

胡蘄忠 江南人順治二年任

卞三元 遼東蓋州人順治三年任

劉奇遇 遼東蓋州人順治三年任

王宇春 遼東人順治四年任

金應選 遼東人生員順治六年任

張元璘 遼東人順治八年任

蕭 琯 雲南人舉人順治十年任

羅大猷 江西南昌人進士順治十二年任

傅登榮 遼東人順治十四年任

蔣文燦　直隷人舉人順治十五年任

戈時雍　北直人貢士順治十六年任

雷應元　遼東人廕生順治十七年任

陳祚昌　浙江嘉興籍仁和人進士康熙三年任

毛賡南　陝西南鄭人拔貢康熙五年任

趙良相　遼東錦州人康熙七年任

金鎮　順天宛平籍浙江山陰人舉人康熙十二年任

佟國勲　奉天遼陽人廕生康熙十四年任

高得貴　瀋陽人監生康熙十六年任

崔華　直隷平山人進士康熙十九年任

安慶府知府

楊起鳳江寧人

桑開第

王廷賓遼東錦州人順治五年任

李士楨山東昌邑人貢士順治十年任

張苗浙江嘉善人進士順治十四年任

楊桂英甘肅人貢士

趙世禎開原人貢士順治十七年任

姚琅浙江石門人戊子貢元康熙九年任

劉國靖遼東廣寧人兵部督捕康熙十四年任

劉　儓山西平陽人廕生康熙十七年任

徽州府知府

張學聖 滿洲人秘書院副理順治二年任

文煥 廣寧人監生順治四年任

祖建衡 遼東人鑲黃旗生員順治五年任

李如桂 金州人貢士順治十年任

吴縉昌 固始人貢士順治十一年任

藺一元 松山人貢士順治十三年任

鄭永春 遼陽人鑲藍旗貢士順治十八年任

龔蕃錫 密雲人拔貢康熙四年任

曹鼎望 豐潤人進士康熙六年任

張登舉　遼陽人進士康熙十三年任

姚　㰅　廣東平遠人貢士康熙十六年任

林國柱　順天大興人廕生康熙十九年任

寧國府知府

陳周政 四川人進士順治二年任

周日宣 遼陽人生員順治四年任

管起鳳 錦州人生員順治五年任

秦宗堯 順治九年任

遲日豫 廣寧人貢士順治十三年任

焦名世 義州人廕生順治十五年任

張獻素 遼東人貢生順治十六年任

高選 餘姚人貢士康熙元年任

龔鯤 鍾祥人進士康熙二年任

孔貞來 曲阜至聖裔貢士康熙六年任

莊泰弘 遼陽人貢士康熙七年任

劉光榮 遼東錦州人官貢生康熙十六年任

王國柱 遼陽人戶部筆帖式哈番康熙十八年任

池州府知府

馬弘長 昌平人順治二年任

宋鶴慶 遼東人順治四年任

梁應元 遼東人順治六年任

顔敏 宛平人進士順治十一年任

柴望 仁和人進士順治十四年任

解元才 山西人順治十六年任

張瑞午 遼東人順治十七年任

郭世純 晉江人進士康熙三年任

樸懷玉 遼東東寧人康熙十年任

周夢熊　滿洲籍眞定貢生康熙十四年任

喻成龍　奉天金州人廕生康熙十七年任

太平府知府

王鏌　河南孟津人選貢順治二年任

鍾鼎　浙江嘉興人進士順治三年任

袁聲　湖廣荆州人順治六年任

王以約　北直大興人舉人順治八年任

林文薦　山東掖縣人順治十八年任

張文學　遼東人順治十三年任

李之英　遼東人順治十五年任

胡季瀛　浙江海鹽人貢士順治十七年任

徐士振　遼東人生員康熙三年任

黃　桂　遼東人正黃旗官生康熙十年任

馮蕚舒　浙江人進士康熙十四年任

楊　霖　江西安福人進士康熙十五年任

吳延壽　奉天開原人正紅旗廕生康熙二十二年任

廬州府知府

趙允光 大興人貢士 順治三年任

蔣文運 進士

張之英 河南登封人

吳允昇 遼東人

胡鳳閣 北直人

黃承運

韓威宣 山西人舉人

王業興 遼東人

王　階 景州人進士

胡獻珍　錦州人貢士

聶　源　宣府人舉人

劉道著

薛之佐　四川人舉人

杜立本　順天寶坻人廩生

鳳陽府知府

張以謙山西人選貢順治二年任

金一鳳遼東人生員

史記功遼東人貢士

李世璉遼東瀋陽人生員

王曰都遼東人生員

李以易山東人舉人

周標陝西人舉人

戴斌湖廣人進士

陳寅北直人貢監

塗騰茂　北直人貢士

劉應中　井陘人貢士

章欽文　順天宛平籍浙江富陽人監貢康熙十一年任

高必大　湖廣襄陽人拔貢康熙十四年任

耿繼志　遼東人廕生康熙十八年任

牧守之官於民最親江南十四郡星羅碁置一大省會也昔漢帝有言與我共治者惟茲良二千石乎其爲循良卓異其爲加秩賜金非可遥遥前人也特表而出之以告今郡守之能自淬礪者

布政司

江蘇布政使一員　理問一員　庫大使一員

安徽布政使一員　經歷一員　照磨一員　庫大使一員

按察司

江蘇按察使一員　經歷一員　司獄司一員

安徽按察使一員　照磨一員　司獄司一員

都使司

江南都使司一員　經歷一員

兩淮鹽運使司

鹽運使一員　運判四員　經歷一員　知事一員

江南通志

卷之第二十八 [illegible]

江寧府知府一人同知三人通判二人推官裁經歷司經歷一人知事裁照磨所照磨一人檢校一人司獄司司獄一人儒學教授一人訓導一人廣積庫副使一人都稅司大使一人常平倉江東聚寶龍江三宣課司大使各一人朝陽門分司副使一人龍江關大使一人批驗茶引所大使一人秣陵鎮江東江淮三巡檢司巡檢各一人龍江裏外河泊所官裁龍江遞運所大使一人龍江水馬驛江東馬驛驛丞各一人陰陽學正術一人醫學正科一人僧綱司都綱副都綱各一人道紀司都紀副都紀各一人

上元縣知縣一人縣丞一人主簿裁典史一人儒學教諭一人訓導一人淳化鎮巡檢一人

江寧縣知縣一人縣丞一人主簿裁典史一人儒學教諭一人訓導一人江寧馬驛大勝驛驛丞各一人

句容縣知縣一人縣丞一人主簿裁典史一人儒學教諭一人訓導一人龍潭水馬驛驛丞一人雲亭驛驛丞裁稅課局大使裁龍潭巡檢司巡檢一人陰陽學訓術一人醫學訓科一人僧會司僧會一人道會司道會一人

溧陽縣知縣一人縣丞一人主簿裁典史一人儒學教諭一人訓導一人稅課局大使一人裁陰陽學訓術一人醫學訓科一人僧會司僧會一人道會司道會一人

溧水縣知縣一人縣丞一人主簿裁典史一人儒學教諭一人訓導一人稅課

局大使裁陰陽學訓術一人醫學訓科一人僧會司僧會一人道會

司道會一人

江浦縣知縣一人主簿裁典史一人儒學教諭一人訓導一人浦子口稅

課局大使裁江淮驛驛丞一人東葛城驛驛丞一人陰陽學訓術

一人醫學訓科一人僧會司僧會一人道會司道會一人

六合縣知縣一人典史一人儒學教諭一人訓導一人稅課局大使一人瓜

埠巡檢司巡檢一人棠邑驛驛丞一人瓜埠三汊河泊所所官

裁陰陽學訓術一人醫學訓科一人僧會司僧會一人道會司道會

一人

高淳縣知縣一人縣丞主簿裁典史一人儒學教諭一人訓導一人廣通鎮

巡檢司巡檢一人　三湖許家埠河泊所所官[illegible]　陰陽學訓術一人　醫學訓科一人　僧會司僧會一人　道會司道會一人

蘇州府知府一人同知三人通判一人推官裁經歷司經歷一人知事一人照磨所照磨一人司獄司司獄一人儒學教授一人訓導一人豐盈庫副使一人

織染局大使一人姑蘇驛驛丞一人陰陽學正術一人醫學正科一人

僧綱司都綱副都綱各一人道紀司都紀副都紀各一人

吳縣知縣一人縣丞一人主簿一人典史一人儒學教諭一人訓導一人木瀆角頭東山巡檢司巡檢各一人

長洲縣知縣一人縣丞二人主簿一人典史一人儒學教諭一人訓導一人吳塔陳墓司巡檢司巡檢各一人

吳江縣知縣一人縣丞二人主簿一人典史一人儒學教諭一人訓導一人平望驛驛丞一人簡村司震澤司平望司汾湖司同里爛溪

司巡檢司巡檢各一人陰陽學訓術一人醫學訓科一人僧會司僧會一人道會司道會一人

常熟縣知縣一人縣丞一人主簿一人典史一人儒學教諭一人訓導一人白茆港黃泗浦滸浦港巡檢司巡檢各一人陰陽學訓術一人醫學訓科一人僧會司僧會一人道會司道會一人

崑山縣知縣一人縣丞二人主簿一人典史一人儒學教諭一人訓導一人石浦巴城司巡檢司巡檢各一人陰陽學訓術一人醫學訓科一人僧會司僧會一人道會司道會一人

嘉定縣知縣一人縣丞一人主簿一人典史一人儒學教諭一人訓導一人顧逕江灣司巡檢司巡檢各一人陰陽學訓術一人醫學訓科一人僧

會司僧會一人道會司道會一人

太倉州知州一人同知一人州判一人吏目一人儒學學正一人訓導一人甘草

巡檢司巡檢一人陰陽學典術一人醫學典科一人僧正司僧正一人

道正司道正一人

崇明縣知縣一人縣丞一人主簿一人典史一人儒學教諭一人訓導一人三沙

西沙司巡檢司巡檢各一人陰陽學訓術一人醫學訓科一人僧

會司僧會一人道會司道會一人

江南通志

卷之第二十六

松江府知府一人同知二人通判二人推官裁經歷司經歷一人知事一人照磨所照磨一人司獄司司獄一人儒學教授一人訓導一人永豐庫副使一人陰陽學正術一人醫學正科一人僧綱司都綱副都綱各一人道紀司都紀副都紀各一人

華亭縣知縣一人縣丞二人主簿一人典史一人儒學教諭一人訓導一人金山南橋鎮巡檢司巡檢各一人

婁縣知縣一人縣丞二人主簿一人典史一人儒學教諭一人訓導一人泖橋小蒸村巡檢司巡檢各一人

上海縣知縣一人縣丞二人主簿一人典史一人儒學教諭一人訓導一人黃浦三林庄吳淞江巡檢司巡檢各一人陰陽學訓術一人醫學

訓科一人僧會司僧會一人道會司道會一人

青浦縣知縣一人縣丞二人主簿一人典史一人儒學教諭一人訓導一人澱山新涇司巡檢司巡檢各一人陰陽學訓術一人醫訓科一人僧會司僧會一人道會司道會一人

常州府知府一人同知一人通判三人推官裁經歷司經歷一人知事一人照磨所照磨一人檢校一人司獄司司獄一人儒學教授一人訓導一人豐積庫副使一人陰陽學正術一人醫學正科一人僧綱司都綱副都綱各一人道紀司都紀副都紀各一人

武進縣知縣一人縣丞一人主簿一人典史一人儒學教諭一人訓導一人奔牛小河司滆港巡檢司巡檢各一人

無錫縣知縣一人縣丞一人主簿一人典史一人儒學教諭一人訓導一人望亭高橋司巡檢司巡檢各一人陰陽學訓術一人醫學訓科一人僧會司僧會一人道會司道會一人

江陰縣知縣一人縣丞一人主簿一人典史一人儒學教諭一人訓導一人利港

石頭港巡檢司巡檢各一人陰陽學訓術一人醫學訓科一人僧會司僧會一人道會司道會一人

宜興縣知縣一人縣丞一人主簿一人典史一人儒學教諭一人訓導一人湖㳇鍾溪司張渚鎮下邾司巡檢司巡檢各一人陰陽學訓術一人醫學訓科一人僧會司僧會一人道會司道會一人

靖江縣知縣一人縣丞一人典史一人儒學教諭一人訓導一人馬馱沙港巡檢司巡檢一人陰陽學訓術一人醫學訓科一人僧會司僧會一人道會司道會一人

鎮江府知府一人同知一人通判一人推官裁經歷司經歷一人知事一人照磨所照磨一人司獄司司獄一人儒學教授一人訓導一人京口驛驛丞一人陰陽學正術一人醫學正科一人僧綱司都綱副都綱各一人道紀司都紀副都紀各一人

丹徒縣知縣一人縣丞一人主簿一人典史一人儒學教諭一人訓導一人安港丹徒鎮高資鎮巡檢司巡檢各一人灰渚驛驛丞一人

丹陽縣知縣一人縣丞一人主簿一人典史一人儒學教諭一人訓導一人包港呂城鎮巡檢司巡檢各一人雲陽驛驛丞一人陰陽學訓術一人醫學訓科一人僧會司僧會一人道會司道會一人

金壇縣知縣一人縣丞一人主簿一人典史一人儒學教諭一人訓導一人湖溪

巡檢司　巡檢一人

陰陽學　訓術一人

醫學　訓科一人

僧會司　僧會一人

道會司　道會一人

淮安府知府一人同知八人通判一人推官裁經歷司經歷一人知事裁照磨所照磨一人檢校一人司獄司司獄一人儒學教授一人訓導一人稅課司大使一人常盈倉大軍倉大使各一人高家堰管堤大使一人淮陰驛驛丞一人陰陽學正術一人醫學正科一人僧綱司都綱副都綱各一人道紀司都紀副都紀各一人

山陽縣知縣一人縣丞一人主簿一人典史一人儒學教諭一人訓導一人馬邏鄉廟灣羊寨巡檢司巡檢各一人管堤大使一人龍江閘閘官一人

鹽城縣知縣一人縣丞一人主簿裁典史一人儒學教諭一人訓導一人永積倉大使裁清溝沙溝巡檢司巡檢各一人陰陽學訓術一人醫

學訓科一人僧會司僧會一人道會司道會一人

清河縣知縣一人縣丞一人主簿一人典史一人儒學教諭一人訓導一人馬頭巡檢司巡檢一人清口驛驛丞一人新莊閘閘官一人陰陽學訓術一人醫學訓科一人僧會司僧會一人道會司道會一人

桃源縣知縣一人縣丞一人主簿一人典史一人儒學教諭一人訓導一人古城三義鎮巡檢司巡檢各一人陰陽學訓術一人醫學訓科一人僧會司僧會一人道會司道會一人

安東縣知縣一人主簿一人典史一人儒學教諭一人訓導一人長樂壩上五港灌口巡檢司巡檢各一人陰陽學訓術一人醫學訓科一人僧會司僧會一人道會司道會一人

沭陽縣知縣一人主簿一人典史一人儒學教諭一人訓導一人陰陽學訓術一人醫學訓科一人僧會司僧會一人道會司道會一人

海州知州一人同知一人吏目一人儒學學正一人訓導一人東海高橋惠澤巡檢司巡檢各一人陰陽學典術一人醫學典科一人僧正司僧正一人道正司道正一人

贛榆縣知縣一人縣丞一人典史一人儒學教諭一人訓導一人荻水鎮臨洪鎮巡檢司巡檢各一人陰陽學訓術一人醫學訓科一人僧會司僧會一人道會司道會一人

邳州知州一人同知一人州判一人吏目一人儒學學正一人訓導一人下邳驛新安驛夾溝驛驛丞各一人陰陽學典術一人醫學典科一人僧

正司僧正一人道正司道正一人

宿遷縣知縣一人縣丞一人主簿一人典史一人儒學教諭一人訓導一人劉家莊巡檢司巡檢一人鍾吾驛驛丞一人陰陽學訓術一人醫學訓科一人僧會司僧會一人道會司道會一人

睢寧縣知縣一人主簿一人典史一人儒學教諭一人訓導一人陰陽學訓術一人醫學訓科一人僧會司僧會一人道會司道會一人

揚州府知府一人同知二人通判二人推官裁經歷司經歷一人知事裁照磨所照磨一人檢校一人司獄司司獄一人儒學教授一人訓導一人大積庫副使一人軍儲倉稅課司大使一人瓜洲稅課司大使一人廣陵驛驛丞一人瓜洲閘閘官一人陰陽學正術一人醫學正科一人僧綱司都綱副都綱各一人道紀司都紀副都紀各一人

江都縣知縣一人縣丞一人主簿一人典史一人儒學教諭一人訓導一人邵伯鎮瓜洲鎮萬壽上官橋巡檢司巡檢各一人邵伯驛驛丞一人

儀真縣知縣一人縣丞一人主簿裁典史一人儒學教諭一人訓導一人稅課局大使一人廣實倉清江閘閘官一人儀真水驛驛丞一人

陰陽學訓術一人醫學訓科一人僧會司僧會一人道會司道會一人

泰興縣知縣一人主簿裁典史一人儒學教諭一人訓導一人黃橋印莊巡檢司巡檢各一人陰陽學訓術一人醫學訓科一人僧會司僧會一人道會司道會一人

高郵州知州一人同知一人州判一人吏目一人儒學學正一人訓導一人廣儲倉大使一人時堡巡檢司巡檢一人界首驛驛丞一人陰陽學典術一人醫學典科一人僧正司僧正一人道正司道正一人

興化縣知縣一人縣丞一人主簿裁典史一人儒學教諭一人訓導一人永典倉安豐巡檢司巡檢一人陰陽學訓術一人醫學訓科一人僧會司僧會一人道會司道會一人

寶應縣知縣一人縣丞一人主簿一人典史一人儒學教諭一人訓導一人衡陽巡檢司巡檢一人安平驛驛丞一人陰陽學訓術一人醫學訓科一人僧會司僧會一人道會司道會一人

泰州知州一人同知一人州判一人吏目一人儒學學正一人訓導一人常豐倉稅課局大使一人寧鄉鎮西溪海安巡檢司巡檢各一人陰陽學典術一人醫學典科一人僧正司僧正一人道正司道正一人

如皋縣知縣一人縣丞主簿裁典史一人儒學教諭一人訓導一人西場石莊巡檢司巡檢各一人陰陽學訓術一人醫學訓科一人僧會司僧會一人道會司道會一人

通州知州一人同知州判一人吏目一人儒學學正一人訓導一人稅課局

通濟倉大使一人狼山巡檢司巡檢一人陰陽學典術一人醫學典科一人僧正司僧正一人道正司道正一人

安慶府知府一人同知一人通判一人推官裁經歷司經歷一人照磨所照磨一人知事裁司獄司司獄一人儒學教授一人訓導一人陰陽學正術一人醫學正科一人僧綱司都綱副都綱各一人道紀司都紀副都紀各一人

懷寧縣知縣一人縣丞一人典史一人儒學教諭一人訓導一人長楓夾鎮巡檢司巡檢一人

桐城縣知縣一人縣丞一人典史一人儒學教諭一人訓導一人六百丈馬踏石北峽關巡檢司巡檢各一人練潭驛呂亭驛陶冲驛驛丞各一人陰陽學訓術一人醫學訓科一人僧會司僧會一人道會司道會一人

潛山縣知縣一人縣丞一人典史一人儒學教諭一人訓導一人天堂巡檢

司巡檢一人青口驛驛丞一人陰陽學訓術一人醫學訓科一人僧會司僧會一人道會司道會一人

太湖縣知縣一人典史一人縣丞一人儒學教諭一人訓導一人後部白沙巡檢司巡檢各一人小池驛驛丞一人陰陽學訓術一人醫學訓科一人僧會司僧會一人道會司道會一人

宿松縣知縣一人典史一人縣丞一人儒學教諭一人訓導一人小孤山歸林灘涇江口巡檢司巡檢各一人楓香驛驛丞一人陰陽學訓術一人醫學訓科一人僧會司僧會一人道會司道會一人

望江縣知縣一人典史一人縣丞一人儒學教諭一人訓導一人楊灣巡檢司巡檢一人雷港驛驛丞裁陰陽學訓術一人醫學訓科一人僧會司僧會

人一

道會司道會一人

江南通志

卷之第二十[illegible]

徽州府知府一人同知一人通判一人推官裁經歷司經歷一人知事裁照磨
所照磨一人司獄司司獄一人儒學教授一人訓導一人陰陽學正術一人
醫學正科一人僧綱司都綱副都綱各一人道紀司都紀副都紀各一人
歙縣知縣一人縣丞一人典史一人儒學教諭一人訓導一人黃山司街口
司王干司巡檢司巡檢各一人
休寧縣知縣一人縣丞一人典史一人儒學教諭一人訓導一人坎厦司巡
檢司巡檢一人陰陽學訓術一人醫學訓科一人僧會司僧會一人道
會司道會一人
婺源縣知縣一人縣丞一人典史一人儒學教諭一人訓導一人太白司項
村司大鱅司巡檢司巡檢各一人陰陽學訓術一人醫學訓科

一人　僧會司僧會一人　道會司道會一人

祁門縣知縣一人　典史一人　儒學教諭一人　訓導一人　大洪嶺巡檢司巡檢一人　陰陽學訓術一人　醫學訓科一人　僧會司僧會一人　道會司道會一人

黟縣知縣一人　典史一人　儒學教諭一人　訓導一人　陰陽學訓術一人　醫學訓科一人　僧會司僧會一人　道會司道會一人

績溪縣知縣一人　典史一人　儒學教諭一人　訓導一人　濠寨司巡檢司巡檢一人　陰陽學訓術一人　醫學訓科一人　僧會司僧會一人　道會司道會一人

寧國府知府一人同知一人經歷司經歷一人照磨所照磨一人司獄司司獄一人通判一人推官裁

儒學教授一人訓導一人軍儲倉大使一人陰陽學正術一人醫學正科一人僧綱司都綱副都綱各一人道紀司都紀副都紀各一人

宣城縣知縣一人縣丞一人主簿一人典史一人儒學教諭一人訓導一人水陽黃池鎮巡檢司巡檢各一人

南陵縣知縣一人縣丞一人典史一人儒學教諭一人訓導一人峩嶺巡檢司巡檢一人陰陽學訓術一人醫學訓科一人僧會司僧會一人道會司道會一人

涇縣知縣一人縣丞一人主簿一人典史一人儒學教諭一人訓導一人茹麻司

巡檢司巡檢一人陰陽學訓術一人醫學訓科一人僧會司僧會一人

道會司道會一人

寧國縣知縣一人典史一人儒學教諭一人訓導一人岳山湖樂司巡檢司巡檢各一人陰陽學訓術一人醫學訓科一人僧會司僧會一人

道會司道會一人

旌德縣知縣一人典史一人儒學教諭一人訓導一人三溪巡檢司巡檢一人陰陽學訓術一人醫學訓科一人僧會司僧會一人道會司道會一人

太平縣知縣一人典史一人儒學教諭一人訓導一人宏潭巡檢司巡檢一人陰陽學訓術一人醫學訓科一人僧會司僧會一人道會司道會

一八

池州府知府一人同知一人通判一人推官裁經歷司經歷一人知事裁照磨所照磨一人司獄司司獄司裁儒學教授一人訓導一人陰陽學正術一人醫學正科一人僧綱司都綱副都綱各一人道紀司都紀副都紀各一人

貴池縣知縣一人縣丞一人主簿裁典史一人儒學教諭一人訓導一人李陽巡檢司巡檢一人池口驛驛丞一人李陽驛驛丞裁

青陽縣知縣一人典史一人儒學教諭一人訓導一人陰陽學訓術一人醫學訓科一人僧會司僧會一人道會司道會一人

銅陵縣知縣一人典史一人儒學教諭一人訓導一人大通鎮巡檢司巡檢裁陰陽學訓術一人醫學訓科一人僧會司僧會司道會司道會一人

石埭縣知縣一人典史一人儒學教諭一人訓導一人陰陽學訓術一人醫學訓科一人僧會司僧會一人道會司道會一人

建德縣知縣一人典史一人儒學教諭一人訓導一人永豐鎮巡檢司巡檢一人陰陽學訓術一人醫學訓科一人僧會司僧會一人道會司道會一人

東流縣知縣一人典史一人儒學教諭一人訓導一人吉陽鎮巡檢司巡檢一人陰陽學訓術一人醫學訓科一人僧會司僧會一人道會司道會一人

太平府知府一人同知一人通判一人推官裁經歷司經歷一人照磨所照磨一人司獄司司獄司裁儒學教授一人訓導一人陰陽學正術一人醫學正科一人僧綱司都綱副都綱各一人道紀司都紀副都紀各一人

當塗縣知縣一人縣丞一人典史一人儒學教諭一人訓導一人采石大信司巡檢司巡檢各一人

蕪湖縣知縣一人縣丞一人典史一人儒學教諭一人訓導一人河口鎮巡檢司巡檢一人檜港驛驛丞一人陰陽學訓術一人醫學訓科一人僧會司僧會一人道會司道會一人

繁昌縣知縣一人典史一人儒學教諭一人訓導一人荻港三山司巡檢司巡檢各一人荻港驛驛丞一人陰陽學訓術一人醫學訓科一人

僧會司僧會一人　道會司道會一人

廬州府知府一人同知一人通判一人推官裁經歷司經歷一人知事照磨所照磨一人檢校裁司獄司司獄裁儒學教授一人訓導一人常積庫大使裁永豐倉陰陽學正術一人醫學正科一人僧綱司都綱副都綱各一人道紀司都紀副都紀各一人

合肥縣知縣一人縣丞一人主簿裁典史一人儒學教諭一人訓導一人石梁鎮巡檢司巡檢一人派河驛護城驛店埠驛驛丞各一人陰陽學訓術一人醫學訓科一人僧會司僧會一人道會司道會一人

舒城縣知縣一人縣丞主簿裁典史一人儒學教諭一人訓導一人梅心驛三溝驛驛丞各一人陰陽學訓術一人醫學訓科一人僧會司僧會一人道會司道會一人

廬江縣知縣一人縣丞主簿裁典史一人儒學教諭一人訓導一人冷水關巡檢司巡檢一人陰陽學訓術一人醫學訓科一人僧會司僧會一人道會司道會一人

無爲州知州一人同知一人州判裁吏目一人儒學學正一人訓導一人土橋河與龍河泥汊河黃落河巡檢司巡檢各一人陰陽學典術一人醫學典科一人僧正司僧正一人道正司道正一人

巢縣知縣一人主簿裁典史一人儒學教諭一人訓導一人焦湖巡檢司巡檢一人高井驛驛丞裁陰陽學訓術一人醫學訓科一人僧會司僧會一人道會司道會一人

六安州知州一人同知一人州判裁吏目一人儒學學正一人訓導一人和尚

灘巡檢司巡檢一人陰陽學典術一人醫學典科一人僧正司僧正一人道正司道正一人

英山縣知縣一人縣丞主簿裁典史一人儒學教諭一人訓導一人七引店巡檢司巡檢一人陰陽學訓術一人醫學訓科一人僧會司僧會一人道會司道會一人

霍山縣知縣一人主簿裁典史一人儒學教諭一人訓導一人千羅坂上土市巡檢司巡檢各一人陰陽學訓術一人醫學訓科一人僧會司僧會一人道會司道會一人

江南通志

卷之第二十六

[illegible]四

鳳陽府知府一人同知一人通判一人推官裁經歷司經歷一人照磨所照磨一人檢校一人司獄司司獄一人儒學教授一人訓導一人永盈庫大使一人稅課司大使一人濠梁驛驛丞一人陰陽學正術一人醫學正科一人僧綱司都綱副都綱各一人道紀司都紀副都紀各一人

鳳陽縣知縣一人縣丞一人典史一人儒學教諭一人訓導一人王莊驛驛丞一人

臨淮縣知縣一人縣丞一人典史一人儒學教諭一人訓導一人紅心驛驛丞一人

懷遠縣知縣一人主簿一人典史一人儒學教諭一人訓導一人陰陽學訓術一人醫學訓科一人僧會司僧會一人道會司道會一人

五河縣知縣一人典史一人儒學教諭一人訓導一人陰陽學訓術一人醫學訓科一人僧會司僧會一人道會司道會一人

定遠縣知縣一人主簿一人典史一人儒學教諭一人訓導一人張橋驛池河驛定遠驛驛丞各一人陰陽學訓術一人醫學訓科一人僧會司僧會一人道會司道會一人

虹縣知縣一人典史一人儒學教諭一人訓導一人陰陽學訓術一人醫學訓科一人僧會司僧會一人道會司道會一人

壽州知州一人同知一人吏目一人儒學學正一人訓導一人北爐巡檢司巡檢一人陰陽學典術一人醫學典科一人僧正司僧正一人道正司道正一人

霍丘縣知縣一人典史一人儒學教諭一人訓導一人開順鎮巡檢司巡檢一人陰陽學訓術一人醫學訓科一人僧會司僧會一人道會司道會一人

蒙城縣知縣一人典史一人儒學教諭一人訓導一人陰陽學訓術一人醫學訓科一人僧會司僧會一人道會司道會一人

泗州知州一人同知一人吏目一人儒學學正一人訓導一人泗水驛驛丞裁陰陽學典術一人醫學典科一人僧正司僧正一人道正司道正一人

盱眙縣知縣一人縣丞一人主簿一人典史一人儒學教諭一人訓導一人陰陽學訓術一人醫學訓科一人僧會司僧會一人道會司道會一人

天長縣知縣一人典史一人儒學教諭一人訓導一人城門鄉巡檢司

巡檢一人陰陽學訓術一人醫學訓科一人僧會司僧會一人道會司道會一人

宿州知州一人同知一人吏目一人儒學學正一人訓導一人睢陽驛大店驛夾溝驛驛丞各一人陰陽學典術一人醫學典科一人僧正司僧正一人道正司道正一人

靈璧縣知縣一人主簿一人典史一人儒學教諭一人訓導一人固鎮巡檢司巡檢一人固鎮驛驛丞一人陰陽學訓術一人醫學訓科一人僧會司僧會一人道會司道會一人

潁州知州一人同知一人吏目一人儒學學正一人訓導一人沈丘鎮巡檢司巡檢一人陰陽學典術一人醫學典科一人僧正司僧正一人道正

司道正一人

潁上縣知縣一人典史一人儒學教諭一人訓導一人陰陽學訓術一人醫學訓科一人僧會司僧會一人道會司道會一人

太和縣知縣一人典史一人儒學教諭一人訓導一人洪山巡檢司巡檢一人

亳州知州一人吏目一人同知一人儒學學正一人訓導一人陰陽學典術一人醫學典科一人僧正司僧正一人道正司道正一人

江南通志

卷之第二十八

徐州知州一人同知一人州判二人吏目一人儒學學正一人訓導一人呂梁洪彭城驛黃河東岸驛房村驛驛丞各一人夏鎮梁境楊庄閘閘官各一人陰陽學典術一人醫學典科一人僧正司僧正一人道正司道正一人

蕭縣知縣一人縣丞裁主簿一人典史一人儒學教諭一人訓導一人趙家圈巡檢司巡檢一人陰陽學訓術一人醫學訓科一人僧會司僧會一人道會司道會一人

碭山縣知縣一人主簿一人典史一人儒學教諭一人訓導一人陰陽學訓術人醫學訓科一人僧會司僧會一人道會司道會一人

豐縣知縣一人主簿一人典史一人儒學教諭一人訓導一人陰陽學訓術一人

醫學訓科一人僧會司僧會一人道會司道會一人

沛縣知縣一人縣丞裁主簿一人典史一人儒學教諭一人訓導一人泗亭驛驛丞一人陰陽學訓術一人醫學訓科一人僧會司僧會一人道會司道會一人

滁州知州一人同知州判裁吏目一人州儒學學正一人訓導一人永盈倉大使裁

大槍嶺巡檢司巡檢一人滁陽驛大柳驛驛丞各一人陰陽

學典術一人醫學典科一人僧正司僧正一人道正司道正一人

全椒縣知縣一人典史一人儒學教諭一人訓導一人陰陽學訓術一人醫

學訓科一人僧會司僧會一人道會司道會一人

來安縣知縣一人典史一人儒學教諭一人訓導一人陰陽學訓術一人醫

學訓科一人僧會司僧會一人道會司道會一人

和州知州一人同知一人州判裁吏目一人儒學學正一人訓導一人牛屯河裕溪河巡檢司巡檢各一人陰陽學典術一人醫學典科一人僧正司僧正一人道正司道正一人

含山縣知縣一人縣丞主簿裁典史一人儒學教諭一人訓導一人陰陽學訓術一人醫學訓科一人僧會司僧會一人道會司道會一人

廣德州知州一人州判一人吏目一人儒學學正一人訓導一人陳陽杭村司廣安司巡檢司巡檢各一人陰陽學典術一人醫學典科一人僧正司僧正一人道正司道正一人

建平縣知縣一人典史一人儒學教諭一人訓導一人梅渚巡檢司巡檢一人陰陽學訓術一人醫學訓科一人僧會司僧會一人道會司道會一人

江南通志

卷之第二十六　至

武職官

文以經邦武以戡亂雲臺麟閣之勳熈曩哉尚已爰考唐宋尚書宰相半起行間總戎樞密參用清要文武未嘗分途也自人乏兼才遂班殊左右我
國家虎臣宿將智勇備足念江南上扼荊楚下邊海篴設將軍提督建牙居中分鎮協參遊防禦要害以故大江南北鞏如磐石然非知人善任未易獲此干城之寄也列序爵秩以勵勳庸

皇清

鎮守江寧等處將軍 順治初年設昂邦章京統轄滿兵康熙元年改設將軍

巴山　滿洲人

哈哈木　滿洲人

額楚　滿洲人

瓦代　滿洲人

副都統貳員　順治拾捌年設

朝克托　滿洲人

耩吉兔　滿洲人

胡圖　滿洲人

佝吉圖　滿洲人

穆成格　滿洲人

八旗協領八員

佐領五十六員

防禦五十六員

驍騎校五十六員

鎮海將軍一員駐劄鎮江府

劉之源順治十六年以都統任

李顯貴康熙三年以都統任

柯永蓁康熙十年以都統任

王之鼎康熙十二年以伯任

楊鳳翔康熙十八年以副都統任

副都統二員

張元勳順治十六年任

周繼新順治十六年任

張所養康熙七年任

張思恭康熙十二年任

八旗協領八員

叅領八員

防禦四十員原八十員康熙二十二年裁四十員

驍騎梭四十員

昂邦章京順治三年設

張大猷遼東籍鑲黄旗順治三年任統轄中左右前後五營緑旗官兵

祖澤遠遼東籍鑲白旗順治九年任統轄中左右三營本年歴任

管效忠遼東籍鑲黄旗順治九年任統轄中左右三營

總管順治十七年改設

高明忠遼東籍鑲藍旗順治十七年任統轄江安徽寧池太廬鳳淮揚滁和徐廣十府四州漢兵

劉良佐山西籍鑲黄旗順治十八年任照舊統轄中左右三營

提督總兵官

李廷棟順治二年任

吳勝兆順治三年任

張天祿 順治四年任

馬逢知 順治十二年任

梁化鳳 陝西人武進士世襲三等阿思哈哈番康熙元年任

王之鼎 世襲伯康熙十年任

楊捷 遼東人康熙十二年任

王永譽 奉天人康熙十七年任

楊捷 康熙二十年晋爵昭武將軍世襲三等阿達哈哈番

提督崇明總兵官

楊承祖 順治二年任

王燝

梁化鳳順治十五年任

張大治遼東人鑲黃旗順治十七年任

姚自强遼東人康熙十一年任

劉兆麒滿洲籍寶坻人廂白旗康熙十四年任

鎮守江寧總兵官

趙宗科遼東籍鑲黃旗康熙元年任仍轄中左右三營

鎮守浦口營總兵官順治二年設三年裁

李應宗北直人順治二年任

鎮守京口左路水師總兵官順治十六年設

張　杰順治十六年任

石國璽 陝西人康熙元年任

侯襲爵 廣寧人康熙四年任

劉選勝 湖廣人康熙十七年任

鎮守京口右路水師總兵官 順治十六年設

石國璽 陝西人順治十六年任

麻蔭揚 山西人康熙二年任

張國勲 宣府人康熙九年任

李廷棟 遼東人康熙十一年任

董振國 遼東人正白旗康熙十二年任

蔡元 福建人康熙十九年任

陳　華福建人康熙二十一年任

鎮守狼山總兵官順治十八年改設

柳同春河南人順治十八年任

蔣登雷陝西人康熙七年任

諾　邁滿洲籍遼東人康熙八年任

金世榮正黃旗人康熙十九年任

姚　儀遼東人鑲紅旗康熙二十二年任

鎮守鎭江營總兵官順治四年裁

劉　忠順治二年任

馬得功順治二年任

鎮守徽寧總兵官順治十二年改設遊擊

張天祿陝西人順治二年任

胡茂楨陝西人順治四年任

李仲興順治十年任

鎮守池太總兵官順治十一年改設遊擊

卜從善陝西人順治二年任

鎮守徐州營總兵官順治三年改設副總兵

王之綱北直人順治二年任

督標

總督中營副總兵官

朱運亨　順治五年以都督僉事任

王　戎　順治八年任

馮武卿　順治十三年任

趙應奎　河南人順治十七年以都督僉事任

金抱一　京衛人武狀元康熙十一年任

党世昌　陝西人康熙十五年以都督僉事任

田萬侯　京衛人武進士康熙二十年以左都督任

左營遊擊

王　戎　順治五年任

王　璋　順治九年任

白士元 順治十三年任

李君秀 順治十七年任

孔守義 康熙二年任

陳有鳴 康熙九年任

胡師龍 順天人武進士康熙十二年任

張文舉 正紅旗防禦康熙十四年任

賀國維 京衛籍真定人康熙十八年任

漕標

總漕中營叅將

張承祖 大興人順治二年任

余士傑 歙縣人順治五年任

中營遊擊 順治九年改設

龔　澍 會稽人順治九年任

折自明 延安人順治十三年任

梁凝禔 漢中衛人順治十七年任

李花龍 懷集人康熙四年任

中營副總兵官 康熙九年改設

許壯猷 江南籍河南人康熙十一年任十七年出師二十年回任

張英奇 深州人武狀元康熙十七年任二十年許副將回任將本官改任

右營遊擊

白進寶　遼陽人順治二年任

王　欽　河南人順治六年任　紅旗

毛有倫　北直人順治十年任

劉國玉　陜西人順治十三年任

薛　保　榆林人正白旗順治十五年任

曹光肇　順天人順治十八年任

陳俎豆　通州衛人康熙二年任

潘　瑀　河南人武進士康熙三年任

趙完璽　客雲人康熙九年任

章　紘　江寧籍浙江人武進士康熙十六年任十七年調防江廣二十年回任

趙　輝河南人康熙十七年任二十年章遊擊回任將本官改任

撫標

江寧撫標中軍副總兵官

曹　虎順治二年任

中軍遊擊

鄒錫祥順治四年任

左營遊擊

楊國海順治二年任自五年歸併中軍兼管

周　福順治八年任

白國泰順治十一年任

王天吉 順治十三年任

李成功 順治十六年任

胡定邦 康熙十三年任

毛玉 京衛人武進士康熙十四年任

劉邦棟 遼東籍康熙十九年任

李虎 直隸人康熙二十二年任

右營遊擊

周祚新 順治二年任

楊國海 順治五年裁鈌左營帥調補右營

劉德澤 順治十年任

張遠奎 順治十一年任

孫攀桂 順治十六年任本年緣事

孔守義 順治十六年任康熙元年裁

劉邦棟 康熙十三年任

楊玉春 山西人康熙十八年任本年赴部

劉邦棟 康熙十八年再任

成登選 眞定人武舉康熙十九年任

安徽撫標中營遊擊 康熙十三年設

甘成㫰 遼東人康熙十三年任兼管左營

鄧雄 山東人康熙十三年任兼管左營

右營遊擊

康長保遼東人康熙十三年任

李廷秀順天人康熙十八年任

盧士玉山東人康熙二十二年任

提標

江南全省提標中軍副總兵

詹世勳

高謙

中軍遊擊管中營事

愛音達禮

毛　傑

洪　進

王嘉會

張光先

左營遊擊

張思達

呂士基

徐登第

王永禎

張光先

李　回

周于仁

張一奉

韋元鼎

許漢鼎

右營遊擊

周應選

宋嘉賓

尹起莘

王嘉會

張國傑

崔天福

徐登雲

楊履道

郭四箴

杜　昇

前營遊擊

劉應第

王應利

成國樋

楊履道

任九玉

吳鴻業

後營遊擊

劉一才

郭捍宸

武　灝

張念祖

王之熙

甘應科

提標

崇明提標中軍遊擊

李廷棟 遼東瀋陽衛人順治十五年任

王龍 陝西寧夏衛人順治十八年任

駱天選 四川雲陽人康熙五年任

黄甲 順天大興人武進士康熙九年任

中軍叅將 康熙十四年改設

黄甲 康熙十五年任

尙宣 陝西騰驤衛人康熙二十年任

左營遊擊

陳　定　河南固始人順治十五年任

紀登雲　陝西人順治十六年任

楊　龍　湖廣荊州人康熙二年任

張撫民　河南杞縣人康熙八年任

孔守義　陝西榆林人康熙九年任

陳大謨　順天旗手衛人康熙十三年任

右營遊擊

劉國王　陝西寧夏衛人順治十五年任

雷朝亭　湖廣衡州人順治十八年任

劉成虎　遼東人康熙九年任

牛　宫　江寧人武舉康熙十七年任

前營遊擊

仝光英　山西大同人順治十六年任

常　春　山西人順治十七年任

祖鳳鳴　遼東後衛人正紅旗康熙五年任

孔國元　遼東人康熙十年任

薛九成　陝西延安人康熙十一年任

王國憲　湖廣衡山人康熙十七年任

李　耀　河南人康熙二十二年任

後營遊擊

周　垣　山西人順治十六年任

朱文舉　遼東人順治十七年任

周　爽　京衛籍武進士康熙八年任

武　太　江南溧水人武舉康熙十三年任

劉國柱　陜西榆林人康熙二十年任

婁　鑑　直隸人康熙二十一年任

奇營遊擊

王　龍　陜西寧夏衛人順治十七年任

仝光英　山西大同人順治十八年任

李國寶　江南通州人康熙四年任

鮑邦俊山東籍順天人武進士康熙九年任

何天培京衛人武進士康熙十七年任

張三望遼東人康熙二十二年任

左協副總兵康熙十四年設

袁　誠江南鳳陽人順治十六年任

張大治遼東人鑲黃旗順治十七年任

張廷棟遼東瀋陽衛人順治十八年任

黃燕贊遼東籍武陵人鑲黃旗康熙十二年任

王永禎陝西人康熙十三年任

白允明奉天遼陽人鑲白旗康熙十八年任

左協左營都司僉書康熙十四年設

李時榮延慶州人順治十六年任

張萬祿浙江紹興人康熙二年任

楊懋經浙江山陰人康熙八年任

王之珍浙江籍京衛人康熙九年任

耿如掄順天通州人康熙十四年任

嚴其偉浙江蘭谿人康熙二十年任

左協右營都司僉書康熙十四年設

滃拱宸順天大興人武進士順治十六年任

張撫民河南杞縣人順治十八年任

高攀 六安人武舉康熙八年任

馬逢元 江南江陰人武舉康熙十三年任

康自强 陝西慶陽衛人康熙十九年任

右協副將 康熙六年裁

岑應元 遼東籍瀋陽衛人順治十六年任

王光前 遼陽籍正藍旗蘇喇順治十七年任

右協左營都司僉書 康熙六年裁

潘拱宸 順天大興人武進士順治十八年任

周德甫 湖廣衡州人康熙三年任

右協右營都司僉書 康熙六年裁

楊懋經　浙江山陰人順治十八年任

鎮標

京口鎮標左營遊擊

康　兆　順治十六年任鑲白旗人

繆　謨　順治十八年任鑲白旗人

王　進　康熙七年任鑲白旗人

張中極　康熙十二年任

中軍副將管左營事

白元明　康熙十四年任

劉九禮　康熙十八年任

安守正　康熙二十年任

右營遊擊

宜太明　順治十六年任正白旗人

隨萬化　康熙元年任正白旗人

張洪範　康熙七年任正白旗人

滿進貴　康熙十二年任

張弘弼　康熙十四年任十五年奉調任浙

桑鳳蛟　康熙十六年任

李迥　康熙十八年任

張弘弼　康熙十九年浙回補任

黃天棟　康熙二十年任

前營遊擊

郭　標　順治十六年任正黄旗人

包永才　康熙七年任正黄旗人

馬文璧　康熙十三年任

張瑞徵　康熙十九年任

後營遊擊

鄭伯貞　順治十六年任鑲藍旗人

松有德　順治十七年任鑲藍旗人

雀成名　康熙七年任鑲藍旗人

張文輝 康熙十一年任鑲藍旗人

戴進階 康熙十九年任

鎮標

京口左路水師中軍遊擊管左營事

李艮臣 陝西人康熙十三年任

樊英 陝西人武進士康熙十四年任

馬從龍 山東人康熙十七年任

鮑邦俊 山東人武進士康熙十九年任

右營遊擊

陳王勳 山西人順治十六年任

李　高　直隸保定人武進士康熙十二年任

樊　英　陝西人武進士康熙十三年任本年離任

陳　銳　順天人武進士康熙十三年任

胡繩先　湖廣人康熙十七年任

京口右路水師左營遊擊

李君秀　陝西建安人康熙二年任

陳堯典　河南固始人康熙三年任

劉伯玉　陝西寧夏人康熙十一年任

章　臣　山西沁水人康熙十二年任

高　瑜　遼陽人正白旗康熙十四年任

陳化鵬山西平陽人康熙十七年任

蔡佐遼東籍江西德化人武舉康熙二十一年任

右營遊擊

王守正陜西西安人康熙二年任

武榮山西陽和人康熙六年任

朱之𥙊京衞人武進士康熙九年任

佟淑年遼東人鑲紅旗康熙十三年任

吳六謹河南人武進士康熙十八年任

李重富山東人康熙二十一年任

協鎮江寧城守副總兵官康熙七年改設統轄左右浦溧四營

張思達陝西人康熙七年任

陳國柱順天人康熙十一年任

趙光璧河南人康熙十四年任

孔弘憲保定人武進士康熙十五年任

周於仁順天人武進士康熙二十一年任

中營叅將提鎮載前

金　科順治三年任

吳登科順治六年任

朱　柱順治九年任

吳　標順治十七年任

中營遊擊

張伏成 康熙九年任

左營遊擊

葛萬錦 順治三年任

高永義 順治六年任

裘衷服 順治九年任

盧鴻勳 順治十七年任

胡師龍 順天人武進士康熙元年任

謝來詔 順天人武舉康熙五年任

陳大謨 順天人康熙十三年任本年調任

王　佐　遼東人正白旗康熙十三年任

彭天福　江南人康熙十八年任

羅　煌　山東人以左都督管遊擊事康熙二十二年任

右營遊擊

佟元年　遼東人順治三年任

左　慈　順治六年任

王之印　順治九年任

宋毓秀　順治十七年任

房　才　康熙二年任

趙嶽生　涇縣人武進士康熙十年任

劉承廉遼陽東寧衛人康熙十九年任

耿一培京衛籍武進士康熙二十二年任

前營遊擊順治三年設六年裁

曹天壽順治三年任

後營遊擊順治三年設六年裁

蔣世賢順治三年任

協鎮浦口營副總兵官順治三年設

駱循理江西人順治二年任中軍三年統轄本營

參將順治六年設康熙十六年改設守備

鄧汝功陝西人順治七年任

陳定國　浙江人武進士順治十四年任

蕭繼爵　北直人武舉順治十五年任

張汝才　陝西人順治十八年任

南一才　陝西人康熙六年任

王履吉　遼東籍浙江人武舉康熙九年任

溧陽營參將　順治七年設康熙十年裁

馬　信　順治三年任

丘　越　順治十二年五月以督標總兵任

栢天擎　順治十二年八月任

霍光先　順治十七年以都督僉事任

朱定坤康熙四年任

蘇州營遊擊本營原係江寧撫標左營康熙元年改爲蘇州城守額設遊擊

李成功康熙元年任

趙應貴康熙七年任

李長坤康熙十一年任

毛　玉京衛人武進士康熙十三年任

朱成格瀋陽人康熙十四年任

楊汝登京衛人康熙二十年任

陳宗魁陝西人康熙二十一年任

平望營遊擊順治二年設遊擊七年經制額設守備

李　魁　順治三年任防吳江縣

劉善政　順治三年任防吳江縣

楊舍營叅將　順治初年叅將管理五年額設守備

李國盛　順治二年任

羅　英　順治三年任

都司

王士望　順治三年領兵防守

太湖營遊擊　原浙江設江南額設守備

吳長春　陝西人康熙四年任

高友諒　直隸人康熙十年任

馬起龍京衛人武進士中軍守備康熙十二年任護理營務

姚世熙陝西人康熙十四年任十五年奉調任浙

向龍四川人左軍守備康熙十五年任護理軍務

李鳳翔遼東人康熙十七年任

向龍籍貫同前原左軍改中軍守備康熙二十一年任護理營務

曹成章江西人康熙二十一年任

松江營遊擊順治十八年添設

張國俊順治十八年任

胡師龍康熙八年任

劉起龍陝西人康熙九年任

皮大夔 江南上元籍江西人武舉康熙十八年任

協鎮吳淞營副總兵官 順治年初設

沈豹 江南上元人順治二年任

趙光祖 京衛人順治九年任

熊嘉夢 遼東人順治十七年任

參將 康熙六年改設

符必昭 京衛人武進士康熙六年任

王永禎 陝西人康熙八年任

孔守義 陝西人康熙十三年任

傅鵬翔 北直開州人武舉康熙十九年任

劉河營遊擊 順治三年額

白賀朝 順治四年任

高必昌 順治八年任

曹如松 順治十二年任

雷朝亭 順治十四年任

韋泰 順治十八年任

仝光英 康熙四年任

沈守才 康熙十二年任

安應璧 京衛人武舉康熙十八年任

楊懋敍 遼東人康熙二十年任

協鎮福山營副總兵官

楊文啓　順治二年以蘇鎮標駐防任

遊擊　順治七年改守備十五年額設

李雲龍　順治四年接管駐防任

聶文臣　順治六年以儲將委任

陳國隆　順治十五年添設任

丁月桂　順治十七年任

馬之駿　康熙二年任

侯維漢　康熙四年任

高士英　康熙七年任

郭豹　康熙十一年任

張道瑞　康熙十九年任

常州營遊擊　康熙十一年任

趙嶽生　江南涇縣人武進士康熙十一年署任本年仍回寧右營原任

李惟傑　順天京衛人武舉康熙十一年任

周家棟　遼東人正黃旗康熙十五年任

孫世堯　陝西榆林人康熙十九年任

芮夢龍　江南溧陽人武進士康熙二十年任

吳鴻業　浙江山陰人康熙二十一年署任次年仍回提標前營原任

王戚　山東聊城人康熙二十二年以左都督任

江陰營參將

朱　鶯 濟寧人順治二年任

遊擊

王家柱 鎮江人順治二年任

都司

高志春 河南人順治二年任

楊　宇 陝西人順治三年改設統轄本營

參將 順治十八年復設

王永爵 順天人順治十八年任統轄常屬七營

吳　標 廣東人康熙二年任統轄常屬七營

協鎮副總兵康熙四年改設

張思達陝西榆林人康熙四年任初轄常鎮二府後轄蘇松常鎮四府

遊擊康熙七年改設

胡師龍京衛人武進士康熙七年任統轄七營

副總兵康熙八年復設

徐自貴遼東人康熙八年任統轄蘇松常鎮四府

遊擊康熙十一年水師總鎮移駐江陰副總裁改設遊擊

汪浦明陝西人康熙十一年任

周大生浙江仁和人武舉康熙十二年任

辛性溫山西聞喜人武進士康熙十九年任

協鎮鎮江營副總兵官順治四年改設

張承恩順治二年任四年專任統轄

張文富順治五年任

張　誠順治九年任

楊廷機順治十年任

高　謙順治十四年任

楊廷機順治十七年再任

張思達康熙四年任

分守叅將康熙四年改設

吳　標康熙四年任

向文奇 河南人康熙十一年任

馬之駿 康熙十三年任

李惟傑 康熙十五年任

尹　震 順天人康熙二十年任

金山營參將

張道瀛 遼東人順治二年任

滕志善 遼東人順治三年任

李承印 江南人順治三年任

許漢鼎 陝西人順治四年任

楊文啓 遼東人順治五年任

李景陽遼東人鑲白旗順治七年任

李　必陝西人順治八年任

吳守祖遼東人鑲白旗順治九年任

趙　亮陝西人順治十三年任

李汝澤江寧人順治十五年任

張瑞祥陝西人順治十六年任

張國俊河間人武舉順治十七年任本年離任

徐登雲遼東人順治十七年任

白可愛陝西人康熙十三年任

鄧君弼榆林人康熙十八年任

杜　昇　榆林人康熙十八年任

任世祿　河南人康熙二十二年任

瓜洲營參將　康熙元年添設十一年裁

楊以松　康熙元年任

黃浦營參將　順治十三年設

張瑞祥　陜西人順治十三年任

王　璋　遼東人正黃旗順治十三年任

符必昭　京衛人武進士順治十三年任

遊擊　康熙六年改設九年分調靖江

馬成龍　陜西保安人康熙六年任

川沙營參將 順治初年設守備康熙元年改設參將

孔守義 康熙元年任

惠禎祥 康熙元年任

任元禮 康熙十年以右都督任

劉思玉 湖廣人康熙十二年任

湯三桂 鳳陽人康熙十八年任

狼山副總兵官 順治二年設十八年改設總兵官

劉世昌 山東人順治二年任

茅生蕙 鑾儀衛官舍順治三年任

張德裕 北直人順治八年任

馮武卿浙江義烏人順治八年任

鮑　虎山西應州人順治十四年任

中營遊擊

蕭永芳遼東人正白旗康熙元年任

向文奇河南南陽人康熙元年任

尹　震北直人康熙十一年任

仇肇猷江南徐州人康熙十七年任

劉文縉山西人康熙二十二年任

左營遊擊

薛　保陝西籍正白旗康熙元年任

武　榮　山西陽和衛人康熙九年任

吳六謹　河南開封府人武進士康熙十四年任

楊　亨　福建人康熙十七年任

陳化鵬　山西平陽府人康熙二十年任

右營遊擊

胡呈祥　湖廣黃州衛人康熙二年任

高顯位　陝西延安府人康熙十一年任

傅登貴　鑲紅旗人康熙十七年任

王以翼　順天大興縣人武進士康熙十九年任

廟灣營遊擊

潘延吉順治二年任
海時動京衛人順治五年任
封雄陝西人順治九年任
佟養謨遼東人正藍旗順治十三年任
黃甲京衛人武進士順治十八年任
張弘弼山東人武舉康熙八年任
鄭玉順天人康熙十一年任
周奭京衛人武進士康熙十六年任
張廷貴遼東人康熙二十年任
梁士治眞定人武舉康熙二十一年任

鹽城營遊擊
順治七年任

陳其瑚　北直人順治七年任

徐信　浙江人順治八年任

孫肇武　北直人順治十二年任

楊雙鳳　四川人康熙元年任

姚弘信　遼東人康熙八年任

陳鑄　山東人康熙十四年任

賈重俊　遼東人康熙二十年任

宿遷營遊擊

沈應麟　紹興人武舉順治五年任

高文舉　順天人武舉順治十一年任

曹萬錫　京衛人武進士順治十六年任

吳國棟　陝西人順治十八年任

單登龍　京衛人武進士康熙六年任

丁際昌　京衛人武進士康熙十三年任

李　耀　河南人康熙十七年任

陳　鑄　山東人康熙二十年任

協鎮海州營副總兵官　順治初年設八年改設遊擊

楊武烈　北直人武舉順治四年任

王憲章　陝西人順治八年任

遊擊

徐元正　真定人武生員順治十一年任

張瑞麟　北直人順治十七年任

李子儀　福建人康熙二年任

楊君禮　陝西人康熙三年任

謝鴻儒　陝西人康熙八年任

施大景　陝西人康熙十三年任

王振達　浙江金吾衛籍武進士康熙十八年任

揚州營遊擊

蕭鳴鳳　順治三年任

任弘德 順治八年任

佟元年 順治十一年任

趙光熙 順治十七年任

張弘 康熙三年任

楊潚廷 康熙六年任

王自明 康熙九年任

王佐 六安州人康熙十一年任

張才祿 直隸人康熙十三年任

羅太明 四川人康熙十九年任

泰州營遊擊 原設守備康熙十一年改設

劉　福　直隸人康熙十一年任

錢　嘉　江南人康熙二十年任

協鎮安慶營副總兵官　康熙六年設

熊嘉夢　康熙六年任

陳王勳　山西人康熙十二年任

胡師龍　順天人武進士康熙十四年任

李大茂　遼東人康熙十七年任

陳萬策　遼東人康熙十九年任

郭文魁　順天人康熙二十二年以左都督任

協鎮潛山營副總兵官

梁大用順治二年任

楊虎順治十五年任

金抱一京衛人武狀元順治十七年任

遊擊康熙二年改設

陳大用康熙二年任

任維我康熙六年任

劉才康熙十一年任

徐養義遼東人康熙十三年任

趙嶽生涇縣人武進士康熙十九年以參將任

遊兵營遊擊

袁　誠　順治二年任

馬登科　順治八年任

趙國治　順治十二年任

馬之駿　順治十八年任

霍時御　浙江人康熙二年任

程自明　陝西人康熙十一年任

張中極　臨淮人康熙十五年任

李昌祚　直隸人康熙十九年任

王顯光　江西人武舉康熙二十二年任

奇兵營遊擊

趙國治 順治十六年委任

霍時御 順治十七年任

顧尚忠 康熙元年任

吳　蔭 福建人康熙七年任

張　垣 京衛人武舉康熙十二年任

梁汝貴 山西人康熙十八年任

王國臣 山東人康熙二十二年任

徽州營遊擊

孫善策 順治二年任中營

李遇春 順治二年任左營

趙　亮 順治二年任右營

楊鳴鳳 順治二年任旗鼓十一年改設遊擊統轄本營

卓自成 遼東人順治十五年任

田克國 京衛人順治十八年任

王　端 山西人康熙五年任

李惟傑 北直人康熙八年任

參將 康熙十一年改設

胡呈祥 湖廣人康熙十一年任

副總兵官 康熙十三年改設

姚弘信 遼東人康熙十三年任

參將康熙二十二年仍改參將

吳德榮河南祥符人康熙二十二年任

協鎮寧國營副總兵官

張鵬程陝西人

參將順治十年改設

梁化鳳陝西人武進士順治十年任

祖澤厚遼東人順治十一年任

馬如松陝西固原人順治十六年任

盛應魁安慶人將材康熙元年任

劉光復陝西人康熙三年任

韓自隆 陝西人康熙四年任

劉九禮 順天通州人康熙十年任

郎天祚 燕山石衛人武狀元康熙十七年任

王永臣 陝西人康熙二十二年任

池州營參將 順治四年改設

卜世龍 順治四年任

梁化鳳 順治八年任

遊擊 順治十一年總鎮裁額設遊擊

常守才 順治十一年任

張應楨 順治十二年任

李應魁順治十五年任

王世昌順治十七年任

楊履道康熙二年任

楊　勝福建人康熙七年赴任

王顒若陝西人武進士報陞未任

吳三捷京衛人康熙二十年任

蕪采營參將順治四年改設

卜世龍陝西固原衛人順治四年任

梁化鳳陝西西安人武進士順治八年任

遊擊順治十二年改設

趙國祥天津衛人順治十一年任

劉世賢蘇州人順治十三年任

呂英傑山西太原人順治十七年任

劉大受遼東人康熙六年任

高精伯遼東人康熙六年任

洪一維北直深州籍歙縣人康熙十二年任

饒　彪山西孝義籍歙縣人康熙二十一年任

協鎮壽春營副總兵官

毛　貴順治二年任

傅尚謙順治七年任

徐長春順治十一年任

周永祚順治十二年任

李孟夏順治十七年任

李廷楠康熙六年任

李孟夏康熙十年再任

黃燕贊遼東籍武陵縣人康熙十五年任

楊三元陝西籍安川縣人康熙二十一年以都督僉事任

六安營參將順治五年額設

金　芝順治五年任

萬承選順治七年任

裴應暘　順治十一年任

蔡　明　順治十六年任

李洪楚　順治十八年任

高景松　康熙九年任

趙光璧　河南人康熙十二年任

副總兵　康熙十三年改設

祁勝明　遼東人康熙十三年任

周于仁　京衛人武進士康熙十八年任

參將　康熙二十一年復設

郭守金　河南人康熙二十二年任

協鎮徐州營副總兵官

周維墉　江南人武舉人順治三年任

陳一貫　遼東人正藍旗順治九年任

劉朝輔　遼東人正紅旗順治十三年

周　貴　遼東人正黃旗順治十八年任

賀國賢　山西人康熙十年任

楊三元　陝西籍安川縣人康熙十八年任

廣德營遊擊

陳其仁　順治七年任

卓天章　順治十年任

王懷恩　順治十二年任

池鳳鳴　順治十五年任

蔣　桐　順治十八年任

李成龍　康熙元年任

袁陞高　四川人康熙十年任

張汝第　直隸人武進士康熙十八年任

張念祖　順天人武進士康熙二十年以參將任

江南通志卷之第二十七

公署倉廒附○凡同知通判衙門在府治內者照河南志式不另載

臨民出治之地其義負陽以荅陰其事體國而經野古用八法治官府者蓋重之也江南自我朝更制以來文武公廨多異前觀在省會者斥舊京之直廬用因爲剏在江北者剪荒臺之叢棘以剏爲因規之隨之久乃大備斯于既詠可賦自公矣

志公署

總督都察院在省城江寧府治東北

總督漕運都察院在淮安府

巡撫江蘇等處都察院在蘇州府

巡撫安徽等處都察院在安慶府治東

巡鹽御史察院在揚州府

江南江蘇等處承宣布政司在蘇州府昇平橋西北　理問所買一圖民居改爲公署　永盈庫在堂側東銀庫西錢庫並曰永盈

江南安徽等處承宣布政司在省城江寧府治南　經歷司在淮清橋　照磨所僦居民房　長盈庫在司內左邊右有錢庫

江南江蘇等處提刑按察司在江寧府治東淮清橋大街　經歷司在淮清橋大街　司獄司在江寧府治東北

江南安徽等處提刑按察司在安慶府即舊防皖總兵官署　照磨所

在皖買故宦房屋爲之

司獄司在察院東南樅陽門內

分管漕務督理江安等處糧儲道在省城江寧府治南

分管漕務督理蘇松常鎮四府糧儲道在常熟縣

整飭江南通省驛傳鹽法道在省城江寧府治板巷口

提督江南通省學政道在江寧府治南武定橋傍今在句容縣

分守江鎮常道在鎮江府

分守蘇松常道在蘇州府奉併

分守常鎮道在江陰奉裁改總府

分巡淮揚道在淮安府

分守徽寧道在徽州府今奉裁

分巡淮徐道在宿遷縣

分守池太道在蕪湖縣今奉裁

分巡廬鳳道在廬州府

兩淮鹽運司在揚州府

淮北分司運判在本衙門　通州分司運判在治港場

泰州分司運判在宋臺場　安東分司運判在安東城內

經歷司在本衙門　知事在本衙門

三司公館在江寧府治南

公衙門在大城內

理事廳在江寧府治東中正街　江防廳在江寧府內

管糧廳在江寧府東淮清橋　南捕廳在江寧府內

北捕廳舊在北門橋今在蘆政公署

貢院在儒學前

督理江寧織造府在城內上元縣地方原係操江衙門

督理蘇州織造府在蘇州府城水利分司西

戸部分司各衙門

淮安鈔關在板閘地方離城十五里

揚州鈔關在揚州府鈔關內

滸墅鈔關在長洲縣滸墅鎮

蕪湖鈔關在蕪湖縣

鳳陽管倉在鳳陽府城隍廟東

工部分司衙門

提督龍江瓦屑關在江寧府上新河

揚州管河一在高郵州中市橋西一在寶應縣槐樓鎮

江寧府在城中內橋西南洪武初建經歷司照磨所在府治內司獄司在府治前廣積庫在府治內都稅司在大中橋西南江東宣課司在江東門外聚寶門宣課司在聚寶橋西南龍江宣課司在龍江關內朝陽門分司在上方橋西江東巡檢司在龍江關外秣陵鎮巡檢司在上元東南四十里江淮巡檢司在江浦縣江淮關江東馬驛在龍江關內龍江水馬驛在金川門外十五里批驗茶引所在都稅司東龍江裏外河泊所在儀鳳門外陰陽學在府治西醫學在陰陽學南龍江遞運所在三山門內

上元縣在府治東北昇平橋西宋建炎間建明正德中重修淳化鎮巡檢司

在縣東四十五里 陰陽學醫學

江寧縣 在府治南明洪武初建正德十六年重修 大勝驛 在西南三十里 江寧驛 在江寧鎮 陰陽學醫學

句容縣 在城北唐天祐六年建明洪武二年重修 稅課局 在三思橋東 龍潭水馬驛 在盤龍山北 陰陽學 在京兆館東 醫學 在京兆館西

溧陽縣 在城西北隅明洪武二年建天順初重修 陰陽學醫學 俱治東

溧水縣 在城內明洪武二年建 稅課局 在縣治北 陰陽學醫學 俱治東南

高淳縣 在鎮山明弘治五年建嘉靖四年修 廣通鎮巡檢司 在治東南六十里 陰陽學醫學 俱在治左

江浦縣在曠口山陽明洪武二十四年建景泰中重修稅課局在北門外江淮驛在治南二里陰陽學醫學俱在治東

六合縣在滁河北岸明洪武元年建稅課局舊在治東南今在西南瓜埠巡檢司在瓜埠山下棠邑驛在治東瓜埠三汊河泊所在治東一里陰陽學醫學俱在治前

蘇州府在城內織里橋東明洪武二年建後燬於兵皇清順治三年重建康熙十一年知府甯雲鵬重修經歷司在府治東照磨所在府治西司獄司在府治西豐盈庫在府治後姑蘇驛在胥門城內織染局在天心橋東陰陽學醫學

吳縣在城內慈悲橋西明洪武元年建後燬於兵皇清順治十二年重建角頭巡

檢司在縣西南八十五里木瀆巡檢司在洞庭西東山巡檢司在洞庭東山陰陽學　醫學

長洲縣在府治東南明洪武元年建吳塔巡檢司在蠡口陳墓巡檢司在陳湖陰陽學　醫學

崑山縣在縣治中宋紹興年建後燬於兵皇清康熙六年知縣王仲槐建巴城巡檢司在高墟村石浦巡檢司在本鎮陰陽學　醫學

常熟縣在虞山東南宋治平間建明弘治中災知縣祝獻重建許浦巡檢司

白茆巡檢司　黃泗浦巡檢司俱在本村鎮今圮俱燬民居

陰陽學　醫學

吳江縣在城內宋乾道元年建後燬皇清順治十二年知縣吳就恒重建簡村巡

檢司在充浦村震澤巡檢司在本鎮平望巡檢司在本鎮同里巡檢司在本鎮汾河巡檢司在蘆墟村爛溪巡檢司在本鎮平望驛在垂虹亭陰陽學　醫學

嘉定縣在軍馬司坊宋嘉定間建後燬皇清康熙六年知縣金敏修江灣巡檢司在本鎮月浦巡檢司在本鎮二署並圯今寓城中陰陽學醫學

太倉州在城北隅明弘治十年建甘草巡檢司在本鎮陰陽學

醫學

崇明縣在長沙城明萬曆間建皇清康熙元年知縣龔榜增修西砂巡檢司在本砂平洋砂巡檢司在本砂三砂巡檢司在本砂陰陽學　醫學

松江府在城內元初建皇清康熙元年知府郭廷弼重修 經歷司在府治東北 照磨所在府治西北 司獄司在府治西南 永豐庫在府治內 陰陽學 醫學俱在府治東

華亭縣在府治西元至正初建皇清順治中知縣張超重修 金山巡檢司在縣東南六十里 南橋鎮巡檢司在縣東南七十里 陰陽學 醫學

婁縣在府治北皇清順治十三年建 泖橋巡檢司在縣西南三十六里 小眞村巡檢司在縣西三十六里 陰陽學 醫學

上海縣在市舶司元至正二十九年建皇清順治中知縣涂贄重修 黃浦巡檢司在長人鄉二十二保 三林莊巡檢司在長人鄉十一保 吳淞江巡檢司在高昌鄉二十七保 陰陽學在正陽道院 醫學在縣南

青浦縣在古唐鎮明嘉靖二十一年建皇清順治中知縣王𪉟重修澱山巡檢司在華亭縣西北六十里新涇司巡檢司在高昌縣二十二保陰陽學

醫學

常州府在城內北郎內子城明洪武四年建皇清順治九年知府祖重光重修經歷司在府治東照磨所在府治西豐積庫在府治內司獄司在府大門內陰陽學　醫學

武進縣在府治東南明洪武四年建皇清康熙六年知縣劉蓀芳重修奔牛巡檢司在縣西三十里小河巡檢司九十里在縣西北湶港巡檢司在縣北五十里陰陽學　醫學

無錫縣在城西明洪武初建皇清康熙五年知縣吳興祚重修望亭巡檢司

在縣南五十里　高橋巡檢司在縣西北十五里　陰陽學　醫學

江陰縣在城西北隅明洪武元年建皇清康熙十一年知縣龔之怡重修　利港巡檢司在縣西二十里　石頭港巡檢司在縣東三十里　陰陽學　醫學

宜興縣在縣治東洪武間建皇清康熙十一年知縣史宗堯重修　湖汶巡檢司在縣東南四十五里　張渚巡檢司在縣西南九十里　下邾巡檢司在縣東南三十五里　鍾溪巡檢司在縣北五十里　陰陽學　醫學

靖江縣在楊子江中明成化七年建皇清康熙七年知縣鄭重加修　馬馱沙港巡檢司在小沙團　陰陽學　醫學

鎮江府在城內東北隅明洪武初建　經歷司在府治東　照磨所在府治西　廣盈庫在府治西　司獄司在府治譙樓南　京口驛在西城臨河　陰陽學

醫學

丹徒縣在府治東南明洪武初建皇清順治八年知縣李先春重修高資鎮巡檢司五十里在城西丹徒鎮巡檢司在鎮東港口安港巡檢司在城東九十里姜家嘴巡檢司在藤料沙炭渚驛在城西五十里陰陽學醫學

丹陽縣在縣市西北宋淳熙間建明洪武初年重修呂城鎮巡檢司在呂城驛包港巡檢司在縣東七十里雲陽驛在縣東呂城驛在呂城鎮陰陽學在縣治東醫學在縣治東

金壇縣在城西北隅宋建明崇禎末燬於兵皇清順治二年知縣胡延年重修湖溪巡檢司在上嘐村陰陽學在漕河堤上醫學在中和坊

淮安府在城中即元舊總管府明洪武元年建　經歷司在府治東　照磨所在府治西　司獄司在大門外　稅課司在新城西門外　淮陰驛在新城東門　陰陽學在舊樓內　醫學在府治西北

山陽縣在府治南明洪武六年建　馬邏巡檢司在治東北一百里　廟灣巡檢司在治東北一百十里　羊寨巡檢司在治東北二百里　高家堰管堤在本鎮　龍江閘在本鎮　陰陽學　醫學

鹽城縣在城東北隅明洪武元年建　清溝鎮巡檢司在西北四十里　沙溝鎮巡檢司在縣東一百二十里　陰陽學在治東　醫學在治東

清河縣在清河口明洪武初建　馬頭巡檢司在治東馬頭鎮　清口驛在治東　新莊在清河南口　陰陽學在治南今廢　醫學在治東今廢

桃源縣在古桃源明洪武初建　三義鎮巡檢司在縣西三十里　古城巡檢司在縣西北六十里　陰陽學醫學俱在治北

安東縣在化龍橋西即故漣水州明洪武初建　壩上巡檢司在治東南　長樂巡檢司在治北一百里　五港口巡檢司在本港　陰陽學在東北一里　醫學在治東百步

沭陽縣元至正因僮陽郡故址創建後兵燬明洪武二年重建　陰陽學在治東　醫學在治東

海州在西海城內明洪武初建　惠澤巡檢司在治南一百二十里　高橋巡檢司在治西九十里　東海巡檢司在治南四十里　陰陽學醫學治西

贛榆縣即元舊治址明洪武二年建　荻水鎮巡檢司在縣北七十里　臨

洪鎮巡檢司在縣南六十里 陰陽學醫學俱在治西南今廢

邳州即元舊治址明洪武二年建 下邳驛在州西南泗水北 新安驛在州北六十里 夾溝驛在河口 陰陽學醫學俱在治西

宿遷縣自秦置縣元末兵燬明洪武初建 劉家莊巡檢司在縣北一百二十里 鍾吾驛在新城南水次 陰陽學在旌善亭左 醫學在申明亭右

睢寧縣明洪武初因舊址建正德間遭亂後復建 陰陽學醫學在治西南

揚州府在通使橋西北明洪武三年建 經歷司在府治前 照磨所在府治前 大積庫在府治西側 司獄司在二門右南 稅課司在南門內 瓜洲稅課司在本鎮通汀橋西 廣陵驛在南門外 瓜洲閘在瓜洲 陰陽學在大門左 醫學在大門右

江都縣在儒林坊舊在北關外宋元屢徙明洪武七年始建於此　邵伯鎮巡檢司在縣北四十五里　瓜洲鎮巡檢司在縣南四十里　萬壽巡檢司在縣東四十里　上官橋巡檢司在縣西六十里　邵伯驛在縣北四十五里

陰陽學　醫學

儀真縣在城內西即宋舊州治明洪武初建皇清知縣章欽承胡崇倫再建　稅課局在縣南一里　儀真水驛在縣東南二里　清江閘在縣東二里　陰陽學　醫學

泰興縣在東北隅宋乾德後徙於此明洪武初建　口岸巡檢司在城西四十五里　黃橋巡檢司在城東四十五里　印莊巡檢司在童橋鎮　陰陽學　醫學

高郵州在州治東創于宋明洪武元年重建　時堡巡檢司在州東北一百二十里　界首驛在本界陸漫閘新設　陰陽學　醫學俱在縣前

興化縣在城北隅明洪武元年建　安豐巡檢司在縣東北六十里　陰陽學　醫學俱在縣前

寶應縣在縣治南明洪武十一年建　槐樓巡檢司在縣南二十里　衡陽巡檢司在縣西南一百二十里　安平驛在北門外　陰陽學　醫學

泰州在城東北隅即古海陵基明洪武三年建　稅課局在州西南　海安巡檢司在州南一百里　西溪巡檢司在州東一百二十里　寧鄉巡檢司在州北六十里　陰陽學　醫學

如皋縣在縣治東明洪武元年建石莊巡檢司在縣南六十里掘港巡檢司在縣東一百三十里西場巡檢司在縣北三十里陰陽學醫學

通州在州治東明洪武元年建稅課局在南門內狼山巡檢司在白蒲鎮

石港巡檢司在石港場陰陽學醫學

海門縣在縣治東明嘉靖間創建今海嘯城圮裁縣歸併通州署舍俱廢陰陽學

醫學

安慶府在城西南隅明初建皇清康熙十年知府姚琅重修經歷司在府治西照磨所在府治南司獄司在大門西陰陽學在府學南醫學在府治東

懷寧縣在府治西明洪武間建皇清康熙三年知縣馬剛重修石牌鎮巡檢司在石牌

桐城縣在縣治中明初建　皇清康熙八年知縣胡必選重修六百丈巡檢司在縣東老洲頭馬踏石巡檢司在縣東樅陽鎮源子港巡檢司在湯家溝北峽關巡檢司在縣北四十五里呂亭驛在縣北十五里陶冲驛在縣西四十里陰陽學在鳳儀坊醫學在指麾坊

灊山縣在縣西門內明洪武甲申建　皇清康熙五年知縣周克友重修天堂山巡檢司去縣百里青口驛在縣東北五里陰陽學在縣東醫學在縣西

太湖縣在來春門明洪武甲辰建　皇清康熙丙午知縣羅綺重修後部巡檢司在縣北百二十里白沙巡檢司在縣北百二十里小池驛在縣東四十里陰陽學在縣北醫學在陰陽學右

宿松縣在南門內元至正間建後燬　皇清康熙癸卯知縣王民皥重建　小孤山巡檢司在縣東百三十里　歸林灘巡檢司在縣西南百二十里　楓香驛在縣北四十里　陰陽學在縣前　醫學在縣東

望江縣在南門內明洪武初建正德間燬於兵即重建　楊灣口巡檢司在縣南三十里　雷港驛在縣東三十里　陰陽學在縣西　醫學在縣北

徽州府在城西北隅即宋宣和中州治歷元明迄今皆仍舊址　經歷司在府堂右　照磨所在府堂左　司獄司在府治南　陰陽學醫學舊在陽和門燬今有官無署

歙縣在問政山下自宋元明迄今皆仍舊址　黃山巡檢司在縣西北一百二十里　街口巡檢司在縣南一百里　王干巡檢司在縣東一百里　陰陽

學 醫學

休寧縣在城東天寶中建元至正丁酉重建明弘治壬子復建迄今皆仍舊址 太厦巡檢司原在白際嶺今移屯溪 陰陽學醫學俱在縣治東

婺源縣在弦高鎮唐中和建元改州治仍舊址明洪武初重建迄今皆仍舊址 項村巡檢司舊設四十七都浣嶺後改四十三都嚴田 太白巡檢司在縣南七十里 大鏞巡檢司在縣東八十里 陰陽學在直街東 醫學在縣治南

祈門縣在城內東北隅自宋迄今皆仍舊址 艮禾巡檢司舊在二十二都艮禾嶺徙二十一都苦竹港今徙本都閃上 陰陽學醫學俱在縣治左

黟縣在城北自宋迄今皆仍舊址 陰陽學醫學俱在縣治東

績溪縣在城東南隅自宋元明迄今皆仍舊址 濠寨巡檢司在鎮頭 陰

陽學在縣治西　醫學有官無署

寧國府在陵陽山第一峯之麓宋紹定中建皇清順治十年知府秦宗堯重修　經歷司在府治東　照磨所在府治西　司獄司在府治西街北　陰陽學在府治譙樓南

醫學在府治南

宣城縣在府治西北明初建皇清康熙八年知縣李文敏重修　水陽巡檢司在本鎮

黃池巡檢司在本鎮

南陵縣在籍山西南明洪武間建皇清順治十年知縣楊必達重修　峩嶺巡檢司在縣西南七十里　陰陽學在縣治南　醫學在縣治西

涇縣在敬天坊西宋紹興以後建皇清順治六年知縣孔延禧重修　茹麻巡檢司在縣東南六十里　陰陽學在縣治東　醫學在水西門北

寧國縣在獨山東宋紹興中建皇清順治五年知縣楊名遠重修胡樂巡檢司在縣西北九十里岳山巡檢司在縣南五十里陰陽學今無公署醫學今無公署

旌德縣在棲眞山東唐寶應間建皇清順治間推官揚光溥重修三溪巡檢司在三溪陰陽學在譙樓下醫學在縣東今缺

太平縣在三門嶺南明洪武間建年久盡圮皇清康熙四年知縣陳恭重建宏潭巡檢司在縣西一百里陰陽學在譙樓外醫學在縣西南

池州府在郡城通遠門內明洪武二年建皇清順治十五年知府柴望重修經歷司在府治左照磨所右府治右司獄司在府治西南咸寧庫在府治左陰陽學在府治醫學在府治左

貴池縣在府治北明洪武三年建皇康熙七年知縣張應薇重修黃龍磯巡檢司在黃狀元坊北李陽河巡檢司在府治西池口驛在池陰口陽學醫學

青陽縣在青山陽明初建陰陽學在縣治西醫學在縣治西南

銅陵縣在天王山陽南唐改建皇清順治間知縣蔣應仔重修大通鎮巡檢司在本鎮陰陽學醫學俱在縣西南

石埭縣在陵陽山南宋淳熙間建皇清知縣姚子莊增修陰陽學在縣治西醫學在縣治右

建德縣在象山陽明洪武初建皇清康熙十年知縣喻成龍重修永豐巡檢司在縣南九十里陰陽學在縣治西醫學在縣治東

東流縣在菊江東明洪武初建後燬皇清順治三年知縣鄧繼球重建吉陽鎮巡檢司在縣北三十里香口鎮巡檢司在縣南四十里陰陽學醫學俱在縣治西

太平府在城東市北宋太平興國間建後屢燬皇清順治十四年知府張文學重建經歷司在府治左照磨所在府治右司獄司在府儀門右陰陽學在城禮賢坊醫學在府橋南大街東

當塗縣在府治西南洪武元年建皇清康熙十年知縣葛元福修采石驛在本鎮采石巡檢司在采石江口大信巡檢司在本鎮陰陽學醫學

蕪湖縣在城中元至正間建明洪武二十七年重修河口鎮巡檢司在縣

西　櫓港驛在縣西南十五里　陰陽學在縣治前　醫學在縣治前

繁昌縣在金峩鄉明天順元年建　荻港巡檢司在春穀鄉　三山巡檢司在金峩下鄉　荻港驛在春穀鄉　陰陽學在縣治左　醫學在城隍廟東北

廬州府在城西北隅即宋元舊址明洪武初建皇清順治十三年知府王業典重修　經歷司在府治左　照磨所在府治右　常積庫在府治右　司獄司在大門東　陰陽學在府學東南　醫學在衛前

合肥縣在府治西明洪武初建崇禎間焚後復建　石梁鎮巡檢司在城東一百二十里　護城驛在城東北八十里　派河驛在城南四十里　陰陽學　醫學

舒城縣在城中明洪武年建　三溝驛在縣東十五里　梅心驛在縣南二十里

陰陽學醫學俱在治東

廬江縣在愷悌坊明洪武初建崇禎壬午燬皇清順治八年知縣孫弘喆重建冷水關巡檢司在縣西三十五里陰陽學醫學

無爲州在城中明初年創後屢建更被燬皇清順治三年知州孟孔傳建土橋河巡檢司州東一百里奥龍河巡檢司州東三十五里泥汊河巡檢司州東北四十里黃落河巡檢司州二十里陰陽學醫學州前

巢縣在城南范增故宅明洪武初建崇禎年焚皇清康熙三年知縣聶芳重建焦湖巡檢司治西高井驛治西北五十里陰陽學治東醫學治前

六安州在城西北隅明洪武初建明末被焚皇清順治三年知州劉克孔重建和尚灘巡檢司在州西北七十里陰陽學在州東廢醫學在州東

英山縣在城東德化坊元末建明末亂燬皇清順治七年知縣崔永祉修七引店

巡檢司在縣北七十里陰陽學醫學俱在縣治西今廢

霍山縣在察院東明弘治間建明末悉燬皇清順治十年知縣欒元魁修千羅坂

巡檢司在縣西北八十里上土市巡檢司在治西南一百五十里陰

陽學醫學俱在治西今廢

鳳陽府在仁愛坊明洪武間移治於此崇禎年燬重建皇清康熙十九年知府耿繼志重修

經歷司在府治東照磨所在府治東永盈庫在府治東司獄司在府

治東稅課司在臨淮縣西關濠梁驛在臨淮縣西關陰陽學在府治東

南久醫學在府治久廢東久廢

鳳陽縣舊在察院明洪武間改遷於北城皇清康熙三年改入舊城東隅王莊驛

在縣北六十里 陰陽學 醫學

臨淮縣 在金鎗坊明洪武三年建後屢被水患皇清順治六年知縣徐必進重修 紅心驛 在縣治東南六十里 陰陽學 醫學

懷遠縣 在荊山東明洪武二年建皇清順治九年知縣傳鎮國重修 陰陽學醫學 今俱缺

定遠縣 在曲陽橋東北明洪武三年設二十六年重修 池河驛 在縣東六十里 張橋驛 在縣南四十里 陰陽學 醫學

五河縣 舊在城東南隅宋咸淳年建明永樂年因水患遷西南隅後又遭水患遷河北岸崇禎間燬重建皇清順治十年知縣丁浴初修 陰陽學 醫學

虹縣 在城西北明洪武年建正德五年燬七年重修 陰陽學醫學 今俱缺

壽州在城東宣化坊明洪武元年建北爐巡檢司在州東九十里陰陽學在州治西今缺醫學在城東街今缺

蒙城縣在城西北隅明洪武元年因元故址重建陰陽學在縣治南今廢醫學在縣治北今缺

霍丘縣在城市西明洪武三年設後傾圮不常開皇清康熙六年知縣姬之篁重修

順鎮巡檢司在縣南一百五十里陰陽學醫學俱在縣西南今缺

泗州舊在迎恩坊明洪武間移州西南百步即宋元故址泗水驛巡檢司在南門外陰陽學在宣政坊今缺醫學在宣政坊今缺

盱眙縣在臨淮府舊基元泰定間遷于此明洪武初重建陰陽學在縣治南今缺

醫學在縣北今缺

天長縣在城西北明洪武初建萬曆年重修 城門鄉巡檢司在縣東北四十五里 陰陽學在縣前今缺 醫學在縣東今缺

宿州在城西北隅即宋元故址明洪武初建嘉隆間屢修 睢陽驛在東門外 大店驛在州東六十里 夾溝驛在州東北六十里 百善道驛在州西七十里 陰陽學在州治東今缺 醫學在州治西今缺

靈璧縣在城西北隅本宋元故址明洪武初年建 固鎮巡檢司在鎮驛北 固鎮驛在縣南七十里 陰陽學在縣東南今缺 醫學在縣西南今缺

潁州在北城內西隅即元舊基明洪武元年建 沈丘鎮巡檢司在本鎮 陰陽學醫學俱在北城內今缺

潁上縣在通津門內明洪武三年建 陰陽學醫學俱在北關外今缺

太和縣在宣化坊明洪武三年建即元舊址　洪山鎮巡檢司在本鎮　陰陽學在縣西今缺　醫學在縣南今缺

亳州在東門內明洪武五年建　陰陽學在城北街今缺　醫學在州前街今缺

徐州在州城北明洪武初建　呂梁洪司在河東岸西　彭城驛在城南二里　黃河東岸驛在城外河東岸　房村驛在城東南五十里　陰陽學　醫學俱在州治前東

蕭縣在南城內明洪武二年建後屢災萬曆間重建　趙家圈巡檢司在縣治西北五十里　陰陽學在南門內　醫學在縣治前

碭山縣在市中明洪武初建屢燬隆慶六年重修　陰陽學在縣治大門左　醫學在縣治大門右

豐縣在城市中宋治平間建後屢災明萬曆二年重修 陰陽學在縣治前 醫學在縣治東

沛縣舊在城西北隅明洪武初徙南隅後懷于水嘉靖間重修 泗亭驛在縣南 陰陽學在南門內 醫學在縣治前

滁州在子城內明洪武初建 大鎗嶺巡檢司在城西六十里 滁陽驛在南門外 大柳樹驛在城西六十里 陰陽學醫學在三皇廟之東西

全椒縣在市街西北漢劉平創建 皇清康熙九年知縣藍學鑑重修 陰陽學醫學俱在縣東南

來安縣在城中明洪武十四年建 陰陽學在縣東南 醫學在縣東北

和州在城北明初建 皇清順治中知州李如蘭重修 牛屯河巡檢司在州南六

十五里裕溪河巡檢司在州南九十里陰陽學在譙樓前街醫學在桃花塢

含山縣在明道街唐武德初建明崇禎間燬皇清順治六年知縣朱長泰重建陰陽學醫學俱在進賢坊

廣德州在城內明洪武四年建皇清康熙五年知州梅苞重修杭村司巡檢司在州北七十里陳陽司巡檢司在州西南六十五里廣安司巡檢司在州南八十里陰陽學在州治西醫學在州治南

建平縣在郎川之滸明洪武間建梅渚巡檢司在縣北三十里陰陽學醫學俱在縣治前

江南江寧統轄滿兵將軍府在江寧府大中橋東

駐劄江寧副都統府

駐劄江寧副都統府俱在江寧府　鑲黃旗協領署　正白

旗協領署　鑲白旗協領署　正藍旗協領署

提督江南昭武將軍府在松江府　提標中營中軍叅將署

中營中軍守備廳　提標左營遊擊署　左營

中軍守備廳　提標右營遊擊署　右營中軍守

備廳　提標前營遊擊署　前營中軍守備廳

提標後營遊擊署　後營中軍守備廳

鎭守京口鎭海將軍府在鎭江府

鎭守京口副都統府

鎮守京口副都統府　鑲黃旗協領署　叅領署　防禦廳　驍騎校廳　正黃旗協領署　叅領署　防禦廳　驍騎校廳　正白旗協領署　叅領署　防禦廳　驍騎校廳　正紅旗協領署　叅領署　防禦廳　驍騎校廳　鑲白旗協領署　叅領署　防禦廳　驍騎校廳　鑲紅旗協領署　叅領署　防禦廳　驍騎校廳　正藍旗協領署　叅領署　防禦廳　驍騎校廳　鑲藍旗協領署　叅領署　防禦廳　驍騎校廳

鎮守將軍中軍左營副總兵府　左營守備廳

右營遊擊署　　右營守備廳

前營遊擊署　　前營守備廳

後營遊擊署　　後營守備廳

督標中軍副總兵府在江寧府　　中營中軍守備廳

右營遊擊署　　左營中軍守備廳

督撫將軍提鎮標下提塘廳

協鎮江寧副總兵府在江寧府治內即舊提督府

左營遊擊署　　左營中軍守備廳

右營遊擊署　　右營中軍守備廳

江寧撫標中軍管左營遊擊署在蘇州府

左營中軍都司署

右營遊擊署

右營中軍守備廳

安徽撫標左營遊擊署在安慶府

左營中軍守備廳

右營遊擊署

右營中軍守備廳

安撫標提塘廳

浦口營守備廳

溧陽城守備廳

提督崇明總兵府在崇明縣

提標都督僉事管中營參將署

中營中軍守備廳

左營遊擊署

左營中軍守備廳

右營遊擊署　右營中軍守備廳
前營遊擊署　前營中軍守備廳
後營遊擊署　後營中軍守備廳
奇兵營遊擊署　奇兵營中軍守備廳
分守吳淞叅將署在嘉定縣　中軍守備廳　蘇州城守遊擊署　中軍守備廳　平望營守備廳　南滙營守備廳　楊舍營守備廳　青村營守備廳　太湖營中軍守備廳在吳江縣簡村地方　松江城守遊擊署
中軍守備廳　柘林營守備廳　劉河營遊擊署
中軍守備廳　福山營遊擊署　中軍守備廳

常州營遊擊署　中軍守備廳　左軍守備廳

右軍守備廳　江陰營遊擊署　中軍守備廳

孟河營守備廳　靖江營守備廳

鎮守京口左路水師總兵府左江陰縣原係常鎮道衙門　鎮標中

軍管左營遊擊署在城外原係海防廳衙門　左營中軍守備廳

在西城中街係買民房　右營遊擊署在靖江縣城內大街　右營中軍守

備廳在南城內

鎮守京口右路水師總兵府在瓜洲　鎮標中軍管左營

遊擊署　左營中軍守備廳　右營遊擊署　右

營中軍守備廳

協守鎮江營叅將署　中軍守備廳　金山營叅將署　中軍守備廳　瓜洲營守備廳　黃浦營守備廳

分守川沙叅將署在川沙所　中軍守備廳

鎮守狼山總兵府在通州　鎮標中軍管中營遊擊署　中營中軍守備廳　左營遊擊署　左營中軍守備廳　右營遊擊署　右營中軍守備廳

總督漕標中軍管左營副總兵府在淮安府　左營中軍守備廳　漕標右營遊擊署　右營中軍守備廳　漕標提塘守備廳　廟灣營遊擊署　中軍守

備廳　鹽城營遊擊署　中軍守備廳　宿遷營遊擊署　中軍守備廳　海州營遊擊署　中軍守備廳　東海營守備廳　掘港營守備廳　揚州營遊擊署　中軍守備廳　泰州營遊擊署　中軍守備廳　泰興營守備廳

協守安慶副總兵府在安慶府　左軍守備廳　右軍守備廳　潛山營叅將署　中軍守備廳　遊兵營遊擊署　中軍守備廳　奇兵營遊擊署　中軍守備廳

協守徽州叅將署在府城外東山地方　中軍守備廳

協守寧國叅將署在寧國府　中軍守備廳　池州營遊擊署　中軍守備廳

分守蕪采遊擊署在蕪湖　中軍守備廳　廬州營守備廳

六安營叅將署在六安州城內　中軍守備廳

協守壽春副總兵府在壽州　中軍守備廳　左軍宿州城守守備廳　右軍守備廳　泗州營守備廳

亳州營守備廳

協守徐州副總兵府在徐州　左營守備廳　右營守備廳

蕭營守備廳

協守廣德營遊擊署在州治南　中軍守備廳在州治南

江南都使司在江寧府治南　經歷司在府治東利涉橋

江寧衛　上元衛　江淮衛　江淮右衛　廣洋衛　橫海衛　石城衛　鎮南衛　興武衛　江陰衛　鷹揚衛　蘇州衛　太倉衛　鎮海衛

金山衛　鎮江衛　淮安衛　邳州衛　太河衛

揚州衛　高郵衛　儀真衛　安慶衛　新安衛

宣州衛　建陽衛　廬州衛　六安衛　武平衛

鳳陽衛　鳳陽左衛　鳳陽右衛　鳳陽中衛

鳳陽前衛　後陽後衛　懷遠衛　長淮衛　泗州衛　宿州衛　壽州衛　徐州衛　滁州衛

松江所　興化所　海州所　鹽城所　泰州所

青村所　東海所　南滙所　洪塘所

倉廩附

江寧府俸給倉在府治後　常平倉在斗門橋南　上元縣預備倉在馴象門塞洪橋北　水次倉在觀音門近大江　江寧縣預備倉在塞洪橋南　句容縣倉在治明淸堂西　預備倉在西門一里正統十年建　東西南北四倉在茅山瑯琊上容移風四鄉洪武二十五年建　歲積倉在龍潭鎮正統二年建萬曆三年增糧長官房　社倉共一十七處隆慶三年立　官鹽倉近江河口　溧陽縣存留倉在西北　水次倉在東南　義積倉在治南　溧水縣存留倉在表孝坊北　預備倉在縣東南　新倉舊名永豐在水

陽鎮隆慶初徙縣西南二十里梅家渡 先斯倉在俸給倉右 高淳縣預備倉在治東南弘治中建嘉靖四年劉復東復修 常豐倉舊名永豐嘉靖初重建在水陽去縣三十里萬曆元年遷治西 江浦縣俸給倉 存留倉 預備倉社倉俱治東北一里 六合縣倉在稅課局西正德八年萬廷珵建嘉靖三十九年移建旌善亭後 預備倉有東南西北四倉洪武二十三年建今廢嘉靖三十九年併縣倉

蘇州府吳縣和豐倉在胥門內百花洲東岸 嘗平倉在濟農倉舊址 滸溪倉在錢廠西屬長洲貯糧 兵儲倉在院門外西 永豐倉在縣東北今建錢廠 濟農倉在和豐倉內今廢 兵儲倉在南察院西今廢 長洲縣青丘倉在新橋巷東 預備倉在流貞巷東 甪墟荻溪二倉在胡廟使

橋巷東蘇巷倉在中營基巷東滸溪倉在閶門內錢廠西義倉在東城下今廢義役倉在縣治西崑山縣玉峯倉在縣治南水次倉在西門外常熟縣濟農倉在縣東北東臨漕渠國朝積穀賑濟并官解白糧在倉春辦常平倉在濟農倉之右南倉舊在西城內東倉在縣治之北學倉在泮池之西貯師生廩餼斗級守之吳江縣總收倉又名外塲倉在北門外三里橋西義役倉在北門內永定橋西今廢存留倉在北門內今廢嘉定縣濟農倉在五圖內太倉州便民倉舊在大西門外崇明縣永豐倉明隆慶元年裁革濟農倉在縣治儀門外東西後遷縣堂後左右義倉在西南隅今廢

松江府軍儲倉在府東南北倉在普照寺後華亭縣預備倉在舊仙鶴觀水次倉一在縣東五里一在縣西五里婁縣水次濟農二倉

在水次青浦縣太平濟農二倉在縣治內唐行鎮倉即今太平倉其華亭上海前已廢華者松江府志不載

常州府太平倉在行春橋西南明末圮武進縣濟農倉在太平倉東

東西倉原在水次後移近郭每倉爲厫餘二百間嘉靖年倭警燬重修順治康熙間每歲令里甲小修官復大修不致頹漏公私便之無錫縣億豐倉在縣治東北今廢東西水次二倉俱在城外面河後因倭警遂廢止修西倉迄今因之宜興縣苗倉在縣城門西麥倉在縣城門東今廢常平倉在通眞觀南壬辰兵燬社倉無考常豐倉在縣治西今改西察院預備糧儲倉四所今並廢濟農倉在縣治東南崇禎間燬東倉今名常平倉在縣東門外南倉今名興福倉在縣南門外江陰縣和豐倉在縣治西南永利倉在總鎮府靖江縣

常餘倉在縣治東南舊稱永豐倉

鎮江府預備倉今悉佃爲民居　丹徒縣大軍倉在治安坊　預備倉在綠水橋西北　義備倉在儒林坊　鎮西倉在西城外　丹陽縣便民倉在北門內新橋　金壇縣便民倉今爲主簿廳

淮安府大軍倉在治西北　東新倉在府學東　常盈倉在淸江浦　山陽縣預備倉三處永樂十六年建今止存一處在志道書院傍　東倉治東二里正統年建天順年修今廢　南倉在縣同前年月建修今廢　淸河縣預備倉洪武二十五年建　東倉吳城鄉頭石保內　西倉吳城鄉安羊保內　南倉移風鄉高秋保內　北倉金城鄉魚溝保內　水次便民倉舊在河北後移西今廢　鹽城縣永利倉在西門外改置城內　桃源縣常濟倉在治南　預備倉

四處共厫房一十七間東金莊倉治西三十五里仁義倉治北三十五里三
汊鎮倉治東三十里崔鎮倉治西二十里安東縣大益倉在治
東南共厫房八間預備倉四處東倉治東北二十里石墟鎮今存址西倉治南
一里南倉東南一里北倉北三十里金城鎮今廢便民倉在清河沭陽
縣仁字等號倉二所治南一百步預備倉一在治東一里一在治東南一
里一在治西一里各厫三十一間便民倉在清河海州通濟倉治西北洪
武年建久廢萬歷年裁永濟倉久廢萬歷年裁預備倉四處日新壩倉日大伊鎮
倉日傳望鎮倉日平陵埠倉年荒寢廢便民倉清河縣水次今交兌俱在府城外倉久廢
贛榆縣便民倉清河縣今廢預備倉在治東營田倉四處大沙
河鎮青口鎮城頭鎮龍王廟鎮萬曆八年建義倉五處鹽城倉治北八十里高

材店倉東南三里城子村倉治南十五里土山村倉西南五十里王彪村倉西南三十里邳州州倉二處一在治西南一在治東南萬曆年倉使俱裁預備倉四處沙子道口倉治東南四十里泇口社倉治西北九十里南關廟倉治東南二里鮑家莊倉治西北一百里睢寧縣義倉治南門外原係營田道種子倉萬曆年修整宿遷縣預備倉在治內

揚州府軍儲倉在府治東義倉在廣儲門江都縣預備倉六一在西門內一在邵伯鎮一在彝陵鎮一在豐樂鄉一在揚子橋一在大橋鎮便民倉在便益門外儀真縣廣實倉在澄江橋東預備倉在縣東一里節貯倉在資福寺泰興縣預備倉在儒學東兌軍倉在周家橋高郵州廣備倉在高公橋預備倉在市河西兌軍倉在北門外寶應縣預備

倉治西　興化縣永興倉縣西　泰州預備倉在州治西　如皐縣兌軍倉在縣治西　社倉在馬神廟後　通州通濟倉在察院東

安慶府萬億倉在康濟門　府署倉在儀門外　育賢倉在府廢順治操撫李日芃重建　懷寧縣養賢倉今廢　便民倉在樅陽門改鎮海門　預備倉四　東倉在大豐鄉　西倉在尭年鄉　南倉在潛岳鄉　北倉在欽化鄉以上四倉久廢　歲增倉新建在萬億倉之後　備用倉在樅陽門久廢　桐城縣際留倉在縣治東南明洪武初知縣洪以和建今改名預備倉　便民倉在樅陽下鎮明正統戊午創建後兵燬皇清順治初年重修　備用倉孔城倉在桐積鄉橫阜倉在清淨鄉竹壋倉在大有鄉陡岡倉在日就鄉烏石倉在縣市東今俱廢　預備倉四東在炭阜西在何家圩南在戴家衝北在竹園嘴俱廢　潛山縣便民倉明正統以前建於懷寧山

口鎮知縣藍章改建於懷寧黃土潭崇禎已巳知縣李新易木爲磚計四十四厫前警樓後衙署

預備倉四東在朱家衝南在薛家湖西在天堂寨北在彰法龍山 備用倉七又名新倉一在西廂一在青山一在羅漢山一在塘埠一在黃蘗山一在長嶺坂一在分水嶺一在鸕鷀岡今俱廢 際留倉在縣治東明末寇焚 太湖縣便民倉又名十便在城中 南糧倉在縣東一里後改建主簿宅今燬 際留倉在縣治東久燬今十便倉即其址 備用倉在縣堂後今廢 預備倉四東在城頭坂西在九村坂南在郭公店北在陶家圍今俱廢 宿松縣便民倉在下倉埠最爲近水 預備倉四東南西三倉俱在醸清下鄉北倉在儀鳳上鄉 備用倉二上倉在廳事[illegible]下倉在譙樓[illegible] 際留倉在縣治西 學倉在儒學內 驛倉在楓香驛以上明末並廢 備用倉在譙樓東康熙七年知縣朱維高修 常平倉在廳事東 望江縣際留倉在縣

堂前預備倉舊在縣前今遷縣堂前便民倉縣西南二里今廢備用倉縣東十五里又東西南北四倉並廢雷港驛倉久廢

徽州府永豐倉在府治東北隅歙縣預備倉在紫陽門休寧縣預備倉在縣治東婺源縣預備倉在東隅城隍廟前祁門縣常平倉在治西黟縣新西倉在縣門右績溪縣廉惠倉在縣西

寧國府軍儲倉在泰和門內府治東街北宣城縣和豐倉在縣治西南預備倉在縣治西北水陽倉在水陽鎮河西常平義倉今廢南陵縣存留倉在儀門東預備倉在崇教寺西社倉有四一在縣東蒲橋一在縣西戴家會一在縣南三里店一在縣北新美鄉水次倉在檜港河北涇縣預備倉在儒學內聚糧倉在儒學內存留倉在南門外今廢丁糧倉在縣

南二里兌軍倉在縣北九十里宣城之灣止均役義倉在禮辭都今廢濟農倉在禮辭都今廢南倉在茂林都今廢北倉在泉北都今廢水次倉在蕪湖

寧國縣東倉在土神祠左西倉在儀門西存留倉在儀門西今廢均義倉在儀門西

旌德縣大命倉在縣治西兌軍倉在蕪湖義倉在縣左

太平縣預備倉在典史宅後兌運倉在東河

池州府豐盈倉舊在豐儲街後移柳林巷今廢

貴池縣預備倉在縣東南今移醫學內常平倉在北察院舊址漕運倉在池口鎮山左後燬於兵暫移城內祝聖寺馬田倉社倉

青陽縣預備倉知縣張牧建馬田倉社倉便民倉舊在童埠鎮後移置縣治右設立十七都倉廒

銅陵縣預備倉在縣西順治三年知縣蔣應仔重修建社倉漕運倉

在縣西瀕江順治間知縣劉日義重修建馬田倉　石埭縣預備倉社倉　馬田倉　建德縣馬田倉　社倉　預備倉在譙樓左久廢漕運倉舊在東流順治七年知縣孫蘭移置城北東流縣預備倉在縣署西今燬社倉　馬田倉　漕運倉在北門內

太平府豐濟倉在都察院之西當塗縣預備倉舊在湖熟門外今廢暫貯米穀於豐濟倉甲字等廒水濟倉在上南門內大街之東東西各廒共房四十六間蕪湖縣水際倉在縣東南迎秀門外預備倉在縣西廒房一十二間備用倉在縣東　馬田貯稻倉在縣後同風里內繁昌縣預備倉舊在上峩橋南今改舊分巡察院爲之水次倉在下峩橋鎮

廬州府永豐倉在城隍廟西北惠民倉在府治東南合肥縣本仁

倉在東鄉　弘濟倉在南鄉　廣義倉在西鄉　博愛倉在梁鄉　濟惠倉在店埠鎮　舒城縣宜惠倉在縣治西　預備倉四在四鄉　廬江縣際留倉在縣治西今廢　預備倉在城內馬神祠前　無爲州豐裕倉在州治東　預備倉在州治西　州前倉在大門西　黃落河倉在城北三十五里交兌軍糧在此　利民倉在小東門內街北　駿惠倉在城隍廟前　巢縣際留倉在縣北城隍廟門內　義倉二所一在拓臯鎮一在下閣鎮今俱廢　社倉在際留倉內五所今俱廢　六安州軍儲倉在州東今廢　預備倉在州東北今廢　廣儲倉在城東外今廢　五鄉社倉今俱廢　英山縣存留倉在縣儀門左明廢　預備倉在縣西　霍山縣預備倉舊在西門內今改建縣側

鳳陽府戶部倉有二一建於鳳邑一建於臨邑後鳳邑倉燬康熙壬寅年題請分建於
廢皇城內名爲永泰倉預備倉舊在府治東南倉內今移建於鳳陽縣內鳳陽
縣監倉在治西臨淮縣倉厫在儀門東廣備四倉在塗山門內係
戶部分司倉懷遠縣倉厫在縣治南定遠縣倉厫在縣治後豐備
倉在池河驛東五河縣預備倉在儀門東義倉在預備倉左虹縣
義倉在鼓樓前縣倉在南門內水次倉在五河縣澮河北壽州預備
倉在州治東北軍儲倉在州治東北蒙城縣預備倉在縣西南隅
霍丘縣兌軍倉泗州倉厫天長縣預備倉在縣
治南常平倉在預備倉左宿州際留倉在州治東靈璧縣預備
倉在縣治東南潁州廣積倉在鐘鼓樓前大街迤西巷內潁上縣縣

倉在儒學左 預備倉在縣倉後 太和縣預備倉在居仁街北 亳州軍備倉在州治東即舊儒學

徐州永福倉舊在州左今水沒 預備倉有廒五在州大兌[illegible]門內今並廢 倉舊在城北三里後移南關堤內水沒順治七年於城東門內建今倉 廣運倉在城南二里許沒於水順治二年郎中陳嘉應翔建南廒一座並樓房倉 濟留倉四一在呂梁一在境山一在黃山村一在趙團山 蕭縣濟留倉縣內景泰元年今附州城外 預備倉五一在縣治東一在樂善鄉一在都仁鄉一在孝義鄉一在仁壽鄉今悉廢 沛縣濟留倉縣治儀門外今廢 水次倉縣治東一里河南岸 預備倉五一在北門外一在泗亭鄉一在漢臺鄉一在千秋鄉一在廣戚鄉並廢嘉靖間知縣王治建一倉於縣治內周涇建一倉於縣治後 碭山縣預備倉四一在崇教坊一在大彭社一在趙九社一

在浮溝社並久廢常平倉　義倉　社倉三倉並萬曆年建豐縣預備倉四並久廢今重建一在縣治西北水次倉沛縣漕河岸久廢

滁州永盈倉在通濟橋之東西久廢來安縣預備倉在縣治東新街西義倉在縣大門內東

和州和豐倉在鎮西樓前街東西向預備倉在譙樓之西今漸廢便民倉在水次本州每徵秋糧於此今廢東倉在州東今廢西倉在州西今廢南倉在州南今廢北倉在州北今廢含山縣預備倉舊凡五所今并廢縣倉在幕廳東東倉在縣東南西倉在縣西南倉在縣南北倉在縣北以上四倉今俱廢

廣德州常平倉在州治東西即舊同知署兵餉倉在常平倉左建平縣

預備倉在縣治東

各儒學見學校志僧道司見寺觀志其各府州縣惠民藥局養濟院漏澤園及申明旌善等亭非公署俱不載

江南通志卷之第二十八

學校 貢院書院附

三代之學異名自漢承平後惟校是宗蓋學言效而校言教斆學相長天德王道之所由成也古稱吳多秀民乃先王所以教之者其法至有宋諸儒而始著故胡瑗爲師於蘇朝廷取其科條頒示庠序而書院之盛蔚則范文正後則朱紫陽龜山鶴山各開講堂羽儀正學微言躔系歷明至今流傳未艾也

聖天子臨雍憲老廣厲學宮薄海嚮風鴻儒蔚起而

菁莪棫樸之化早被東南矣志學校

江寧府

江寧府儒學在府治北宋置學於鍾山之麓天聖中移建府西北景祐閒徙於府治之東南元因之明洪武初改爲國學後復爲應天府學十四年復建國子監於鷄鳴山下

皇清順治六年總督馬國柱題請改建學宮奉旨依議行遂以國子監改今學守道與知府督修惟聖殿獨存旁設兩廡前立櫺星門戟門後改彝倫堂爲明倫堂堂旁設志道據德依仁游藝四齋以

官署爲啓聖祠以國子監坊爲江寧府學坊規模宏麗其規制各府州縣學大略皆同或廟學有左右前後不同者則各因地便爾順治十三年祠廡漸就頽敝總督郎廷佐倡修教授朱謨庠生白夢鼎等董其事康熙五年布政司金鋐督糧道周亮工知府陳開虞復修之十九年知府陳龍巖重修兩廡七十二楹二十一年總督于成龍甫視學卽傳諭倡修同知朱雯署府篆捐俸修整四碑亭及兩廡門欄二十二年五月紳士劉思敬羅德御白夢鼎等公呈知府于成龍通報總督于成龍巡撫余國柱徐國相布政司龔佳育柯永

昇按察司僉鎮督糧道張永茂率教授謝允掄訓導鄒延吡於六月開濬泮池築屏墻云社學各縣皆同

上元縣儒學舊在縣治東宋景定二年知縣鍾蓁英創建元至元中縣尹田賢重修明洪武初省生儒併于府學

皇清初改府學爲上江兩縣學其規模俱從府制

江寧縣儒學舊在縣治北宋景定四年知縣王鍇建元因之明初省生儒併于府學

皇清初改府學爲上江兩縣學其規模俱從府制

句容縣儒學在縣治南唐開元十一年始建於縣署東宋皇祐間知縣方俊再建元豐二年葉表以縣南驛改造即今地紹興二十三年龔濤修元至大二年縣尹趙靖重建明洪武十二年知縣韓繼修嘉靖四十五年重建

皇清順治十三年知縣葛翊宸重修

溧陽縣儒學在縣治東南漢光和中縣長潘乾立宋淳化間知縣夏侯戩建於縣西門

外皇祐四年查宗閔徙於今地元末燬明初知縣林慶創建永樂十一年重修天順中燬明倫堂獨存成化初知縣員賢漸次修復十五年知縣陳福改堂制嘉靖間湯虺馬一龍多所闢治

皇清康熙五年知縣徐一經重葺先師廟

溧水縣儒學

在大西門内唐武德間建宣聖廟於縣治東宋熙寧二年知縣闞起遷於崇儒坊元陞爲州學明復爲縣學知縣鄧鑑高謙甫相繼修之嘉靖十七年知縣陳光華徙於京兆館東謝廷蓮成之三十九年知縣曾震復即朝元觀基爲今學周之屏成之萬歷二十八年知縣徐必道加葺

皇清順治十三年知縣閔派魯重修

高淳縣儒學

在縣治東通賢門外明弘治六年建至十二年而規制始備正德七年燬御史徐翼周鵷重建萬曆中知縣董艮遂丁日近重修知縣項維聰增建

皇清順治十三年知縣紀聖訓重修

江浦縣儒學在城東明洪武十年創於浦子口城内二十五年徙縣遂遷焉即今地宣德初修景泰中知縣勞鉞重建嘉靖中張峰侯國治改建王守正增修崇禎中李維樾重新之

皇清仍舊制

六合縣儒學在縣治西自唐至宋屢經遷徙明洪武五年知縣陸梅創立正統間史思古黄淵成化後唐詔萬廷程董邦政相繼重修

皇清康熙六年知縣顧高嘉改制創修

蘇州府

蘇州府儒學在府城南宋范仲淹奏建燬於兵明洪武初知府魏觀闢地新之宣德間知府況鍾重建明倫堂又建至善毓賢堂於後附以四齋兩廊學舍前有范公手植之古檜後有尊經閣天順間

知府姚堂搆道山亭成化間知府賈爽創立游息所丘霽改作先師廟門廡橋池悉備嘉靖十年制增啓聖祠建敬一亭貯六箴碑州縣悉如其制隆慶萬曆間先後修葺崇禎六年颶風作廟署祠亭喬木墻垣一時傾毁巡按祁彪佳巡撫張國維推官倪長玗累年繼修至十四年工成

皇清順治十二年巡撫張中元率屬修葺康熙二年至五年巡撫韓世琦布政司佟彭年七年巡撫馬祐十六年巡撫慕天顏相繼修治二十一年巡撫余國柱布政司丁思孔蘇松常道祖澤溁捐貲大

修聖殿宏麗改觀社學州縣皆同

吳縣儒學舊在縣治東南宋景祐始立明洪武五年知縣魏觀重修宣德九年巡撫周忱知府況鍾徙建縣治東南弘治十年知縣鄺璠加闢焉嘉靖初知縣楊叔器更新之崇禎十四年知縣牛若麟重葺
皇清順治十一年教諭夏鼎倡修康熙六年布政司佟彭年捐助修葺

長洲縣儒學宋景定間始立在府城東北明洪武七年知縣宋敏文張翔修葺成化九年郡守丘霽乃拓地東南改建焉正德中提學張鰲盡以廣化寺地歸學廣其規制嘉靖間相繼修之萬曆間巡按李堯民捐資修建獨盛
皇清十一年督學石申捐修未竣

崑山縣儒學初在縣治東宋元祐間知縣杜采遷於西南即今地明洪武初改修宣德元年知縣羅永年教諭曹昇加葺景泰間知縣吳昭改建大成殿弘治五年知縣楊子器復新之

皇清順治十五年提學張能鱗捐俸倡修康熙九年知縣董正位教諭吳謐復加修葺至十一年工成

常熟縣儒學 在縣治東南前臨運河宋淳熙十年知縣郭南修兩廡學門正統二年知府況鍾修兩齋六年縣丞陳瑩建尊經閣成化二年知縣甘澤修廟學弘治八年巡按劉廷瓚重修

皇清順治十二年學道張能鱗葺文廟康熙六年同知魯超重建尊經閣司道盧紘安世鼎守吳道煌丞理吳江偉龔在升邑令李璞助成之學宮改觀有記

吳江縣儒學 在縣治東南舊學在城西隅宋紹興間燬於兵知縣石轍改創今地明拓其地而新之景泰六年知縣賈亮重建

皇清順治九年至十三年知縣唐增吳就恒雷珽教諭洪天開相繼修葺康熙三年至五年同知魯超推官龔在升知縣劉定國先後捐修

嘉定縣儒學 在縣治南宋嘉定十二年知縣高衍孫建明弘武初續修天順四年知縣

龍晉重建竝築土山於學南成化間知縣洪冕白思明吳哲相繼修治嘉靖五年知縣李資坤增修

皇清順治十二年知縣劉弘德十四年教諭王彬先後修建祠閣堂廨康熙六年知縣金敏修聖殿重建兩廡

太倉州儒學在州治西南明正統間巡撫侍郎周忱即水軍都萬戶府第始建衛學弘治十年置州知州李端改州學築道山嘉靖九年知州陳璜建六經閣萬曆間知州丁永祚陳騰鳳相繼修葺

皇清順治十七年知州呂時與重建尊經閣

崇明縣儒學屢遷始定今在濠外東南隅宋嘉熙間嘗立書堂元始建學明成化間王允威汪士達繼修嘉靖十三年教諭姚良弼始建文廟萬曆六年知縣何懋官改遷十六年李大經又改遷天啓二年知縣唐世涵始遷金地

皇清順治十五年知縣陳愼修葺康熙三年總鎮張大治知縣龔榜復爲捐修

松江府

松江府儒學卽舊華亭縣學址在南門內宋時建元至元中縣陞爲府因爲府學至正間燬明洪武間知府林慶奉詔重建正統五年推官楊政建尊經閣是歲提學御史彭勗立四齋弘治中毁於颶風知府劉琛重修正德間復壞知府陳威修舉喩時繼成之歷四載殿堂廡閣四齋以及祠圃門孱坊橋之屬皆如舊焉嘉靖十年制增啓聖祠建敬一亭貯六箴碑州縣悉如其制萬曆間知府詹思虞崇禎間知府方岳貢重修

皇清順治十一年知府李正華重修明倫堂十六年教授周建鼎重修先師廟康熙二年知府郭廷弼重修戟門康熙二十二年知府魯超允學博陛在新之請重建啓聖祠婁縣知縣史彬置理材料命諸生錢永靖郁鏐等二月鳩工五月落成六月初三日神位入祠郡邑大夫行釋菜禮紳衿畢集曠典得振莫不欣欣稱盛舉焉 社學各縣皆同

華亭縣儒學 始建於宋元祐中在玉帶河之陽端平間遷於河南及元改陞府學復建縣學於舊址後燬於兵明洪武間知縣馮榮奉詔立學始以邑人徐進義塾地搆之在今府治西南後知縣周朗祝子憲相繼增飾永樂間壞於風雨知縣高宮修城化間知縣戴冕又大修嘉靖後知

縣聶豹賈待問項應祥徐尚勳鄭友元先後葺之
皇清順治十二年教諭王道光修康熙十九年圮廢
知府魯超捐俸重建郡紳施維翰助貲三百
兩教諭路序項亮臣董其事半載告成規模倍勝

婁縣儒學 縣治始於
皇清順治十三年割華亭西界爲之設儒學分華亭
弟子員之半隸之明年提學張能鱗議建學宮使
訓導馮瑄撑覗
基址規制未成

上海縣儒學 在縣治東南上海鎮學也宋咸淳中
監鎮董楷作古修堂爲諸生講學元
至元中鎮陞爲縣知縣周汝楫乃爲縣學明洪武
中府同知王文貞修復學宮正統間御史彭勗蕭
啓鄭顒相繼興葺歷天順成化建置不一而規制
大備萬曆間知縣敖選顏洪範呂濬先後重修
皇清順治十八年知縣涂贄偕教諭曹忱又增葺之
康熙十年知縣朱光輝重修宮墻壁木八十餘丈
較舊制更爲高廣十九年知縣任辰旦重修啓聖
祠及大成殿二十二年知縣史彩以文廟前月臺

丹墀年久碎壞因命石工重
鋪井修儀門兩廡煥然一新

青浦縣儒學在縣治南始於明萬曆元年知縣石
繼芳用顧氏義塾文學光祿寺署丞
顧正心捐千金修學宮規制始備二十四年久雨
學宮壞知縣卓鈿重修之
皇清順治六年知縣王嶙重修康熙十六年冬
二十年春訓導陳堂謀捐俸復詳道府增修

金山衛儒學在衛東北隅明正統四年工部侍郎
周忱奏立衛學御史劉福嚴洤劉魁
孟俊相繼增修
皇清順治十五年巡撫張中元同察院李森先學道
張能鱗大修府學訓
導黃中亨董其役

常州府

常州府儒學在府治西隅唐刺史李栖筠始建學
宋太平興國初郡守石雄徙建今地景祐三年詔

許卽廟立學賜田舊已廢嘉祐間郡守陳襄增治元末燬於兵明洪武初知府孫用始建大成殿搆戟門兩廡造明倫堂及兩序并志道據德依仁游藝四齋旁設射圃成化五年堂災知府卓天錫請復建之增置尊經閣於堂北嘉靖十年制增啓聖祠建敬一亭貯六箴碑各縣悉如其制萬曆間知府劉廣生重修崇禎間訓導汪會海重修

皇清康熙元年教授郭士璟復加修葺社學各縣皆同

武進縣儒學在縣治東南宋咸淳初郡守家鉉翁卽法濟廢寺改創元末燬明洪武五年知縣董尚重建成化間知縣熊翀增修之嘉靖後知縣馬汝璋茹宗舜晏文輝羅華襄重修

皇清康熙八年教諭王琰復加修葺

無錫縣儒學在縣治西南宋嘉祐間縣令張詵創建元初重建明洪武十一年知縣袁大典修建堂齋成化間府同知謝廷桂復新之

皇清康熙九年知縣吳興祚重修

江陰縣儒學在縣治東南郎宋之軍學紹興間建元燬於兵明初江陰侯吳良郎舊址立廟學知縣吳志遠重修宣德間侍郎周忱大建之弘治嘉靖以來多所修葺

皇清康熙四年至十三年知縣何彬龔之怡教諭宗章埈相繼增修

宜興縣儒學在縣治西南舊在縣治東南宋皇祐初徙南興門外紹熙五年增修元至正燬於兵明洪武初知縣謝德清移置今地成化間知縣沈振重修嘉靖後知縣何棟丁謹方逢時相繼增修萬曆十六年知縣陳遴瑋復建堂舍焉

靖江縣儒學在縣治西南明成化八年知縣張汝華建正德嘉靖間復增修之崇禎

知縣唐堯俞多所修建知縣陳函輝畢其事
皇清康熙七年知縣鄭重大加修葺

鎮江府

鎮江府儒學在府治東南宋太平興國中郡守柳開創建於朱方門内寶元初范仲淹守郡乃拓而新之元祐紹興間相繼修葺元末燬於兵明初建於定波門内景泰中知府張巖以學地卑隘請建於縣治之東同知俞端繼終其役建明倫堂及四齋於山之西廟廡堂齋橋門號舍厨庫射圃悉備天順元年知府林鶚建尊經閣成化間知府熊祐建學門弘治中知府鄭傑作會講樓嘉靖十年制

增啟聖祠建敬一亭貯六箴碑各縣悉如其制四十二年知府秦淦於學之正南因岡增土名曰對山以宏其規天啟五年廟災崇禎六年巡按御史陸𨊠其名捐貲重建

皇清順治初明倫堂圮知府塗廓捐貲買𦒏一清御書樓改建康熙十一年知府高得貴重修社學各縣皆同

丹徒縣儒學舊在縣治西元延祐六年教授朱天珍重建明洪武初以淮海書院併入正統間燬巡撫周忱重建弘治末知府王存忠拓廟基嘉靖初提學御史蕭鳴鳳遷於壽丘山廟制煥然崇禎五年知縣張文光建龍門於巽方

皇清順治十三年知縣張晉倡修康熙八年教諭王入璧十一年教諭談志相繼修葺

丹陽縣儒學 在縣治東宋慶曆間建元因之明洪武中知縣鄭士源許子英董復呂潘綬相繼修葺後知縣周志義包達陳誼先後增葺弘治間知縣高謙移櫺星門於泮池之南嘉靖六年知縣張鳳翀鑿渠導湖水遶學宮
皇清順治十七年知縣賀應旌重建尊經閣康熙十二年教諭蔣士偉重修兩廡

金壇縣儒學 在縣治東宋紹興初建元季相因修葺後燬於浙寇明洪武初知縣蔡原臣重建成化嘉靖間知縣劉訓張賓董相縣丞鄧繼曾各增修焉萬曆間知縣邵應禎又闢地新之
皇清順治十一年知縣趙介重修知縣宋蘊勳成之康熙九年知縣康萬寧教諭許允成復加修葺

淮安府

淮安府儒學在府治迎遠門內宋景祐二年轉運使魏廉建於此建炎間燬於兵屢建徙之元凡四

修治明洪武九年知府潘傑重作廟學正統七年知府楊理增修天順二年知府丘陵成化三年知府楊鼎皆增拓學地弘治六年知府徐鏞建尊經閣官師廨舍俱備嘉靖十年制增啟聖祠建敬一亭貯六箴碑州縣悉如其制萬曆元年知府陳文燭天啟四年知府宋祖舜相繼修治

皇清順治九年漕撫沈文奎重修康熙十八年總河靳輔捐俸命教授徐元美訓導倪用霖監督大修規模弘敞社學州縣皆同

山陽縣儒學舊建於滿浦坊尉司地明洪武初知縣羅道遷於察院西成化五年都御

史滕照知府楊杲復拓地建廟學制與府學畧同弘治後知縣樂獲周子山黃日敬田孔陽相繼修葺天啟四年知府宋祖舜知縣孫肇興重修

鹽城縣儒學在縣治南宋紹興間知縣黃萬頃建三燬於兵明洪武初知縣陳天瑞建永樂景泰成化間相繼修治正德初知縣王明徹重修嘉靖間知縣姜潤程節葉露新相繼修葺萬曆九年知縣楊瑞雲大加增葺

皇清康熙十年教諭張星郵募修

清河縣儒學在縣治東南小清河口宋德祐初遷於舊縣之西大清河口景定元年河決遷治甘羅城學隨之元末燬明洪武初知縣孔克勤改建今地成化後提學陳選張縉張璿以次而興嘉靖間知縣吳宗吉加葺隆慶間知縣張惟誠復修之

桃源縣儒學在縣治東南元縣尹劉整建燬於兵明洪武初知縣汪仁重建正統景泰中知縣張端趙經增建弘治後知縣崔獻修李廷鵬黃時康王敬賓曹夔相繼修葺後地震盡圮

皇清康熙十九年知縣萬謙教諭史逸嗣訓導劉蕃同紳士盧士觀陳貞等募貲修建

安東縣儒學在縣治東南元安東萬戶張漢英始建元末燬於兵明洪武三年知縣束贄重建至崇禎十三年知縣王敬承教諭史龍瑞重修地震明倫堂東廡皆圮

皇清康熙十一年訓導吳正名顧熠重修

沭陽縣儒學在縣治南洪武初知縣馮益創建正德間寇燬知縣易瓚重作廟廡櫺門庖庫堂齋號舍皆備

皇清康熙十二年知縣張奇抱重加修葺

海州儒學在州治西元末燬明洪武初知州陳德輔建張治初陳廷珪改建正德間知州趙儒修嘉靖三十一年知州鍾岳改建

贛榆縣儒學在縣治東南元燬於兵明洪武四年縣丞莫從敬改創正統三年知縣郭文中修成化十四年知縣王舉嘉靖二十五年揚州推官符允中海州知州鍾岳各捐貲修葺萬曆

十八年知縣樊兆程三十七年知縣徐應元增建崇禎十二年知縣徐維翰復廟向建文昌閣兵燬皇清順治八年知縣穆爾謨教諭劉思問重建康熙七年地震學圮訓導章憲捐募修建十一年知縣俞廷瑞訓導章憲捐募復修兩廡

邳州儒學在州治東南創自宋興隆間元末燬明初判官裴珏始建成化間判官曹卿改建弘治間知州李文聰修葺皇清順治十年學正蔣曜孫大經復加修建康熙七年地震水沉復圮康熙十八年管河同知蘇嵋知州李纘宗倡議捐俸與學正胡圭訓導許來惠卜地于南堤之東定基先營廟殿二十年落成

宿遷縣儒學在縣治東南元元貞初縣令蕭世榮創治兵廢明洪武二年縣丞方鐸始建成化間提學御史陳選撤新之萬曆五年河水衝嚙知縣喻文偉改建于新治之左

睢寧縣儒學在縣治東南元至元初知縣王榮祖始建元末燬于兵明洪武六年知縣

葉見泰教諭林德乾創建宣德末知縣衛鏞景泰初知縣張竑凡兩建嘉靖三十五年知縣喬鎮萬曆七年知縣徐容文重修明末水圮

皇清順治四年知縣殷岳建聖殿兩廡並明倫堂八年知縣魏建欞星門戟門康熙元年知縣馮應麒捐俸建啟聖祠興賢育才二坊四年知縣石之玫捐俸建

青雲亭

揚州府

揚州府儒學舊在府治後儒林坊宋建明洪武中知府周原福因舊規重建東有成賢坊西有育才坊及藏書樓射圃觀德亭頤貞堂玩易亭祭器庫文昌樓並官廨正統間知府韓宏因藏書樓改建崇文閣郎今尊經閣也又建更衣采芹二亭天順

八年御史張鼒成化間知府鄭岑先後修葺嘉靖四年燬知府易瓚重建八年知府陶儼修十年奉

詔建啟聖祠及敬一亭州縣悉如其制萬曆三十三年知府朱錦崇禎八年知府韓文鏡先後重修

皇清康熙十九年巡鹽御史郝浴捐修知府崔華助修之教授秦鉅倫朱虹訓導丁德明先後募修二十二年巡鹽御史裘充美倡修文昌樓社學州縣皆同

江都縣儒學在縣治東北宋紹興間建明洪武間重建成化六年知府鄭岑七年巡按董韜知府周源相繼增修嘉靖十一年知府吳桂芳重修

皇清康熙十九年巡鹽御史郝浴捐修二十二年教諭許維楨訓導汪和中畢其工

儀真縣儒學在城東明洪武初因州學舊址改建知縣劉文綱康彥明相繼修葺萬曆初知縣樊養鳳以資福寺基易爲學規模倣舊

皇清康熙五年教諭舒文燦捐資倡修

泰興縣儒學在縣治東宋紹興間建元季燬於兵明洪武二年知縣李秉直重建嘉靖間知縣朱篪隆慶間知縣許希孟萬曆間知縣高桂相繼修葺

皇清康熙十二年邑人

御史季振宜捐修

高郵州儒學在州城東宋以前無考元燬於兵明洪武初知州黃克明因舊址重建弘治後知州程憲趙來亨范惟恭相繼修葺

皇清順治十四年知州吳之俊學正詹尹吉重修

興化縣儒學在縣治西南溪上宋紹興中建洪武中重建嘉靖三十七年知縣程鳴尹重修

皇清康熙十一年知縣程起鵬捐葺

寶應縣儒學在縣治南宋嘉定間建元末兵燬明洪武初知縣王驥卽故址修復嘉靖

後知縣李瓚陳可大韓介耿隨龍相繼修葺

泰州儒學在州治南唐置吳州始建學元燬於兵明洪武初知州張遇林即故址建永樂後劉景文蕭旭相繼修繕正統間知州黄性重修弘治後謝傑朱簦益飭治之萬厯間撫院李三才檄江防攝州事李仙品修學濬河煥然改觀

如皐縣儒學在縣治東北南唐初建宋紹興初遷于縣治西南元末兵燬明洪武三年知縣謝得珉創建嘉靖十九年知縣黎堯勳移建縣治東南萬厯後知縣鄭人逵陳煥張星李廷材熊奮渭李衷純相繼修葺

通州儒學在州治東宋太平興國間建在城東一里許乾興時移東門內大觀間被燹紹興間復建於舊址淳熙間又燬元至正間重建明洪武三年知州熊春增修正統初郡人僉事陳敏千戸陳宣重修

皇清順治二年知州唐虞泰康熙九年知州王廷機

重修 海門縣明嘉靖乙巳知縣江執建儒學於縣治東今海嚙城圮裁歸通州改海門鄉學廢

安慶府

安慶府儒學舊在正觀門外元末燬於兵明洪武初知府趙好德即山谷書院創建在府治之東正統中巡撫周忱知府王璜重建廟廡橋門堂齋號舍射圃咸備成化中知府陳雲鶚撤學前藥局爲櫺星門知府王璠作泮池石梁規制大備後知府徐傑陶煦張文錦相繼修治嘉靖十年詔增啟聖祠及敬一亭貯六箴碑各縣悉如其制崇禎末城潰舊制僅存十之四

皇清順治八年操撫李日芃知府王廷賓李士禎相繼增修康熙十一年巡撫靳輔鋭意鼎新率先捐俸知府姚琅教授莊名弼各捐俸鳩工庀材建廟學兩廡櫺星門泮宮坊貽代文明坊泮橋十二年六月改建啟聖祠于明倫堂後康熙二十一年巡撫徐國相率知府劉檩教授郝毓嵘訓導汪艮相各捐俸修治砌泮池傍圍墻設立門栅題起敬額廟貌棟宇悉加丹雘規制煥然一新社學各縣皆同

懷寧縣儒學舊在正觀門内東之依仁坊兵燬明洪武初知縣閻節徙于忠節坊正統間教諭周子葛始建文廟正德辛未御史黄如金易天寧寺地改建于今址萬曆間廟火知縣劉拱

辰重建學後地悉爲民侵天啓間推官常自裕清還舊基大加創建明末俱燬

皇清順治三年知縣賈壯重建十三年知府李士楨知縣周霖次第修治康熙二年知縣馬剛教諭王雲龍復建文廟及明倫堂二十年教諭楊渭英捐貲建講學堂一所提學道田雯額曰經義堂

桐城縣儒學

舊在桐溪橋東宋元祐初知縣溫子謙武子春相繼創立燬于兵明洪武初知縣翟那海遷于縣治東南佑文坊後知縣孔希善嚴頤陳勉相繼修葺

皇清順治十二年知縣石朗教諭沙衍中訓導解詵次第重修康熙八年儀門櫺星門圮知縣胡必選捐俸建造康熙二十一年知縣王凝命教諭王立極訓導丘五典倡修增飭規模宏麗

潛山縣儒學

在縣集賢坊之東明洪武初知縣張仁創建成化間知縣袁慶祥修嘉靖間知縣高廷紳萬曆間知縣鄒守王王汝先後加葺崇禎末寇燬

皇清順治十年知縣鄭逼懸教諭潘煜如李思伯重修十六年訓導蕭汝榮建啓聖祠康熙六年知縣

周克友建明倫堂遷于舊基之西十五年復鼎新
聖廟十六年教諭程式琦訓導王仁灝捐修儀門
檽星門十九年知縣劉芳
輝建義學于明倫堂後

太湖縣儒學在縣治西南明洪武初知縣章通建
弘治間知縣李承勛正德間同知林
有祿嘉靖間知府李遜知縣羅汝芳修建明末燬
皇清順治六年知縣李世洽十五年知縣王廷舉十
八年知縣鄒應錫先後加修康熙十一
年知縣王崇會訓導葉惺心建奎星樓

宿松縣儒學在縣治東南明洪武初建正統間知
縣謝驥重建嗣是知縣孫衍顏敏施
溥推官王孫昌相繼修葺
皇清順治三年知縣孟瑄十一年知縣孫繼文康熙
二年知縣王民皡八年
知縣朱維高先後加修

望江縣儒學在縣治北宋季學隨縣遷江口元至
正間復故址明洪武間知縣徐煥鼎
建嘉靖初同知魏文象知縣余紘更造堂齋後知
縣朱軾復葺之

皇淸順治六年知縣王世寅建明倫堂及兩廡櫺星門十四年知縣王澤隆教諭姚見龍移明倫堂於文廟後移啓聖祠于明倫堂後移名宦祠于啓聖祠之東移鄉賢祠于啓聖祠之西康熙元年教諭談志建觀德亭修文昌閣九年訓導方至樸復加修葺

嶶州府

嶶州府儒學唐及宋初皆在城東北隅後凡再遷紹聖二年乃復於故址紹興間知州汪藻增建德祐間兵燬元至元間復建後燬明洪武初重建堂齋廟廡橋門射圃悉備正統八年御史徐郁命同知徐亨增新之知府孫遇畢其役成化間御史陳選婁謙先後檄府修建弘治間知府彭澤增創號

舍嘉靖十年制增啓聖祠建敬一亭貯六箴碑各縣悉如其制皇清康熙二年知府藺一元教諭章霖重修並建尊經閣師儒等舍康熙十二年知府曹鼎望修戟門十五年知府張登舉徽寧道王緒祖重建聖殿社學各縣皆同

歙縣儒學宋淳祐間郡守謝堂建於縣左元初燬於兵至大庚戌重新之明初因故址重建規制已具而前逼民居景泰間教諭羅鎡復購地而廣之成化間知府周正復加修建皇清順治四年知縣宋希肅重修康熙三年署縣事府同知聶煒知縣呂應瑞重建明倫堂康熙十一年聖殿圮徽寧道呂正音知府曹鼎望知縣孫繼佳教諭吉天助重建

休寧縣儒學　在縣治東宋紹興間徙於南門外元大德間增修至正間燬明洪武初重建廟學後御史戴珊都御史彭禮先後命有司購寺地以拓其基規制大備

皇清康熙二年知縣傳維樸重修五年知縣洪泮洙教諭謝起秀改學門於巽方十九年教諭張問達訓導孫應嗣加葺

婺源縣儒學　宋慶曆創建於縣東熙寧中遷縣西後屢遷屢復元末兵燬明洪武初因故址重建天順成化間知縣張瑄韓儼相繼修繕弘治間凡再修而火知縣喬恕聶瑄先後重建嘉靖己丑又燬知縣曾忭拓地又建

皇清順治九年知縣馬元訓導金注修葺十一年知縣張弘美教諭翟晧更修十五年府訓導吳煥然增修

祁門縣儒學　宋端拱中建於縣南元移西南後燬明洪武初因故址重建永樂七年水學宮幾圮知縣路達修葺成化弘治後再燬再修

皇清順治十五年知縣陳德教諭張季琪重修康熙

十二年知縣何縉訓導周祚光同助新之十九年教諭吳人龍加葺

黟縣儒學宋初在縣南元因之明慶加修建而地洿輒壞正德甲戌御史吳鉞乃度地於縣西北屬知府熊桂徙建之

皇清康熙十二年知縣杜弘重修

績溪縣儒學宋在縣治東元初廢爲軍營乃遷於縣西明洪武初復建於故址正統間知府孫遇以學基狹隘購地增修成化間同知黄用宜改建正德間知府熊桂教諭敖越更新之

皇清順治八年知縣郭四維修葺十五年知縣李三韡康熙十年知縣劉滋加葺

寧國府

寧國府儒學在府治東宋崇寧間郡守李彥卿移於城内建炎三年仍復舊址紹興十年郡守汪伯彥更徙而東向文脊峯元末兵燬明初知府黄榮

祖剏建今地正統中知府袁旭撤而新之明倫堂東西分列四齋廟廡橋門諸制悉備復造學門於廟東御書樓於堂北嘉靖十年增制敬聖祠建敬一亭貯六箴碑各縣悉如其制萬曆中知府陳俊蕭艮譽金勵相繼修葺崇禎四年知府黃夢松重建明倫堂

皇清順治六年知府管起鳳康熙九年知府莊泰弘大加修葺十九年知府王國柱捐俸教授徐馮訓導姚士重督修社學各縣皆同

宣城縣儒學在府治西南舊在城東南明洪武間知縣王文質徙建泰和門內後知縣

邢知遠又改建縣治西宣德間知縣蕭吉重修正統間知府袁旭遷今地

皇清順治六年知縣陳正中八年知縣王同春相繼修葺康熙十六年聖廟全圮知縣李文敏教諭徐化民募修未竣二十一年知縣袁朝選教諭陸志選訓導錢邦達各捐俸倡修

南陵縣儒學在縣治西南即崇教寺廢址初在縣治南宋紹興間遷縣東元季燬明洪武間知府羅汝芳知縣甘潤教諭劉子潛重建嘉靖間知縣鄒永春徙建今地萬曆間知縣沈堯中移聖廟於南四丈崇禎十年知縣杜繩甲重建明倫堂

皇清順治十年知縣楊必達倡修康熙十八年知縣屈升瀛教諭顧芳菁訓導張翥募建大成坊二十一年知縣杜源教諭顧芳菁訓導徐鍾麟捐募重修尊經閣

涇縣儒學在縣治北即大安寺故址初在縣南宋淳熙中徙於此元至正間重建尋燬於兵明永樂間知縣薛蕙知府袁旭增葺之

皇清順治六年教諭施化遠捐募重修康熙十八年

知縣鄧琪棻捐修明倫堂二十二年知縣蔣雲翼教諭楊言書訓導汪灤捐募重建文廟

寧國縣儒學 在縣西門外初在縣東南宋紹興間徙東門外明洪武間知縣鄭承事創建今地正統間知府袁旭知縣劉清拓增之弘治間知縣孫珍徙明倫堂於聖殿西嘉靖中訓導王皞始作泮池

皇清康熙十八年知縣馬光建尊經閣二十年知縣陳王策捐俸重修

旌德縣儒學 在縣東尉廨間紹興中邑令趙伯傑徙建於此明初因之嘉靖間知縣柳應陽稍徙而北後知縣李調元建文昌閣於學東萬曆間知縣秦文捷大加增建知縣蘇宇庶重修文昌閣教諭夏之鼎建書院於閣西北天啟間教諭周民改泮池於欞星門外

皇清順治二年廟宇盡圮徽寧道張文衡教諭吳邦俊倡助建明倫堂於舊址八年徽寧道袁仲魁捐俸建兩廡及儀門月臺後知縣周一燕相繼繕修

太平縣儒學在縣治東南宋嘉祐中徙遷於此元至正間重建明正統間知縣張珪增建正德間知縣楊艮臣恢拓前基易櫺星門以石嘉靖中教諭王佳士改建明倫堂鑿泮池皇清順治五年教諭虞敬募造泮池石橋修明倫堂康熙二年知縣陳恭教諭袁澄訓導董雲申加葺二十年知縣王璘因宮墻隘狹市地拓垣廣舊址十之七黄山峰秀異獻於前最爲軒敞得地勝云

池州府

池州府儒學在城東南隅宋開寶初郡守成昴始建於城之西北至和間郡守吳仲復移建於東南厥後陳栒周應龍葉凱王伯大繼修之明洪武三年知府孫炎重建正統初知府葉恩加修成化初知府李宏鼎新之弘治間知府陳艮器祁司員正

德間知府何紹正大加修葺嘉靖十年制增啓聖祠建敬一亭貯六箴碑各縣悉如其制歲久傾圮皇清康熙十六年同知喻成龍庀材鳩工擴聖廟建兩廡暨明倫堂修啓聖名宦鄉賢三祠濬泮池造橋砌櫺星門移建文昌閣於學宫後規制一新社學各縣皆同

貴池縣儒學在府治西明洪武三年建於縣治南弘治十三年知府祁司員以卑隘遷於黄狀元故宅即今址萬曆間推官李養沖知縣蕭繼美相繼修治皇清順治十二年知縣李愈昌加修之康熙二十一年知縣羅鎔教諭錢璘訓導宗觀仝爲修葺

青陽縣儒學在縣治東南宋隆興二年邑令楊元秉遷縣治南元大德間邑令吳廷輔

遷縣治西明洪武七年知縣張文昱復遷東南故址即今地也成化間知縣王政重建弘治末知縣錢瓚重修皇清康熙二十一年知府俞成龍董率大修

銅陵縣儒學舊在縣治西宋淳熙中遷於縣治東明初因之正德十年知府何紹正復遷於舊址嘉靖十七年知縣周納復遷於東皇清順治間知縣蔣應仔劉曰義裴國熙相繼修之康熙十八年邑人佘繼益合族重建聖廟

石埭縣儒學在縣治西舊在縣治南明洪武三年知縣陳霖始建後知縣尹安續建嘉靖十四年知縣陳炫改建於此皇清康熙八年知縣姚子莊訓導周體元重修文廟並造尊經閣

建德縣儒學在縣治西舊在縣治東宋嘉定間移建於此明洪武初仍之崇禎四年知縣楊錫璜改建西郊皇清康熙元年知縣高寅移建城內舊址

東流縣儒學在縣治東元縣尹袁裕建燬於兵明成化中知縣蕭珮改建於縣治之西嘉靖間知縣盧洙復遷故址
皇清順治四年知縣鄧繼球九年知縣蘇弘謨次第修建康熙十五年知縣侯之桓加葺二十二年署縣事府同知同疆重修竝造學舍

太平府

太平府儒學在府治西宋治平建炎紹興間凡三遷而後定於今址明永樂中知府徐敬更修弘治暨嘉靖間知府徐節周進隆林鉞相繼葺治之廟廡橋池堂齋尊經閣射圃咸備十年制增啟聖祠建敬一亭貯六箴碑各縣悉如其制萬曆十八年知府陳璧改治泮池設長橋攢門路官廨祠圃廳

合繼是劉應釗余恩明何士林俱加修葺
皇清順治十一年知府王以約復修廢墜康熙元年
知府胡季瀛修尊經閣十一年知府黃桂倡修教
授宋驤督理十九年知府楊霖捐金益所未備訓
導方逢月董其事比舊爲盛社學各縣皆同

當塗縣儒學在府治東南宋末置學元始置而未
立學宮地在西隅明洪武中知縣王
俊即其址建之後知府楊士敏知縣張嵩拓治成
化初知縣韓恭遷建文廟正德御史洗光屬知府
周統重造廟門齋廡嘉靖知府林鉞知縣張一厚
復增修之萬曆三年巡撫宋儀遷建今所
皇清順治十三年兵道周體觀康熙十年訓導史以
徵重修葺十二年知縣寇明允力任告厥成功

蕪湖縣儒學在縣治東南宋元符三年知縣蔡觀
建明洪武中知縣宋彬重修後知縣

周宗愽陳源雀論相繼葺治萬曆中知府林一材徙建他處未幾郡守陳璧仍徙舊地崇禎三年知縣梁應材重修

皇清順治四年暨十一年知縣賈一奇黄裳重修葺

繁昌縣儒學在縣治西宋慶曆間建於舊縣内至元燬明初重建天順元年徙縣治因徙之治東成化間知縣林域以地僻陋乃遷今址正德初提學黎鳳知縣俞應成新之天啓崇禎間知縣劉孔源馮洪孜相繼修治不數年復圮

皇清順治十一年知縣張楷重修康熙七年知縣吳升東復葺治之

盧州府

盧州府儒學在府治東肇於唐會昌盛於宋咸平廢於紹興之兵亂乾道以後帥守趙磻老翟朝宗繼新之明宣德中同知謝庸修正統初知府揭稽

重建後知府史濡盆玘相繼增餙歲久漸圯知府高汝行大修之中爲大成殿東西廡各十三楹前爲櫺星門爲戟門後爲明倫堂堂東爲進德正誼西爲崇道育英四齋又後爲尊經閣嘉靖十年詔增啓聖祠建敬一亭貯六箴碑州縣悉如其制萬曆三年知府吳道明增建興文樓明季兵燬殆盡

皇清順治三年知府吳允昇重建康熙二十一年知府薛之佐大加修葺堂廡門柵煥然俱新復建名宦祠二十二年知府杜立本畢其工社學州縣皆同

合肥縣儒學在縣治東南舊在威武門外宋淳熙中郭振遷於三賢書院即今址也明

洪武初知府張義撤新之景泰二年燬知府史濡拓地重建弘治間知府馬金建尊經閣制畧同府

天啓間知府張正學知縣陳琯重修明末燬於兵

皇清順治三年訓導蘇紹軾募建後知縣方象瑛訓導宰維翰相繼增修康熙二十一年知縣范特著捐修聖殿兩廡

舒城縣儒學

在縣治西元至正燬明洪武初知縣員㦤建今地宣德乙卯知縣劉顯重修後知縣楊縉陳魁士教諭傅敏功雷芳相繼增葺明末寇燬僅存大成殿

皇清康熙三年知縣何朝聘捐俸倡修

廬江縣儒學

舊在南門內元至正中縣尹兀顏綱修明洪武七年知縣傅鉉遷於三思橋北在今縣治東洪熙間知縣黃惠重建天順成化間知縣王慶梅江劉紳相繼修葺弘治間知縣胡瑒重修更置號舍正德七年知縣劉夢熊闢民地而大其制嘉靖四年知縣周良會拓蛟龍雲雨池以增其勝嘉靖間劉裁又新之崇禎五年知縣張雲鶚建文昌閣於堂後賊燬

皇清順治四年知縣周迓祚建廳三間康熙六年知
縣王孟逑乾捐貲重建聖殿及櫺星門康熙十六年
知縣盧均天教諭李大蘐募建明倫堂康熙二十
二年知縣馬光教諭王琳儆訓導丁象臨重修聖
殿前墻垣泮池
門柵并建官舍

無爲州儒學在錦繡溪北宋皇祐間建崇寧初徙
漕臺東尋復故址元燬明洪武初知
州王奉訓建正統初知州王仕錫增修萬曆間知
州丞志文趙範陳嘉賓相繼修葺
皇清康熙三年知州李祐之訓導曹鼎臣捐修十九
年兩廡將圮知州王國輔學正史逸孫訓導何嗣
和協力捐
募修建

巢縣儒學在縣治西宋紹熙間知縣江琯創建趙
登善繼之元季兵燬明洪武初知縣桂
廷用重建嘉靖間改建於慈氏寺萬曆中巡撫吳
桂芳過邑以舊址爲勝捐俸協助復建於故基後
知縣王寧陳倫相繼修治明末寇燬
皇清順治十四年教諭魏侯聘修葺康熙十一年知

縣于覺

世重修

六安州儒學在州治東北始建於元大德而成於

成繼至元間明洪武初知州薛敬重建王

繼之制乃備後知州何勝包弘益金山李袞相

繼增修正德間知府徐鈺更新之嘉靖間知州邵

德久歐陽德同知鄧向榮萬曆間知州楊際會李

懋檜同知劉垓先後修治明末兵燹舊制多毀

皇清順治三四年安廬道趙振業屬學正涂廷楹加

葺兩廡舊制寖燬無存康熙二十一年知州陳恭

捐俸重建學正孫謙訓導光

宏賁協力捐募建學門官舍

英山縣儒學在縣治西北元至元間知縣艮振建

燬於兵明洪武中知縣朱陵建隋贇

重建宣德末知縣賀完重修隆慶間知縣葉世行

教諭漆星大復加修葺天啟間知縣楊世祿改遷

北門外崇禎四年署縣事府訓導丁立表復改於

城內治北

皇清初知縣陳

震先修葺

霍山縣儒學在縣治東明弘治乙卯始立學知縣崔中吳霖相繼營建嘉靖十三年知縣歐紹說重修萬曆間知縣陳維翰遷於河北後知縣黃守經改遷舊址明季寇亂遭焚皇清順治十年知縣欒元魁重建

鳳陽府

鳳陽府儒學在譙樓西雲濟街明洪武十八年置國子監十九年尋改爲府建學廟景泰間知府仲閔修成化間漸就傾圮知府章銳一新其制弘治十三年知府孟俊如其制而增治之嘉靖十年制增啓聖祠建敬一亭貯六箴碑州縣悉如其制崇禎四年災於火六年知府徐世蔭創建大成殿五

楹明倫堂三楹東西兩廡各九楹東西齋房各五楹尊經閣三楹戟門外左名宦祠右鄉賢祠中泮池前大成門規制始備歲久傾

皇清康熙四年知府戴斌修葺十八年鳳廬道孫蘭知府耿繼志同知劉芳聲各捐俸大加修搆煥然俱新社學州縣皆同

鳳陽縣儒學在縣治東南洪武初建弘治間知縣潘永嘉重修規制同府而差小焉萬曆五年署縣事府通判李光前捐俸開雲路玉帶水四十二年知縣萬嗣達開泮池

皇清康熙九年戶部分司圖爾格惟聖教諭岑兆旂捐貲重修徭圯二十一年知縣丁耀祖教諭項龍章訓導張昊捐俸重建

臨淮縣儒學舊在縣治西明洪武三年知縣樂豐始建二十七年徙建於府學舊基宣德間主簿蕭本芳重修弘治間知府孟俊撤而新之嘉靖二十二年水災學宮盡圮隆慶六年知縣陳哲改天地宮舊址爲學宮萬曆十五年知縣陳民性仍遷於縣治西舊址二十五年知縣薛芳重修被燬三十三年知縣賈應龍修葺
皇清順治六年淮水衝沒知縣徐必進改卜於曲陽門外書院舊址十八年署縣事府同知郭顯功復遷聖殿於崇儒坊水溢爲患康熙九年署縣事府貽縣縣丞葛翊宸訓導尤運昌復改於聞賢門外後知縣魏宗衡勸募繼修

懷遠縣儒學在縣治東南元季燬於兵明洪武三年知縣唐蔚教諭王景章即故址創建成化十七年淮水漲溢學圮於水移建縣治東正德七年提學御史黃如金知縣李豫復移建今學嘉靖二年知縣徐玠十七年知縣商承學萬曆二十二年知縣王存敬崇禎十六年知縣莊祖誼相繼修葺明季寇燬
皇清順治十二年知縣傅鎮國教諭申詒芳加修康

熙十一年知縣于鴻漸訓導俞潛飛捐修稍復其舊

定遠縣儒學 舊在縣治西宋淳熙六年改建縣治東南後燬於兵明洪武二年知縣朱玉即舊基重建正統二年知縣沈安修弘治間知縣朱恭會大有章澤相繼修葺嘉靖三十七年知縣高鶴捐修

皇清順治十一年知縣高萬仭訓導談志仝修康熙三年知縣徐杆捐俸加修

五河縣儒學 舊在縣治東元至大間從縣治西北明洪武三年修建嘉靖間河溢傾圯十五年知縣蕭文明遷於澮河北天啓七年知縣陳善學又遷於澮濱崇禎十六年知縣王師保卜遷於城西鳴鳳岡

皇清康熙十一年知縣李雲景捐俸修建

虹縣儒學 在縣治東明洪武初建正統七年知縣何誠遷察院東汴河北萬曆二十八年知縣任愚遷於舊址稍東後知縣伍元正張鳳翼相繼重修

皇清康熙十二年知府章欽文捐俸修葺

壽州儒學唐宋並在東南元移之西淸淮坊明洪武二年知州夏侯顯修正統七年知州惠理景泰間知州王長福繼修成化間知州陳鏞建尊經閣弘治間同知董豫開學前地爲賢路題其坊曰泮宮正德間知州林僖新之嘉靖辛卯知州栗永祿大加修搆因水頹廢

皇清順治十二年知州李大升捐俸助修

蒙城縣儒學在縣治東明洪武四年因元舊基重建正統五年知縣同蠡張本相繼增修之萬曆十年知縣吳一鸞大加修葺

皇清順治十年教諭汪作霖募修康熙八年知縣竹綠猗重建戟門十二年訓導施階捐俸重修兩廡

霍丘縣儒學在縣治東明洪武五年教諭于達創建宣德五年知縣嚴敬修成化二十年知縣蕭翀萬曆三年知縣周佩天啓元年知縣鄧英相繼修葺

皇清順治九年知縣管抒素加修康熙二年知縣楊顯德十一年知縣姬之簋先後增飾

泗州儒學在州治西元至治中創建明永樂景泰中重修成化十七年知州言芳改建未就知州婁鑑畢其役正德辛巳知州汪應軫大建如舊制萬曆二十二年穎道李驥千捐俸以訓導靳朝相董其事修搆弘麗

皇清順治六年半屬水廢十一年尊經閣火俱未修

盱眙縣儒學宋時在縣治西後因兵廢元泰定間徙縣治於山城學亦徙於玻瓈門明洪武三年仍舊基重建嘉靖萬曆間修葺

皇清康熙二年知縣李時茂修十六年教諭馬士芳重修大殿圍墻十九年知縣胡應麟移築泮池

天長縣儒學舊在縣治東元季兵燬明洪武四年縣丞嚴植建於縣前十五年知縣劉道源遷於縣東城隅正統七年知縣周安成化九年知縣王哲相繼修之十三年知縣鄭仁憲重建正德十五年知縣胡大有嘉靖二十八年知縣郤時敏隆慶元年知縣楊子龍先後修葺

皇清康熙三年知縣江映鯤教諭張希哲訓導呂光盛重修

宿州儒學在州治東元至元間知州左呙建廟學元末兵廢明洪武三年知州吳彦中卽舊基重建正統初御史彭勗更新之成化間知州張翀修廟廡尊經閣建號舍及會講亭規模大備萬曆二十三年知州崔維嶽捐俸增修皇清康熙十年知州呂雲英捐修

靈璧縣儒學在縣治東元至元間縣尹李艮佑建後燬於兵明洪武二年知縣穆政因元舊基重建正統二年提學御史彭勗知縣呂琮增修成化十二年知縣孔彥麒重修弘治五年知縣陳玉萬曆四十五年知縣陳奉交相繼修葺皇清康熙十二年知縣馬驌復修之

潁州儒學宋景祐中遷於西湖上明初復建尋圮於河洪武十年徙於南城內正統間葺而新之成化間知州李溥重修嗣是相繼修葺皇清順治七年知州孫可成學正朱應昇捐修

潁上縣儒學舊在壽春門外元季燬於兵明洪武四年知縣車誠創建於縣治之東十

八年縣丞孔克暘重修成化十年御史鄭節度學隙地拓之嗣是知縣李時儀曹琦魏頌廖自顯相繼修葺隆慶元年知縣郁言概移上南數十丈雖甚盛舉而人文不逮嘉隆以前矣萬曆二十年知縣黃蘭芳加修

皇清順治十年知縣鮑弘仁重修

太和縣儒學在縣治東南明洪武五年知縣馬艮因元舊基重建崇禎四年教諭朱綄鎮建尊經閣

皇清康熙十一年知縣陳虞化訓導汪則大重修

亳州儒學舊在州治東元至元間阿里海牙建後燬明洪武三年因故基創建宣德十年知縣陳温增修天順六年知縣鄧昱建大成殿成化九年知縣王瓘建明倫堂弘江十四年知州王沂因縣改州瀾大其制正德十六年遷於州治西南嘉靖二十七年知州張獬開正南神道題其坊曰文明

皇清康熙十九年知州唐協同師生重修大殿

徐州

徐州儒學在城東北隅去州治百步至正十一年燬於兵明洪武三年知州文景宗重建今地景泰間知州楊秘宋誠繼修之天順六年知州王敘重建廟廡易欞星門以石成化十年知州陳廷璉建正堂齋閣及泮橋射圃正德初副使栁尚義增置號舍嘉靖十年制增啓聖祠建敬一亭貯六箴碑縣如其制十三年知州魏頌重修後河決浸圮隆慶三年知州章世禎白於總河翁大立請以戸部所轄永福倉址相易改建五年劉順之相繼大葺副使馮敏功協力助工萬曆四十四年副使袁應

泰移建左衛舊址崇禎九年廟火十六年兵道何騰蛟遷建聖廟於東察院及明倫堂櫺星門泮池皇清順治七年兵道胡廷佐倡修知州余志明學正譚學準訓導蔡尚廉共助成之規制始備 社學縣同

蕭縣儒學 在縣治西南隅宋舊址在西北隅紹聖間徙置城東元至正間湖水衝激其右縣令耶律廷瑞卜建於河西元末燬明洪武初主簿劉瑜重建正統十三年知縣栁新改造文廟正德十六年巡按御史甯欽徙建今址萬曆五年黃流橫決城沉廟燬知縣伍維翰遷於邑創建廟學於縣治之東四十六年知縣蕭學儼復還於縣治之西南

碭山縣儒學 舊在縣治西北宋元祐間遷東北隅元大德十一年縣尹楊泰創建於漢高祖廟故址明永樂四年知縣郝玘重建正統五年知縣杜釗遷於學左嘉靖四十一年河決學圮

隆慶間知縣戴偉王廷卿相繼修建萬曆間知縣尚誠以東洿下又易西華池北二十六年知縣熊應祥改遷今址崇禎五年知縣姚來瑨建大成門

豐縣儒學

舊在縣治東至正間知縣郭瑄建尋燬於兵明洪武六年知縣曾本重建宣德後知縣闞膺張昇相繼增修旋水災正德十五年知縣裴爵復建嘉靖五年又没於水知縣高祿徙建於華山三十一年知縣徐蕡復還舊縣建於縣之西北三十九年知縣胡義心又改遷縣治東南規模始備

皇清順治二年知縣閻珞教諭陳彛訓導江能容修

沛縣儒學

舊在河東泗亭坊宋靖康中燬金大定初徙建河西元至正間復燬明洪武初知縣黄忠信重建永樂間知縣常瓘增葺嘉靖八年河決學毁知縣王治易龍泉寺址改建四十四年河水衝決尋圮萬曆二年知縣劉順之捐俸鼎新

滁州

滁州儒學在州治東舊在子城內宋景祐間遷於此元圯明洪武三年奉詔重建永樂初加修廟廡堂齋橋門射圃咸備嘉靖十年制增啓聖祠建敬一亭貯六箴碑縣如其制嗣是先後修葺

皇清康熙十六年知州趙清楨捐俸復建聖廟二十年復同訓導湯調鼎各捐俸建明倫堂魁星閣門廡堂舍煥然一新　社學縣同

全椒縣儒學　舊在縣南宋崇寧間縣尹王愈卜地於治東正德七年提學御史黃如金因學基湫隘乃卜地於白雲菴命邑令潘倧遷建廟制年久俱頽

皇清康熙二十一年知縣王作舟教諭施鼎曾訓導朱紱各捐俸協力修葺

來安縣儒學在縣治東南建自宋崇寧間明洪武十四年重建成化弘治間相繼修葺

和州

和州儒學舊在橫江門外宋開禧安撫耿與義重修元末燬於兵明洪武初遷州治東南隅叅軍郭景祥知州張純誠重建永樂初吏目張艮輿改造明倫堂宣德中知州黃恕同知蘇紳董錫繼作廟廡堂齋橋門射圃正德中知州孔公才建尊經閣嘉靖初知州易鸞成之嘉靖十年制增啓聖祠建敬一亭貯六箴碑縣如制後判官王朝用改遷百福寺萬曆間知州郭繼芳復遷故地

皇清順治初知州盧汝鶡卜州同知舊署益以廢衛之半改建新學近復傾頹知州夏瑋倡修學正羊世澤董其成竝新啓聖祠於尊經閣之東南規制大備

社學　縣同

含山縣儒學　舊在崇儒坊東宋崇寧始創元初縣尹榮克讓重修燬於兵明洪武間知縣王均美因舊基建焉成化間知縣葉繼善卜安國寺基遷學於城南萬曆元年袁伯鑰修葺皇清順治十三年知縣黄鼐捐募修葺康熙二年知縣范禎復新尊經閣

廣德州

廣德州儒學　宋天聖中司理范仲淹建於州治北治平中錢公輔遷於州東南隅後湮於兵火紹興

初知廣德軍洪興祖重葺元偰文質擴而新之明
洪武二年同知趙有慶重建廟廡堂齋咸備焉永
樂九年知州楊瀚廓舊址鑿學河成化十年知州
周瑛遷明倫堂築萬桂山十六年判官王璽多所
修建嘉靖十年制增啓聖祠建敬一亭貯六箴碑
縣如其制久之明倫堂啓聖祠俱圮
皇清順治七年操撫李日芃兵備道袁仲魁捐俸修
之康熙六年知州楊苞重修完固視昔有加社學縣同
建平縣儒學在縣治東宋建兵燬紹興間郡守洪
興祖重建後縣尉趙善與知縣章一
璧繼修明洪武間知縣宋禮新之正統間知縣李
觀正德間署縣判官況聦嘉靖間知州鍾振知縣

高常萬曆間知州張嗣誠知縣潘桂向蕚輝繼葺
皇清康熙四年知縣李景燦復建戟門欞星門

貢院書院

貢院在江寧府秦淮上縣學之東中有樓曰明遠堂曰至公左右爲監臨提調院列以謄錄對讀供給諸所前東西文場號房數千間堂之後有池架梁於上曰飛虹橋之北有簾門後又有堂七間中三間爲衡鑑堂左右各二間爲主考官燕室左右披皆有屋爲五經同考官住室前有寫榜刻刷內廚諸所明隆慶初都御史盛汝謙購隙地繚以土垣四圍巡警外設公館及羣舍以備供餼江寧府領之

明道書院在江寧府鎮淮橋東北宋淳熙初留守劉珙以明道程先生顥爲上元簿祀之學宮淳祐間吳淵依白鹿洞創建理宗賜明道書院額元廢明嘉靖初御史盧煥即今址爲書院祠祀焉
皇清康熙六年知府陳開虞同推官謝銓倡修復舊制

南軒書院在江寧府天禧寺方丈後本宋南軒先生張宣公講習之地眞西山先生

建祠祀焉至元中遷城東大德元年創建祠宇今廢

昭文書院在江寧府湖熟鎮梁昭明宴遊之地有太子東湖讀書臺宋咸淳中方拱辰扁曰昭文精舍元至元中定額昭文書院今廢

文昌書院在江寧府學成賢街原國子監文昌閣也明萬曆間助教許令典創建皇清順治十七年學博朱謨同學生白夢鼎等重修建坊申請額曰文昌書院

新江書院在江浦縣南祀定山先生莊杲南京禮部尚書湛若水建

學道書院為吳公言偃立初在蘇州府城東北隅宋元舊址皆廢明嘉靖二年知府胡纘宗因景德寺作書院祀公於堂其後為絃歌樓兩廡各五十楹扁曰東南鄒魯

文正義庄在蘇州府雍熙寺後宋咸淳間立祠以祀范文正公元至正間改祠為書院舉其族之嫡嗣奉祀明成化間重修皇清康熙十二年布政使慕天顏浙江巡撫范承謨重修

鶴山書院在蘇州府南宮坊南宋參知政事魏了翁之賜第也理宗親書鶴山書院四字明更為巡撫行臺嘉靖九年知府李顯新

建公祠於左　金鄉書院在澹臺坊內宋贈澹臺子羽爲金鄉侯故名嘉靖五年胡纘宗建有正大堂分翼左右廡庭中有兩亭　和靖書院在長洲縣內宋尹肅公焞讀書虎丘西菴題齋曰三畏端平間立書院後廢嘉靖初知府胡纘宗以龍興寺復改爲書院　三立書院在長洲縣虎丘山祀宋明諸先儒　玉峰書院在崑山以山西巡撫都御史蔡懋德配之　文學書院在常熟縣山馬鞍山南麓先儒狀元衛涇藏修於此趙孟頫書額　醋庫橋東元至順間巨室曹善誠建以祀吳公子游萬曆三十四年知縣耿橘重建於縣治西北爲虞山書院後堂奉吳公像顏曰南方精華天啓中毀崇禎六年後裔有言福言㤗恂如請於知縣楊鼎熙建有本學道二　虞溪書院明弘治間知縣計宗道建於常熟堂　養賢書院在常熟縣學讓德堂曰　縣阜城門外殿橋西祀虞仲顏其明倫堂西　九峰書院在松江府國朝康熙四年督糧道參政盧　海防同知魯超特設講學知縣李璞捐建

江府治西邑人衛謙建後趙驥以宋李綱生於華亭祀綱於此

扶風書院在松江府東百步皇清康熙二十一年郡紳王廣心許纘曾等公建知府魯超延郡博陸在新開講習於此以淑郡之英俊

道南書院舊在常州府朝京門內宋楊龜山先生嘗監本州市易務因講道焉紹熙初知府黃灝始立祠尋燬於兵明正統間知府葉蓁郎西山公館塑公像與蘇東坡合祀名二賢祠明嘉靖初徙毘陵驛於朝京門外即驛址建祠專祀龜山先生因名此

東林書院在無錫縣內宋楊龜山先生講學處久廢正德間復建又廢督學聞人銓與復之

延陵書院在江陰縣順化坊舊為公館明知縣李元陽設延陵季子位於中以祀之改今名

馬洲書院在靖江縣南門外知縣陳函輝建集諸生會課於中

淮海書院初在北固山鳳凰池淳熙中太常少卿龔基先創建宋理宗御書四字賜為額元至元中為甘露寺所併元貞元年教授黃一龍重建於儒林里明初併入學崇禎十四年知

府鄭一岳創建於故址改名香山書院

皇清順治五年知府趙士晃增修樓舍更其名爲三山書院十一年以後遂爲駐鎮軍府

清風書院在丹徒縣壽丘山宋范文正讀書處明正德十五年知縣李東郎其地建書院

仰止書院在淮安府城東南督撫名臣祠內

甘泉書院在揚州府東門外天寧寺東明嘉靖間湛若水過揚講學於此後御史朱廷立知府易贊爲建書院御史聞人銓徐九皐知府侯秩增修之

安定書院在泰州治東提舉陳垓創於方洲泰山之間以祀安定胡先生瑗歲久慶成化間提學陳選塑像儒學中婁謙遷於小西湖上弘治五年判官方岳移今地有祀堂三間經義治事二齋嘉靖間知府王臣重建

培原書院在安慶府儒學東

皇清順治壬辰年操撫李日芃創建後巡撫靳輔及康熙二十年部院徐國相大加修葺集郡邑生講學於其中

山谷書院在懷寧縣儒學前明知府胡纘宗撤建佑聖觀之西僧庵之後燬於

兵

皇清順治九年山谷後裔推官黃敬璣重建　紫陽書院在徽州府城南門外宋理宗書額元燬明凡再遷正德中知府改建於紫陽山中肖文公朱熹像後立韋齋祠御史聞人銓立石坊曰道學淵源　籍山書院在南陵縣治東北因山爲石臺知縣沈堯中建

皇清康熙八年知縣屈升瀛重修　李白書院有四一在貴池苦竹嶺一在青陽九華山化成寺西斷碑存焉一在銅陵五松山一在石埭杉山　池陽書院在池州府城西北隅

皇清康熙二十年知府喻成龍新建集六邑諸生肄業於其中　陽明書院在青陽化城寺爲新建伯王守仁建　天門書院在太平府大信鎮宋淳祐間陳塏建理宗書額內有濂溪明道伊川橫渠晦菴南軒東萊七賢祠　孝肅書院在廬州城南濠內舊名香花墩明弘治知府宋鑑建嘉靖中御史楊公瞻重修於南岸建屋數楹以居其子孫焉　青陽書院

在合肥縣東六十里巢湖之上**毛公書院**在盧江縣東北因山爲名余忠宣公讀書處

七十里明嘉靖初知縣周艮會**武陟書院**在六安州西五即漢毛儀讀書處故址建之

十里宋焦炳焦**懋中書院**在六安州城北壇前明煥常讀書於此嘉靖間州守歐陽德建聚諸生講學於中

崇聖書院在盱眙縣第一山昔孔安國爲臨淮守創立書院有先聖燕居殿今玻璨

西湖書院在潁州西湖之南宋歐陽修守潁時樂其風土泉地是其遺址

景濂書院在來安縣南門外周卿及致仕復築室於此後圮於河周海門承濂洛之統倡明新建艮知之學士翕然宗之萬曆十六年知縣周之冕特創集諸生講學於其中

江南通志卷之第二十八終

江南通志卷之第二十九

選舉

東南人才之美由來尚矣自漢高入關匡扶大業多出沛豐而勝國起濠州羽翼功臣封公侯者二十餘輩皆南產也是固際會之適然然而數百年來名卿碩輔項背相望亦何嘗不從科目致身哉

我

興朝立賢無方釣渭耕莘青雲咸可自致而闢門之求猶於糊名易書加意者蓋必令野無遺賢而後愉快也彼熊羆貔虎之入彀又奚異焉志選舉

薦辟

漢

高帝 朱建 廬江人拜平原君

景帝 文黨 舒人郡縣薦舉

武帝 朱邑 舒人舉孝廉官北海太守 嚴助 吳人舉賢良官會稽太守

兒寬 太和人官至御史大夫

宣帝 陳萬言 宿州人丙吉薦官至御史大夫 薛廣德 宿州人蕭望之薦官御史大夫

元帝 陳咸 宿州人累官冀州刺史

哀帝 嚴詡 石埭人潁川太守

東漢

光武　包咸　曲阿人舉孝廉官至大鴻臚　桓譚　宿州人官議郎

明帝　許武　宜興人舉孝廉官長樂少府　許景　宜興人武弟

許荆　宜興人舉孝廉武弟　顧綜　吳人舉有道官尚書令

許普　宜興人武弟

章帝　張酺　太和人官至司徒　周榮　廬江人舉明經官山陽太守

方儲　東鄉人洛陽令　周暉　廬江人洛陽令

安帝　周興　廬江人舉孝行官尚書令

順帝　周景　興子官大司空　周崇　廬江人甘陵相

桓帝　劉瑜　廣陵人舉賢良方正　范滂　太和人以孝廉按察冀門

吳奉　廣陵守張戴舉孝廉　陸康　吳人舉茂才武陵廬江太守

周忠 廬江人官至太尉　嬀覽 吳人太守盛憲舉孝廉

靈帝　徐璆 廣陵人辟公府　陳衰 廬江人司空

戴員 吳人太守盛憲舉孝廉

三國

魏　陳琳 廣陵人軍諮祭酒　徐淑 廣陵人舉茂才

陳矯 廣陵人仕至尚書　徐宣 廣陵人辟掾屬

何楨 廬江人光祿大夫

吳　周瑜 廬江人封都鄉侯　魯肅 泗州人周瑜薦

呂衡 太和人前將軍　張紘 廣陵人舉茂才

呂岱 海寧人署錄事　陸績 吳人孫權辟爲奏曹掾

陸瑁 華亭人公車徵拜議郎　韋昭 雲陽人官至僕射侍中

華覈 丹陽人　周魴 宜興人舉孝廉

高岱 無錫人舉孝廉　高彪 無錫人舉孝廉除郎中

晉

武帝 劉頌 廣陵人辟府掾　華譚 廣陵人舉秀才

陸禕 華亭人宿衛郎中　徐邈 京口人官至驍騎將軍

徐廣 京口人封樂成侯　張緒 吳人領國子祭酒

惠帝 張翰 齊王冏辟爲大司馬東曹掾

元帝 何充 潛人中書兼錄尚書事　戴淵 廣陵人舉孝廉

陸機 華亭人楊駿辟爲祭酒　陸雲 機弟年十六舉孝廉

劉惔　宿州人丹陽尹　陸曄　吳人開府儀同三司辟爲祭酒

陸納　吳人僕射尚書令　何準　潛人淮南内史

韓績　廣陵人辟司徒掾不就　何暉　皖人豫州刺史

戴邈　廣陵人淵弟舉秀才　何融　皖人大司空

蔡洪　吳人松滋令

明帝　周玘　魴孫舉秀才封烏程縣侯　周札　魴孫舉孝廉封漳浦亭侯

何惔　皖人南康太守　高嵩　廣陵人辟秀才

杜晏　潛山人蒼梧太守　何敞　皖人安豐太守

孝武　何無忌　丹陽人舉太學博士　何琦　皖人涇縣令

杜援　皖人高平相　何澄　潛人左僕射録尚書事

何叔度潛山人尚書　劉毅沛人封南平郡公

臧燾京口人尚書郎

恭帝劉粹蕭人辟從事

南北朝

劉宋何邵之潛山人員外散騎常侍　劉簡之彭城莒人官參軍

劉獻宿州人秘書郎　劉穆之丹陽人官左僕射

丘巨源蘭陵人舉孝廉官太守　劉延孫彭城人位侍中

何尚之潛人左僕射錄尚書事　何偃潛人吏部尚書

何楷潛山人侍中　何子平潛人海虞令

南齊高爽廣陵人舉孝廉　顧憲之吳郡人官建威將軍

蕭　景　丹徒人永寧令
何佟之　潛人尚書左丞
何　戢　潛人吏部尚書
何昌寓　潛人吏部尚書
臧　嚴　京口人錄事參軍
陸　厥　吳人舉秀才
張　率　吳人舉秀才新安太守
劉　勰　京口人官通事舍人

梁

何敬容　潛人左僕射錄尚書事
蕭　琛　南徐人光祿大夫
陸　倕　華亭人年十七舉秀才大中正
陸雲公　吳人舉秀才黃門侍郎
蕭眎素　丹徒人任丹陽尹
徐　勉　京口人官吏部尚書
何　尊　潛人大中大夫
何　炯　潛人治書侍御史
顧　協　吳人舉秀才官散騎常侍
蕭　介　丹徒人官尚書
蕭　允　丹徒人官太子洗馬
蕭　洽　丹徒人臨海太守

臧盾 京口人吳郡太守

何之元 潛人軍諮祭酒

陸琰 吳人舉秀才散騎常侍

陸介 吳人舉秀才中書舍人

陸琛 吳人舉秀才中書舍人

陸瑜 吳人舉秀才太子洗馬

蕭乾 蘭陵人舉明經官黃門侍郎

唐

太宗 歸登 吳人舉賢良累官至尚書

蕭德言 京口人封武陽侯

潘晃 廣德人舉孝行官本縣令

高宗 張承休 崑山人舉賢良

胡楚賓 貴池人以右史詔譔禁中

康駢 貴池人由領薦爲中書舍人

陸元朗 蘇州人舉明經封吳縣男

丁公著 吳人舉明經太常卿

朱佐日 吳人舉制科

陸璪 吳人舉明經封平恩縣男
陸餘慶 吳人舉制科太子詹事

中宗

李邕 江都人名拜左拾遺
張從師 長洲人舉秀才河南法曹參軍
陸元芳 吳人以八科舉官同平章事

睿宗

陸象先 吳人舉制科吏部尚書

元宗

錢起 吳人舉明經

代宗

陸贄 吳人舉拔萃

德宗

權德輿 京口人仕至尚書同平章事
戴叔倫 鎮江人官至營管經略使
顧師閔 吳人舉拔萃官參軍

敬宗

庾準 武進人舉孝廉贈工部尚書
孫處元 潤州人仕至左拾遺
殷文珪 貴池人朱全忠辟之不就
陸質 吳縣人舉明經

五代

梁

楊師厚 太和人仕至節度使　何　愜 盧江人官刺史

宋

太祖

夏乾錫 貴池人樊知古薦　杜　鎬 無錫人舉明經仕至禮部侍郎

許　遜 祁門人官知府　楊　居 宣城人舉明經行修

張　巨 武進人舉明經　呂元亮 華亭人以布衣被名賜第

李熙靖 武進人舉明經仕觀察推官

太宗

崔希甫 高郵人薦舉官御史　程　源 貴池人辟官將作監丞

呂仲漢 旌德人官開封尹　胡天啓 績溪人以薦辟官轉運使

詹　初 休寧人以薦授國子錄

仁宗

曹　平　江陰人賜同三禮出身

胡　瑗　如皋人薦試秘書省校書

汪世賢　休寧人授武翼大夫

齊天覺　青陽人以薦官僉判

檀宗益　建德人以上書授國子學錄

英宗

蔣之奇　宜興人舉賢良方正

崔公度　高郵人薦舉

米　芾　丹徒籍襄陽人仕禮部員外郎

焦千之　丹徒人官縣令

胡天瑞　績溪人舉明經官太守

胡稷言　太倉人以特奏官山陰丞

張方平　揚州人舉賢良方正

樊若水　貴池人以特用官河北轉運使

吳六一　貴池人官大理評事

葛　武　江陰人賜五經出身

朱仙民　江都人以薦補四門助教

宋惠直　當塗人贈少師

盛天覺　吳江人官編修

甯子武　青陽人官知縣

葛中須 江陰人舉明經　孫安民 江陰人舉明經官從事郎

神宗 秦觀 高郵人登第後舉賢良　夏噩 貴池人以薦中才識兼茂才科

姚元龍 宣城人薦官博士　呂士元 江都人舉明經歷四縣令

鄭進 英山人舉文行官同知平章事　葛湘 績溪人以薦官屯田郎中

歸罕仁 太倉人湖州判官　呂椿 旌德人官大理少卿

李茂實 吳縣人九歲舉童子科　吳份 涇縣人官縣令

程希尹 休寧人授轉運司幹　程珹 貴池人以辟官通判伊川後

程桂 青陽人官承奉郎　陳詵 貴池人官大理評事

哲宗 趙廸之 廣德人官通判　蔣瑎 之奇子舉明經元祐進士

凌卓 涇縣人舉廬江主簿　王夢聲 太倉人秘書省檢閱

左　椿涇縣人歷翰林直閣　楊紹雲吳江人禮部侍郎

鄭顯文歙縣人舉經官教授　胡　麟歙縣人舉明經官本學教諭

李　敬貴池人舉明經官知縣　趙必鑛常熟人海州軍推官

俞　疇婺源人以恩授官司戶　張　宋績溪人官秘書省校書

李德由徽州人以擒賊功舉官監司　趙圭之廣德人薦爲朝奉郎

呂伯奮崑山人舉童子科　呂仲堪崑山人舉童子科

斤　慕常熟人承議郎　劉公厚吳縣人年八歲舉童子科

徽宗孫　覲武進人舉詞學官將仕郎　胡交修武進人舉詞學官文林郎

慕容彥達宜興人舉弘詞崇寧進士　陳　序金壇人以薦官節度判官

褚　中武進人舉博學弘詞

高宗 劉大中 舉明經行修官吏部尚書　石悉 蕪湖人任州幕

趙公源 廣德人司理參軍　周麟之 武進人官兵部侍郎

呂嗣恭 旌德人授知東平府　呂山 休寧人以薦官宣州通判

陳永忠 銅陵人官助教　金文藻 休寧人以薦官王府學諭

趙艮 常熟人官修職郎　張寘 績溪人授江東提舉

方彥忠 建德人官採訪使　趙磻老 吳江人官工部侍郎

孝宗 吳邦翰 宜興人舉明經進士　盧瑞夫 吳縣人年十歲舉童子科

吳永年 歙縣人舉賢良方正官司戶　邵全 休寧人舉文學官提舉

劉遇孫 吳縣人年九歲舉童子科

光宗 昌森 涇縣人官知州　卬肖翁 常熟人平江路教授

戴宗禮　績溪人授大理評事　施梓人　青陽人官教諭

寧宗

龔頤正　和州人官秘書丞　汪　昡　績溪人官建德縣尉

胡大年　休寧人官兵馬都監　王俊乂　如皐人以太學上舍擢第一

江資深　婺源人舉明經官教諭　章　楠　青陽人官通判

理宗

鍾世美　旌德人官至諫議大夫　呂用聞　旌德人官安撫叅議

余安行　宜興人舉賢良官中書　汪汝則　旌德人官奉直大夫

度宗

包天麟　江陰人舉博學弘詞　楊　通　徽州人舉賢良方正官叅軍

王　直　婺源人太學錄　陳嘉言　貴池人以特用官大理評事

張舜韶　休寧人舉賢良官通判　施　彪　青陽人辟授輔國大將軍

胡崇祖　休寧人舉通經官臨江僉判　章遇孫　青陽人官安撫使

陳　煩青陽人官承奉郎　張坦然婺源人官知縣

程　賢休寧人舉文學官同知　張　恒婺源人舉明經

元

世祖

蔣禹玉宜興人舉儒士杭州學錄　吳　覺宜興人舉儒士蘭溪判官

彭好古江都人授達魯花赤　仇自堅歙人舉文學官揚州路學錄

徐康年銅陵人授秘閣修撰　俞　琰吳縣人授學錄不就

左銓義涇縣人仕翰林直閣　汪　溥旌德人九江廉訪副使

顧　信崇明人龍興路錄事　黃應祈祁門人舉文學官國子學諭

李　讓穎上人官副使　顧巖壽金壇人官推官

邢國傑當塗人舉茂才贈婺源同知　郭　登江陰人舉文學官教授

姚中玉　旌德人薦授湖東提刑
吳惟誥　江陰人舉秀才除書院山長
邢　岳　當塗人舉茂才岳州路守
曹　俞　金壇人官教授
倪水西　涇縣人本路儒學教授
陳雷復　貴池人歷官秘書郎
孟　潼　無錫人舉茂異官松江判官
吳伯川　江陰人舉才德官知州
姚　謙　旌德人薦仕本縣尉
王　珪　潁州人官監察御史
蔡廷秀　松江人薦擢江西行省
孫雷雲　太平縣人舉人材
章子振　祁門人以功授縣尹
施廷用　歙人舉文學官理問知事
楊　晉　歙人舉明經大都教授
葉永茂　常熟人海曹萬戶
劉　錫　南陵人寧國推官
汪震孫　涇縣人建康書院山長
羅　綺　歙人舉文學官祭酒
鄭伯高　合肥人舉文行官教授

梁道祐 寶應人仕至戶部尚書

朱文德 太倉人太尉府長史

倪印心 績溪人官縣尹

徐庭芝 銅陵人授書院山長

陳雷益 貴池人以特用官秘書郎

盛　麟 吳江人錢塘尉

俞用中 婺源人河南府尹

成宗

俞師魯 婺源人舉茂才異等

趙同麟 常熟人富州知州

賈餘慶 臨淮人以才行官縣令

汪叔寶 旌德人以人材授縣尉

龔　璛 吳縣人儒學副提舉

湯炳龍 京口人官提舉

汪　倜 嚴州人任婺州路判錄

許　恕 江陰人舉文學

陸　友 吳縣人辟不就職

徐仁榮 吳江人翰林編修

程　晁 歙人舉明經官知縣

葛　泂 滁州人薦授教授

傅洪 建平人以人材官知縣

李浩 金壇人舉高行官提舉

袁遵道 豐縣人封汝南郡公

施文勝 太倉人中奉大夫封吳典侯

吳原悳 宣城人官侍郎改宣慰使

朱文英 太倉人人濟寧府同知

方元善 歙人舉賢良方正官教諭

劉江 寶應人任南省院判

泰定

晁顯 廬江人舉賢良

李榮甫 合肥人以人材薦官太守

張經 金壇人以薦官知縣

許應初 宜興人舉茂異官知縣

曲出 江都人授達魯花赤

丁漢仁 青陽人官教授

李仁澤 建德人以薦官主簿

戴鎡 績溪人舉明經官學正

謝元俊 吳江人判官

陳坦 江陰人舉文學官知縣

呂中峯 涇縣人池州教諭

呂養正 旌德人舉儒士揚州教授

俞希魯 京口人官同知
宋仁輔 江陰人舉文學
章君祥 江陰人舉文學官學錄
張用慶 涇縣人鎮江路學正
汪孔昭 歙人舉賢良方正官提舉
夏侯尚元 松江人趙孟頫薦官伴讀
潘世美 華亭人以御史薦從征死事
吳諫 泰州人兵部都轄
顧信 太倉人軍器局提舉
陳良弼 宣城人嘉興路教授
宋尹文 太倉人翰林典籍
胡愿 銅陵人任寧國路判官
羅得春 銅陵人官知縣
劉炎 寶應人官承務郎
程文貴 休寧人以薦官提舉
范文英 蘇州人教授
張祈 績溪人教授
周榮甫 歙人舉明經官都司
高斗 績溪人舉明經官教諭

董　蓄宜興人舉茂才不就　吳顯卿泰州人提舉司

順帝

崔天德吳江人金玉局副使　湯有游廣德人以人材提舉

劉　岳吳縣人建昌路總管　戴仲本績溪人官州判

顧阿瑛崑山人辟不就職　楊　申歙人舉人材官都提領

趙艮慶建平人舉明經官教諭　李　鎮金壇人舉求賢官提舉

章夢賢貴池人以孝友薦不就　鄧隱儒建德人官本路學正

施應先青陽人官主簿　胡初翁婺源人舉本路考試

潘貴誠建平人舉明經官教諭　王昌孫建平人官教諭

謝　莘吳江人紹興學錄　胡　鼎績溪人官大使

施必大涇縣人本學教諭　蔣宗元歙人舉德行官泰州務使

鄭紹祖 歙人舉文學官經歷　于景隆 祁門人舉儒士官教授

史有裕 建平人官務大使　郎文韶 貴池人以特用官府同知

明

洪武

陳遇 江寧人授尚書不拜　秦從龍 丹徒人

高啓 長洲人官至戶部侍郎　周保 句容人舉懷才抱德官知縣

申屠衡 長洲人官修撰　楊基 吳縣人仕至按察司

阮弘道 滁州人官參政　張詢 上海人舉才德官知縣

張諤 上海人舉才德官僉事　杜環 上元人舉儒士官太常丞

王正 豐縣人以宋濂薦官知州　馬世熊 臨淮人辟官營田使

李敏 潁州人由辟舉仕至工部尚書　沈度 華亭人以薦官學士

阮之鈿桐城人舉賢良方正官知縣　詹同婺源人舉茂才異等戶部尚書

李汶當塗人舉賢良方正官編修　蔡淵江都人以人材累官運使

張羽吳縣人官太常寺丞　張汝霖江都人以人材官參政

王克讓舒城人舉賢良方正官少卿　滕德茂吳縣人仕戶部尚書

端木孝溧水人舉儒士官翰林待詔　顧禮崑山人仕至刑部尚書

趙文長洲人官員外　秦約崑山人舉文學

余熑崑山人仕至吏部尚書　沈粲華亭人以薦官少卿

宋通長洲人舉賢良不赴　欒世英潁州人由辟舉官布政

顧文昱嘉定人官知州　范準休寧人

端木孝思溧水人舉儒士官員外郎　宋騏吳縣人吏部左侍郎

張椿 宣城人以薦官知縣　李徵 山陽人以辟召官至兵部尚書

浦源 無錫人舉求賢官舍人　楊泰 山陽人以辟召官至刑部侍郎

朱堯 吳縣人官府同知　東清 丹徒人官知縣

安然 潁州人由辟舉官起居注　洪毅 建德人官僉事

黃憲一 建德人官知州　何元善 東流人以薦官知縣

蘇永清 青陽人以人材官運使　張紳 貴池人以薦官僉都御史

陳尚賢 貴池人以薦官府同知　左慈 石埭人以薦舉官知縣

丁禮 丹徒人官知府　何淵 丹徒人官至太常卿

王信 江都人以人材官知縣　李鴻漸 江都人舉文學官至刑部尚書

曹子純 歙人官知縣　朱升 歙人舉文學官至侍講學士

宋
溥宜興人舉明經官御史　張以忠宜興人以才能官知縣

陳
晟江陰人舉明經官御史　包尼援江陰人舉明經官府同知

孫
鎮合肥人舉秀才　王均玉舒城人舉孝廉官主事

謝
琛南陵人舉賢良官參政　徐
行南陵人官郎中

黃立恭滁州人以薦辟官至工部侍郎　樂韶鳳全椒人官至祭酒

尹
艮和州人官漕運使　顧
彧上海人舉明經官至侍郎

范
常滁州人官至大學士　樂吟鳳全椒人以辟舉官知府

陳崇巖和州人學明行修官布政使　金思誠上海人舉明經官至大學士

沈景惠廣德人以人材官知縣　王廷輿廣德人以人材官府同知

趙讓益廣德人官知縣　李
郁南陵人以楷書官郎中

沈伯聞涇縣人以人材官知縣　洪　秉旌德人舉賢良官御史

史達之旌德人舉賢良官知府　馬叔芳廣德人舉儒士官御史

許　章華亭人舉秀才官大理評事　蔣　臣桐城人官主事

端木以善溧水人舉明經官至尚書　胡子達太湖人官知縣

吳普隆宿松人官布政　夏　煜廬江人舉文行官博士

劉　鉉巢縣人舉明經官御史　白　濵六安人舉文行官知縣

金仲旻霍山人以人材官知縣　汪　義無爲人舉耆老官大理評事

樂仲禮英山人舉孝廉官知縣　程希賢英山人舉秀才官推官

吳　鏞鳳陽人由監生官員外郎　沈士溫臨淮人以薦官右布政

湯友恭淮遠人以薦官左都御史　王可宗溧陽人舉孝廉官知縣

張銘善江寧人官至吏部尚書　周時仲江寧人官至吏部尚書

張文昱句容人舉明經官至侍郎　尤仁上元人舉明經官翰林博士

王興宗上元人舉儒士官知府　章民常熟人官知州

陳常常熟人官給事中　張智常熟人官主事

宋麟吳江人官知府　張士彬山陽人以薦官按察使

李文鹽城人舉儒士官知縣　梁時長洲人官翰林典籍

張適長洲人以宋濂薦官郎中　沈應長洲人官參議

殷箕崑山人官推官　項篤長洲人官郎中

楊性崑山人官知州　歐陽性吳縣人官至戶部侍郎

王鑄吳縣人都督府斷事　王大用嘉定人官推官

朱景明 廬江人以人材官僉事　陳則 崑山人官至吏部侍郎

鄭閎 嘉定人官郎中　王楫 廬江人以人材官知府

商盤 舒城人以薦官至御史　計伯貞 華亭人舉秀才官儀禮司副

王可用 鹽城人舉賢良方正官布政　竇德建 吳江人官禮部侍郎

史子振 吳江人官知縣　喬榮甫 清河人官通判

湯子漢 清和人官知縣　沈政 鹽城人以人材官知府

劉景新 涇縣人舉明經官主事　史文 鹽城人以人材官御史

孫原善 安東人舉懷才抱德官知府　劉子京 涇縣人以人材官觀察使

劉永 如皋人舉茂才官僉事　李敬 通州人舉明經官至尚書

甘霖 高淳人舉才優德贍官布政　吳艮 句容人以耆老官知府

高　昂　南陵人以人材官給事中
昝中玉　通州人以人材官叅議
劉　楧　高淳人以臺舉官知縣
張　珩　舒城人以薦官府同
錢　廸　南陵人官知縣
繆　元　溧陽人舉明經官紀善
胡均賢　石埭人以薦官員外郎
楊　鈁　巢縣人以人材官運同
徐天慶　句容人以耆老官通判
孫伯玉　句容人以耆老官知府
王宗景　宜興人以人材官知府
曹　敏　南陵人以薦官通判
曹昌齡　金壇人舉儒士官知縣
毛　節　武進人舉三老官巡按御史
王　謙　武進人舉文學官太常少卿
陶　本　當塗人舉明經官四川行省
竇　松　潁州人由辟舉官御史
楊　集　當塗人舉賢良方正官同知
陳　洽　武進人舉秀才官至兵部尚書
李士賢　廬江人舉明經官知縣

李　翰　潁州人由辟舉官御史　陳擇善　安東人舉懷才抱德官御史

丘　擴　武進人舉講論治道官僉事　王　斌　當塗人舉秀才官知縣

陳子翀　廬江人舉明經官知縣　汪仲魯　婺源人舉賢良官春坊司直郎

程以忠　績溪人官知縣　江道全　婺源人舉明經官副使

汪再壽　休寧人舉人材官通判　傅至美　丹陽人舉耆老官按察副使

許伯昇　歙人舉聰明正直官知府　吳祖相　歙人舉人材官御史

金彥清　休寧人官府同知　盧　熊　崑山人官知州

胡惟靖　太湖人官府同知　朱　顒　江陰人舉才能官至吏部侍郎

朱　吉　崑山人官僉事　徐　敏　宜興人舉人材官通判

楊　英　崑山人官知府　薛　復　江陰人舉懷才抱德

張信中　合肥人舉秀才官御史
畢承觀　太湖人官知縣

楊晟　宜興人舉人材官通判
曾受　太湖人官府同知

潘璽　宜興人舉人材官府同知
胡拱辰　舒城人舉孝廉官知縣

貢宗本　丹陽人舉人材官僉事
鄧弘　江陰人舉正直官知縣

汪宗　旌德人應詔官知縣
程嘉禎　合肥人舉人材

楊敬　上海人舉孝廉官參政
譚松　旌德人以人材官府同知

施明之　廣德人以人材官主事
管訥　華亭人舉秀才官長史

馬黼　上海人舉秀才官紀善
董紀　上海人舉孝廉官僉事

許昇　上海人舉孝廉官副使
石經　廣德人舉儒士官知縣

蘇大宗　江都人舉人才官副使
曹昱　江都人以人材官布政

王達　無錫人舉明經官侍讀學士　顏希賢　丹徒人以人材官至工部尚書

翟宏　無錫人舉明經官教授　朱敬　江都人以人材官知府

谷琰　江都人以人材官禮部尚書　孫祿　丹徒人以人材官參政

潘鉞　六安人以人材官兵部侍郎　湯禹文　句容人以人材官主事

朱真　丹徒人舉懷才官府同知　薛恭　丹徒人以人材官知府

夏廷幹　無爲人舉賢良官知縣　施宗義　長洲人官知府

沈經　丹徒人官參政　張縉　丹徒人以薦官給事中

朱希顏　江都人以人材官知府　韓琦　江都人以人材官知府

曹壽　江都人以人材官知府　劉顯　丹徒人以人材官知府

李鵬舉　無爲人舉耆老官知縣　趙諭　丹徒人以人材官府同知

許　淳句容人舉明經官知縣　鄭　璞常熟人官鹽運副使

瞿　莊常熟人官參政　唐君用巢縣人官知縣

方伯大和州人官知州　高以載泰州人以人材官知府

張原甫含山人舉賢良方正官府同知　崔以嗣常熟人官知縣

鄭　金常熟人官知府　陳士廉上海人舉孝廉官副使

張　禎含山人舉文學官五軍斷事　王　端和州人官員外郎

雷　春泰州人以人材官知府　朱　裕如臯人以人材官布政

周士良常熟人官御史　鄭思先巢縣人官給事中

鄒士王常熟人官知府　葉　操巢縣人官給事中

錢汝廉華亭人舉孝廉官按察僉事　耿洪立廣德人以人材官府同知

王公亮 華亭人以人材官布政使　張賓暘 華亭人舉人材官主事

王昱 和州人官至御史　馬讓 泰州人以人材官知府

錢衡 常熟人官主事　趙季文 常熟人官知州

姜仁 貴池人以薦官監察御史　趙公器 上海人舉孝廉官府丞

汪汝爲 旌德人以薦官知縣　陳保安 太平人以人材官行人

李文富 旌德人舉儒士官按察使　夏昭 建平人以薦官推官

湯鎔 華亭人舉孝廉官知府　袁舉 上海人舉孝廉試主事

彭仲庸 泰州人以人材官知州　周仲光 泰州人以人材官知府

葉廣 和州人官參政　裴理 含山人以人材官知縣

錢恕 上海人上舉秀才官知府　陸宗善 華亭人舉孝廉官知縣

周以莊　華亭人舉孝廉官知縣　　朱璘　上海人舉孝廉官知州

陳思魯　和州人官知縣　　周徹　泰州人以人材官知縣

朱高　如皋人以人材官主事　　鍾仲明　上海人舉孝廉官主事

虞得祥　貴池人官知州　　陳喜秀　太平人官知縣

呂存仁　旌德人舉正直官知縣　　姚子奇　建平人舉明經官刑部侍郎

鄭原式　華亭人舉孝廉官府同知　　沈文華　華亭人舉孝廉官寺丞

傅子成　建平人以人材官知府　　方叔周　旌德人以人材官員外郎

王浩　旌德人以才能官員外郎　　汪德成　貴池人官知縣

聞九皋　華亭人舉孝廉官知府　　舒原輔　上海人舉秀才官府同知

徐樞　華亭人以醫舉官太醫院使　　沈文新　上海人舉孝廉官知縣

房　震　崇明人官知縣

胡仲宣　宣城人以人材官同知

郭　周　宣城人官御史

程　式　合肥人官知縣

潘　牧　盧江人以楷書官僉事

吳　壽　華亭人以薦官至主事

姚　秩　上海人以薦官主事

孫　廣　當塗人以才能官知州

程士賢　歙人舉賢良方正官知州

鮑　綸　舒城人以楷書官知縣

劉　傑　合肥人以楷書官知縣

范　禮　宣城人官同知

袁尚智　宣城人薦署府尹

陳　璞　宣城人官通判

秦　智　合肥人官知州

朱　杲　靖江人舉秀才官長史

沈廷揚　崇明人官光祿卿

袁文華　崇明人官副使

吳　敬　上海人以薦官少卿

陳　寧　當塗人以薦官同知

夏　衡華亭人以薦官大常寺卿　　俞宗大上海人以薦官郎中

王　道合肥人官知州　　程　皓宣城人官知縣

彭　璟崇明人官崇議　　章士麟宣城人官主事

周　玉靖江人以人材官知縣　　王允中宣城人直文淵閣

張　錞上海人以薦官員外郎　　陳　璞上海人以薦官郎中

梁　章溧陽人舉明經官都給事　　張景宣溧水人以人材官知縣

施　炳崇明人官知州

洪熙

衛　靖崑山人官主事　　宣嗣宗嘉定人官郎中

陳　助崑山人官知縣　　陳　繼吳縣人官翰林檢討

孫　濬嘉定人官給事中　　陳　淵嘉定人官同知

黃克敏績溪人應名試官御史　賈祐全椒人應名辟官知府

喻仲衡當塗人舉賢良方正官知府　陶奎蕪湖人舉人材官外郎

吳潤武進人舉人材官布政　王猷金壇人以薦官按察使

曹彥循休寧人舉人材官知府　湯序滁州人由天文生官侍郎

顧彥遠丹陽人以人材官都察院經歷　陳聲永貴池人官府同知

徐璋滁州人官推官　程佐祁門人以薦官給事中

陳東文績溪人舉孝廉官知縣　詹顯保休寧人舉賢良官知縣

石剛崑山人官知府　許節江陰人舉才德官主事

袁順江陰人舉儒士官僉事　徐珍滁州人官知縣

唐仲文丹陽人以人材官給事中　呂昭崑山人官知州

胡宗仁　績溪人官知縣　秦仲彰　繁昌人舉人材官知府

周　凱　蕪湖人舉人材官工部主事　王懸民　休寧人以人材官叅議

鄭　觀　武進人舉儒士官僉事　李文玉　績溪人舉賢良官知縣

夏　文　當塗人舉儒士官御史　蔣久安　宜興人舉人材官兵馬指揮

成寧可　鹽城人官按察僉事　湯子厚　清河人舉懷才抱德官知縣

徐仲賢　溧陽人舉儒士官知府　姚敬重　溧水人舉明經官至都御史

魏　澤　高淳人官至刑部尚書　楊　格　金壇人以薦官知府

張士林　宜興人舉人材官知縣　陳　旭　宜興人舉人材官主事

孫子善　當塗人舉人材官按察副使　程重陽　休寧人舉孝廉官通判

楊汝棨　當塗人舉茂才都督府右都事　程彥興　休寧人以人材官通判

張節 崑山人官給事中　繆文盛 江陰人以人材官推官

汪忠道 休寧人舉孝廉官知縣　馬信 江浦人舉孝廉官員外郎

劉穆 高淳人軍門獻策官郎中　蕭韶 寶應人以人材官知縣

方泳 涇縣人以人材官知縣　何俊 睢寧人官府同知

汪拳 溧水人以人材官知府　金元亮 江都人舉明經官參政

栢善 高郵人以人材官主事　陸塤 崑山人官鹽運副使

沈遠 江陰人以修史授知縣　徐弼 江陰人舉儒士官僉事

王漢 金壇人舉儒士官知府　王德芳 清河人舉賢良官知府

張永年 宜興人舉人材官府同知　梁初 溧水人官按察使

普仲淵 溧陽人舉儒士官廉訪使　丙耆孫 句容人官知州

夏璿 高淳人舉明經行修官知府
邵善 高郵人以人材官郎中

邵勉 高郵人以人材官參政
馮諒 興化人以人材官至尚書

顧垍 興化人以人材官知府
潘文彬 海門人以人材官知府

章璉 贛榆人舉懷才抱德官知府
湯子高 安東人官監丞

崔齡 吳江人官主事
吳復 吳江人官僉事

趙庶 邳州人官兵馬指揮
薛原義 上元人官知州

朱仲南 吳江人官參政
黃鉞 崇明人官知縣

王榮 金壇人舉孝廉官府同知
錢叙 金壇人舉秀才官知縣

王常 江陰人以薦官知府
陳耘 江陰人以薦官僉事

葛震 嘉定人官知縣
樂文鳳 全椒人以辟舉官太常卿

蘇伯善休寧人官知縣　潘黼當塗人舉賢良方正充議律官
王顥當塗人舉人材官兵部主事　谷逵繁昌人舉賢良方正
金彦初休寧人以人材官知縣　韓景常建德人官知縣
王本當塗人舉人材官主事　吴永昌休寧人舉人材官知縣
馮驥甫建德人官府同知　徐幹武進人舉人材官大理丞
曹建孫金壇人舉儒士官知府　程知天休寧人舉文學官知縣
劉敬武進人舉秀才官員外郎　吕明當塗人舉人材官知府
吕槃休寧人舉孝廉官知縣　王澤金壇人舉儒士官知州
王可貞溧陽人舉明經官長史　王艮溧水人舉人材官按察使
嚴與聲溧水人舉儒士官知州　鄒德麟金壇人以薦官知府

李智 金壇人以薦官知州
陸所 泰州人以人材官布政
周泰 贛榆人以人材官寺丞
李宗頎 涇縣人以人材官主事
楊賢 寶應人以人材官知府
童涇川 涇縣人以人材官知縣
薛穆 吳江人官通判
褚裕 吳江人官知縣
張瑾 吳江人官員外郎
李鼎 吳江人官主事
李聍道 宿松人官御史
汪伯艮 休寧人以人材官轉運使
鄭琳 江寧人官主事
莫子奇 吳江人官知州
王脉 上元人官按察使
陳祥 江寧人官知州
李尚友 婺源人官僉都御史
胡伯順 歙縣人舉耆老署御史事
吳福 宿松人官府丞
甯朝用 青陽人官御史

汪彥良　歙縣人以人材官府同知

孫伯英　吳江人官知州

石光霽　泰州人舉儒士官博士

龔汝能　寶應人以人材官府同知

胡廷莊　吳江人官知府

殷子明　吳江人官主事

李　英　寶應人以人材官知縣

趙居仁　溧水人以人材官通政

李兼善　金壇人以薦辟官知州

李　皓　興化人由監生官按察使

袁　復　寶應人以人材官少卿

沈惟恕　高郵人舉明經官知府

茅　誧　泰興人舉儒士官副都御史

曹文慶　溧水人以人材官知府

陳　永　溧水人以人材官郎中

潘　庸　海門人以人材官給事中

樊　勉　吳江人官知州

汪得貴　青陽人官知縣

陳世舉　江寧人官太常卿

劉　貞　吳江人官通判

鄭彥文休寧人舉賢良官知縣　王景先歙縣人以人材官行人

左彥鎮涇縣人以人材官知縣　馮鉅涇縣人以人材官同知

葛德昭吳江人官員外郎　謝絳吳江人官知州

宋常金壇人以薦官知州　錢艮金壇人官知州

薛伯文溧水人以人材官知縣　朱㬎泰興人舉儒士官長史

吳宣儀眞人以人材官知州　陳士雅高郵人舉孝廉官知州

成進興化人以人材歷官布政　陸顒興化人舉明經官員外郎

丁鏞寶應人以薦官主事　曹均濟通州人以人材官知縣

張瑆吳江人官知州　章謙青陽人官府同知

施瑗青陽人官知縣　沈景行宿松人官鹽運使

湯德高郵人以人材官知府　顧師勝興化人以人材官知府

衡宇寶應人以薦官府同知　顧煜高郵人以薦官知府

陳貞青陽人官府同知　凌昌宿松人官大理副

唐鐸高郵人以人材官知府　顧博興化人以人材官知府

栢觀高郵人以人材官郎中　宋眞金壇人以薦官知州

周以先望江人官知府　陳汝秩吳縣人以母老不受職

白金豐縣人以薦官通判　陳堯道吳縣人官知府

沈讓臨淮人以人材官知府　章順舉潁上人舉隱逸官布政使

郁新吳縣人官至戶部侍郎　李恭泗州人以人材官知府

馮思仁東流人官主事　尤芳吳縣人官員外郎

陳明善　豐縣人舉明經官知府

田琦　泗州人以人材官知州

顔琪　天長人以人材官郎中

陳岱　蒙城人官中書省參政

翟益　泗州人舉儒士官參議

董遠　吳縣人官知縣

苗檖　定遠人舉儒士至御史

沈仲德　臨淮人以人材官知州

陳巖　蒙城人舉賢良官通判

王勝　吳縣人官知縣

朱德新　東流人定通判

唐懋　豐縣人以人材官府同知

陳嶷　蒙城人舉賢良官副使

蔣學　穎上人舉求賢官參政

梅景　懷遠人以人材官府同知

陳琦　天長人以薦官主事

蔡端　蒙城人以楷書官通判

劉同文　建德人官知縣

張茂材　蒙城人舉茂才官知府

錢賢　望江人官御史

秦伯齡 吳縣人官知府
顧元臣 臨淮人以人材官參政
沈艮 建德人官鹽運副使
劉鳳翔 豐縣人以薦官知縣
張整 蒙城人舉茂才官郎中
梅玉 潁上人以薦官郎中
陛瑜 泗州人舉茂才官知州
盧彥昭 潁上人舉隱逸官參政
姜漸 吳縣人官太常博士
羅彥彰 望江人官知府
楊彥通 臨淮人官知縣
宋彥輝 潁上人以人材官主事
柴景周 潁上人以人材官同知
秦文彧 吳縣人官知縣
王度 豐縣人官通判
汪杏 建德人辟贇化同知
趙讓 臨淮人官知縣
張孝宗 蒙城人舉賢良官知縣
葉濂 吳縣人官知縣
陳濟 太倉人官贊善

吳牧
休寧人官給事中

金問
吳縣人官至戶部侍郎

王蘊濟
婺源人舉辟官給事中

夏升
鹽城人以人材官府同知

李至剛
華亭人舉秀才官至禮部尚書

張允武
休寧人以人材官府同知

曾堅
吳江人官布政

儲振
宜興人舉明經國子助教

吳祖相
歙人舉文學官監察御史

陳敏
宜興人舉明經官給事中

楊思中
當塗人以人材官郎中

伊恒
吳縣人官尚寶卿

金士奇
休寧人以人材官知縣

邵元亨
崑山人官知縣

沈芳
崑山人官布政使

馬麟
上海人以人材官布政使

奚景周
上海人以人材官布政使

姚紀
華亭人以薦官治中

俞祐祖
婺源人舉秀才官知縣

周訥
蕪湖人以人材官太常寺少卿

黃銘 蕪湖人以人材官知縣

夏能 當塗人以薦官僉事

王詵 蕪湖人官知縣

張澈 華亭人以薦官員外郎

潘謙 上海人以薦官中書舍人

王寧甫 英山人舉才能官同知

李源 合肥人以薦辟官郎中

曹本中 無為人官知州

魏夤敬 宣城人以通經薦官御史

朱瑗 靖江人以人材官知府

朱安仁 靖江人以人材官知府

龍源 合肥人官給事中

樊大寧 崇明人官通判

姜濬 江寧人以楷書官按察司副使

戴玉 句容人官知州

周廉 溧陽人官員外

梁常 溧陽人辟修大典官知縣

施純 崇明人官知縣

滕用亨 吳縣人官翰林待詔

袁政 吳縣人官知縣

張洪 常熟人舉明經官修撰

謝仕由 休寧人以人材官知縣

汪德洪 婺源人官中書舍人

胡炳 歙人舉明經官大理評事

楊銘 當塗人以薦官僉事

朱金陵 休寧人舉求賢官知縣

李琦 吳縣人官紀善

顧惟敬 吳縣人官大理評事

盧彭祖 崑山人官主事

蔡思義 繁昌人以人材官中書省

張壽 當塗人以才能官知縣

葛義 蕪湖人以薦官主事

錢用 華亭人以薦官郎中

周克敬 上海人以人材官布政使

孫豫 上海人以人材官布政使

葉蕃 華亭人以薦官主事

陳珪 華亭人以薦官知縣

陳鐸 巢縣人官給事中

侯慶 廬江人以人材官知縣

郭良 舒城人舉明經官府同知

李祐 合肥人以楷書官知州
陳迪 宣城人以薦官翰林院編修
貢景之 宣城人官知縣
朱顒 靖江人舉秀才官吏部侍郎
戴顒 句容人以楷書官主事
嚴恪 溧水人舉儒士國子助教
趙澄 高淳人以人材官知縣
邢興 高淳人以人材官知府
湯昕 崇明人官主事
唐相 六合人官知州
陸益 崇明人官郎中
汪樵 婺源人官中書舍人
田克忠 歙縣人舉賢良方正官知州
孫瑜 當塗人以才能官府同知
謝孚 蕪湖人以薦官主事
盧儒 崑山人官中書舍人
陶鈍 蕪湖人官僉事
蘇順 當塗人官知縣
許昌朝 華亭人以薦官員外
朱誠 華亭人以薦官郎中

王濬　華亭人以薦官郎中

夏昺　崑山人官中書舍人

江潤　上海人以人材官布政使

郝棠　英山人舉文行官少卿

鄭公佐　上海人以薦官中書舍人

段維新　英山人官主事

鄭智　舒城人以薦官御史

吳衡　上海人以人材官參政

丘宗　華亭人以薦官治中

盛頤　崑山人官員外郎

趙遠　崑山人官知府

陳皞　崑山人官知縣

劉敏　吳縣人官中書舍人

楊復　當塗人以薦官主事

朱振　當塗人官郎中

唐昕　歙人舉賢良方正

汪鼎和　休寧人舉賢良方正

鄒繹　吳江人以親老不受職

羅堅寧　歙人舉賢良方正官知府

俟均寶　當塗人以人材官知州

朱孔陽華亭人以薦官府丞　陸勉上海人舉人材官參政

焦莊華亭人以薦官治中　李仲艮英山人舉秀才官府同知

王亭合肥人以楷書官主事　劉清無爲人官府同知

許士誾歙人舉賢良方正官知縣　季盛當塗人以楷書官知府

沈保五當塗人以人材官知縣　陳敏華亭人以薦官參政

王應芳華亭人以薦官員外郎　張士寔上海人以薦官中書舍人

張寬巢縣人以人材官知縣　孫祐無爲人以薦官御史

朱安七靖江人舉秀才官紀善　貢時之宣城人官員外郎

梅中宣城人官知縣　徐文通宣城人官知府

趙以禮崇明人官主事　嚴岳上元人官知州

陳中復江寧人以楷書官翰林院待詔　朱禮崇明人官尚寶卿

劉敬靖江人以薦官知縣　劉讓敬弟以薦官知縣

唐子儀歙人官知縣　謝子受歙人以人材官府判

吳頡宜興人舉明經官知縣　蔣守約宜興人以道流徵官至尚書

周郁當塗人以人材官知縣　陳德厚華亭人以薦官給事中

王瓊上海人以薦官副使　張益上海人以薦官中書舍人

陳景芳上海人以薦官中書舍人　沈世傑英山人舉才能官同知

苗繼宗廬江人以人材官府同知　吳敬祖宣城人官知府

劉大初宣城人官知府　梁濟溧陽人辟修大典官知縣

李艮貴建平人官本縣知縣　葉原用旌德人舉方正官知縣

管震亨 旌德人以孝弟官通判　楊元彔 滁州人官知府

范　組 滁州人官參政　王　昌 旌德人由文學官知州

陳重成 貴池人以薦官知縣　朱　慶 丹陽人以人材官參政

鄭濟川 嘉定人官御史　郭大用 舒城人舉明經官知府

陳原朴 嘉定人官主事　李伯華 滁州人官知府

端章甫 滁州人官知縣　孫叔英 滁州人官知州

周廣平 江陰人以薦官給事中　汪道宏 貴池人官知縣

王　觀 丹陽人舉明經官知縣　曹仁政 丹陽人以人材官主事

費子恭 華亭人舉孝廉官主事　黃　通 如皐人以人材官知府

吳　銘 和州人官府同知　陶用之 嘉定人官知府

魏忠滁州人官知府　張榮貴池人官知府

陳英太平人以人材官通判　王季文華亭人舉孝廉官知縣

張友中含山人舉賢良官知縣　曾宗泰全椒人舉賢良方正官知縣

唐鼎嘉定人官主事　吉貴和丹陽人以耆老官府同知

鄒興武舒城人以人材官郎中　樂正鳳滁州人以辟舉官至禮部侍郎

徐譽江陰人官僉事　范繼祖全椒人舉明經官知縣

宋懋江陰人舉賢良方正官知縣　徐訥江陰人舉賢良官尚寶寺丞

楊魯丹陽人以人材官府同知　賀嗣隆丹陽人以薦授知縣

陳英滁州人仕至左都御史　汪致道黟縣人官知縣

趙純嘉定人官知縣　楊翥吳縣人官至禮部尚書

王應辰嘉定人官知縣　彭宗頤嘉定人官知縣

宣德王道明句容人舉明經官通判　曹晃句容人官中書舍人

陳善常熟人官知縣　戈鎬丹徒人

夏長文上海人舉孝廉官至僉都　陳孜嘉定人官郎中

吴訥常熟人官副都御史　章珪常熟人官御史

鄒亮長洲人官御史　陸友仁華亭人以薦官主事

鄒彦章常熟人官御史　嚴儀常熟人官大理丞

陸伯倫常熟人官御史　王璡長洲人官直文淵閣

趙寧常熟人官郎中　滎文貫常熟人官同知

宋祥常熟人官郎中　朱奎華亭人以薦官大理卿

俞珙　華亭人舉秀才官中書　陳述　嘉定人官參政

正統　張敬　太倉人官尚寶卿　八通　江寧人官主事

陳洽　太倉人官至兵部尚書　徐旦　太倉人官知縣

景泰　劉豫　當塗人舉俊秀官主事　史謙　高淳人官主簿

天順　葛子華　宣城人官提舉司

成化　王玉　宜興人以醫舉官至通政

弘治　沈世隆　華亭人以薦官中書舍人

嘉靖　張電　上海人以薦仕至侍郎　顧定芳　上海人以薦授御醫

顧從禮　上海人以薦官少卿　顧從義　上海人以薦官大理評事

隆慶　喬承華　上海人以薦官大理評事

崇禎

周履時 太倉人 官通判

甯應昌 潁州人 官知縣

陸遜之 太倉人 官知州

陸晉錫 上海人

劉城 貴池人

李盤 興化人

沈壽民 宣城人

夏統春 桐城人

皇清薦辟

施閏章 宣城人舉博學弘詞仕至侍讀　吳元龍 婁縣人舉博學弘詞仕至侍讀

喬萊 寶應人舉博學弘詞特授編修　王頊齡 華亭人舉博學弘詞特授編修

錢中諧 吳縣人舉博學弘詞特授編修　汪琬 長洲人舉博學弘詞特授編修

李鎧 山陽人舉博學弘詞特授編修　周慶曾 常熟人舉博學弘詞特授編修

錢金甫 上海人舉博學弘詞特授編修　曹禾 江陰人舉博學弘詞特授編修

秦松齡 無錫人舉博學弘詞特授檢討　黃與堅 太倉人舉博學弘詞特授檢討

倪燦 上元人舉博學弘詞特授檢討　周清源 武進人舉博學弘詞特授檢討

陳維崧 宜興人舉博學弘詞特授檢討　馮勗 長洲人舉博學弘詞特授檢討

丘象隨 山陽人舉博學弘詞特授檢討　徐釚 吳江人舉博學弘詞特授檢討

尤　侗　長洲人舉博學弘詞特授檢討

潘　耒　吳江人舉博學弘詞特授檢討

張鴻烈　山陽人舉博學弘詞特授檢討

汪　楫　儀真人舉博學弘詞特授檢討

范必英　長洲人舉博學弘詞特授檢討

高　詠　宣城人舉博學弘詞特授檢討

龍　燮　望江人舉博學弘詞特授檢討

嚴繩孫　無錫人舉博學弘詞特授檢討

鄧漢儀　泰州人舉博學弘詞特授中書

朱鍾仁　崑山人舉博學弘詞特授中書

申維翰　江都人舉博學弘詞特授中書

孫枝蔚　江都人舉博學弘詞特授中書

汪懋麟　江都人舉博學弘詞任主事

黃虞稷　江寧人薦入史館食七品俸

王　昊　太倉人舉博學弘詞特授中書

江南通志卷之第三十

選舉 進士

唐

太宗 上官儀 揚州人

高宗 高智周 晉陵人官至平章事　馬懷素 丹徒人

中宗 許景先 義興人侍郎　吳少微 歙縣人

玄宗 王昌齡 江寧人秘書省校書郎　許恩 江寧人左拾遺

歸崇敬 吳縣人　錢起 吳縣人

蔣冽 義興人侍郎　蔣渙 義興人尚書

丁仙芝 鎮江人　蔡希周 鎮江人

蔡希寂鎮江人　儲元義鎮江人

陶翰鎮江人　談戩丹陽人

申堂構丹徒人　蕭穎士鎮江人

張暈鎮江人　權臯鎮江人

包佶鎮江人　包何鎮江人

皇甫曾丹陽人　皇甫冉丹陽人

張喬南陵人　程誎休寧人

沈郡南陵人　劉太眞宣城人

肅宗　顧況吳縣人

代宗　孫革上元人　冷朝陽上元人

陳潤 吳縣人
顧少連 吳縣人尚書封吳縣男

歸登 長洲人尚書封長洲男
楊凝 吳縣人

陸贄 蘇州人
陳商 繁昌人秘書省封許縣男

張維儉 當塗人刺史
王建 頴州人

德宗

陳羽 上元人
于公異 吳縣人

麴信陵 吳縣人
錢徽 吳縣人

陸亘 吳縣人
張貞甫 吳縣人

張平叔 吳縣人
沈傳師 吳縣人侍郎

張籍 和州人司業
湯賚 丹陽人

羅立言 宣城人
李鄘 揚州人

憲宗 陸暢 吳縣人判官　歸融 長洲人尚書封晉陵公

施肩吾 武進人　李紳 無錫人左僕射

權璩 鎮江人　費冠卿 青陽人

穆宗 顧師邕 吳縣人學士

文宗 畢誠 吳縣人尚書　陸瓌 吳縣人

歸仁晦 長洲人　沈樞 吳縣人

楊假 吳縣人　喻鳧 義興人烏程令

許渾 丹陽人尚書

武宗 胡悅 句容人助教　項斯 江寧人

楊收 吳縣人尚書封晉陽縣男　沈詢 吳縣人侍郎

談銖吳縣人　楊嚴吳縣人侍郎

顧非熊吳縣人　張贖吳縣人

趙嘏淮安人　孟遲青陽人

盧嗣立貴池人　王鄂太平人宣節校尉

宣宗楊乘縣未詳　畢紹顏吳縣人

歸仁翰長洲人　蔣伸義興人平章事

蔣曙義興人起居郎　李備南陵人

張原秘滁州人

懿宗翁彥樞吳縣人　崔路縣未詳

楊昭業吳縣人　歸仁紹長洲人

歸仁澤長洲人　胡學婺源人

汪遵涇縣人　許棠涇縣人

王季文青陽人　武瓘貴池人

顧雲貴池人　周繇建德人

僖宗

楊涉吳縣人平章事　錢珝吳縣人

楊鉅吳縣人學士　楊注吳縣人學士

陸扆吳縣人尚書封吳郡公　顧在鎔吳縣人

駱用錫南陵人　康駢貴池人

昭宗

吳仁璧長洲人　歸藹長洲人

楊鏻吳縣人尚書　曹松安慶人

汪　極　歙縣人　　王希羽　歙縣人

張　喬　貴池人　　杜荀鶴　石埭人

伍唐珪　貴池人　　殷文珪　貴池人

張路斯　頴上人

昭宣帝

楊凝式　吳縣人尚書太子太保　　崔　庸　吳縣人

歸　係　長洲人

附年分無考

丘　爲　吳縣人　　李　赤　吳縣人

楊　發　吳縣人嶺南節度使　　徐世業　吳縣人

崇　頴　吳縣人　　張　誠　吳縣人

陸　參　吳縣人　　畢知顏　吳縣人

顔　萱　吳縣人　　鄭　璧　吳縣人

司馬都　吳縣人　　莊　布　吳縣人

張　浤　吳縣人　　陸賓虞　長洲人

歸仁憲　長洲人　　陸　器　常熟人狀元

李　邕　江都人　　王　式　江都人

郭弘霸　安慶人　　沈佺期　英山人翰林學士

邢文偉　全椒人　　歸　修　長洲人

五代梁

蕭　立　蘭陵人殿中侍御史

晉

李　轂　潁州人御史中丞

南唐

盧　郢　江寧人狀元　　高智周　武進人中書門下平章

施　肩　武進人　　伍　喬　貴池人狀元

湯　悅　貴池人　　湯　淨　貴池人

楊文郁　貴池人　　胡昌翼　婺源人

舒　雅　歙縣人　　呂文仲　歙縣人

查　陶　休寧人　　丘　旭　宣城人

宋

太祖

宋維武進人　宋絳武進人

太宗

洪湛上元人一載徽州志　周絳溧陽人知府

龔識蘇州人　劉少逸長洲人

丁謂吳縣人官至相國　錢昆長洲人諫議大夫

凌咸吳縣人　謝濤吳縣人太子賓客

陸元圭吳縣人　龔緯崑山人

張觀武進人特授掌書記　葛昭華江陰人

查盛泰州人　查道如皋人

周歸貞泰州人　周嘉貞泰州人

查拱之泰州人　翟驤江都人

張秉歙縣人　謝泌歙縣人

舒雄歙縣人一載寧國志　俞獻可歙縣人

李照縣未詳　許南史祁門人

李含章宣城人　凌策涇縣人

楊國華宣城人　高惠連宣城人

梅詢宣城人　馬亮合肥人

包令儀合肥人　姚鉉合肥人

眞宗

鄭載吳江人　譚應太倉人

胡堯佐吳縣人　謝絳吳江人

許洞吳縣人中書　胡獻卿長洲人

范仲淹 太倉人 侍郎　鄭　爲 吳縣人
龔　紀 吳縣人　孫　岳 嘉定人
龔會元 崑山人　許　式 常熟人
富　嚴 縣未詳　唐　儼 吳縣人
范　巨 吳縣人　林咸德 縣未詳
錢象先 吳縣人 侍郎　鄭　修 長州人
呂　諤 松江人　李　堪 武進人 尚書
李　起 武進人　丁咸序 武進人
盛　貢 武進人　王　盤 武進人
張處仁 武進人　錢　治 武進人

胡　晏武進人　張　收武進人
王　簡武進人　强　弼武進人
張　鑄武進人光祿卿　顧　祥金壇人
吳遵路丹徒人　韋　陡丹徒人著作郎
李仲偃武進人　王　樞武進人
邵　餙丹陽人知州　徐天錫武進人
錢　尚武進人　蔣　堂宜興人
邵　梁宜興人　沈　紘江陰人州判
葛　宫江陰人侍郎　陳　亞江都人光祿卿
周安貞泰州人　陳知微高郵人

仲　簡江都人天章閣待制
俞獻卿歙縣人
吕士元歙縣人
聶致堯歙縣人
方仲詢徽州人
程賓王徽州人
閔惟慶歙縣人
洪　融徽州人
方　溥徽州人
方仲兮徽州人
程　琳休寧人
俞希甫歙縣人
聶冠卿歙縣人
胡　濟婺源人
許　俞黟縣人
汪　昊績溪人
汪　震婺源人
魏平仲徽州人
劉　懃涇縣人
劉　湜涇縣人

張齊宣城人　盛京銅陵人侍郎

柯茂先建德人　柯光祖建德人

柯文虎建德人　郭維當塗人光祿大夫

徐起無爲人　盛度銅陵人樞密使

徐越無爲人探花　徐象賢全椒人

仁宗李琮江寧人侍郎　張識江寧人

張諮上元人　仇著六合人

王琪安慶人　王珪安慶人

葉清臣長洲人一甲二名　鄭戩崑山人侍郎

吳感吳縣人殿中丞　李璃吳江人官直講

龔宗元嘉定人郎中　　元　絳長洲人

范思道長洲人龍圖閣學士　　陳之武常熟人推官

鄭　條吳縣人　　朱公綽蘇州人光祿卿

程師孟吳縣人開國侯　　林茂先長洲人

林龔明長洲人　　鄭　戩吳縣人侍郎

祝熙載吳縣人　　許　式常熟人贈尚書

陸徽之常熟人　　龔　沂吳縣人

鄭　戩吳縣人　　張　詵吳縣人清河郡侯

許　奇吳縣人　　黃　頌吳縣人

祟大年吳縣人都尉　　侍其瑋吳縣人

陳之祥 吳縣人　李川 吳縣人

郎淑 吳縣人　李庭芝 吳縣人

支詠 吳縣人　郭鼎臣 吳縣人

錢藻 吳縣人仁和縣伯　朱長文 吳縣人樞密院編修

王純臣 吳縣人　鄭彞甫 吳縣人

丁偃 吳縣人　李逢原 吳縣人

張詢 吳縣人清河縣開國子　陳之方 吳縣人

郭附 吳縣人朝奉大夫　黃顏 吳縣人

范琪 吳縣人員外郎　李琪 吳縣人

陸景 常熟人太常博士　陳之奇 太倉人太常博士

鄭君平 嘉定人　陸絳 常熟人郎中

李瑜 吳江人　孫規 長洲人

謝景初 吳縣人　范鈞 長洲人

鄭方平 吳縣人　李育 太倉人

范純仁 吳縣人高平郡公　張僑 常熟人朝散郎

李庭芳 吳江人　滕甫 吳縣人龍圖學士

錢深 長洲人　陳之元 吳江人

范世景 太倉人秘書丞　鄭汝平 吳縣人

朱何 太倉人參軍　林卨 常熟人

程寬 吳縣人　陸元長 長洲人朝奉大夫

吕詢 華亭人　沈括 吳江人光祿卿

凌民瞻 長洲人　吕評 青浦人

吕全 青浦人　陳舜俞 華亭人

郟亶 上海人運判　朱伯虎 華亭人太子少師

戴顯甫 松江人　朱鞏 松江人

陸咸 武進人　胡宿 武進人太子少師

孫彝甫 武進人　華參 武進人

曹平 武進人　張大易 武進人

陳萬 武進人　馮璪 武進人

林瞻 武進人　季緘 武進人

馬元康武進人　丁寶臣武進人秘書閣直校

丁宗臣武進人　許上善武進人

程昌言武進人　王景芬武進人

孫中孚武進人　蕭　傅武進人

陳　錫武進人　孫及甫武進人

胡　意武進人　潘好禮武進人

陳　元武進人　孫獻臣武進人

徐艮佐武進人　裴若訥武進人

胡崇堯武進人　孫　奕武進人

胡　纘武進人　李　鈞武進人

陳傅 武進人

朱誥 武進人

張次立 武進人

葛武 武進人

張瑗 武進人

孫昌齡 武進人

胡朝宗 武進人

張天經 武進人

陸起 武進人

胡宗陽 武進人

張著 武進人

施肅 武進人

虞太微 武進人

嚴君貺 武進人

王翔 武進人

錢公輔 武進人 知制誥

潘隆禮 武進人

施辯 武進人

裴若水 武進人

潘與稽 武進人

王彝直　武進人　　余康使　武進人

錢公璉　武進人　　李宗孟　武進人

宣　闓　武進人　　奚若沖　武進人

郤叔庠　武進人　　張天占　武進人

陳大順　武進人　　朱伯玉　武進人

强相如　武進人　　陳　齊　武進人

曹　振　武進人　　胡憲臣　武進人

孫　雲　武進人　　蘇舜舉　武進人

嚴　勛　武進人　　丁　騭　武進人知州

張　思　武進人　　胡信臣　武進人

胡象德武進人　姚仲容武進人

張臣武進人國子監直講　胡宗愈武進人尚書

李鉞武進人　丁濰武進人

孫授武進人　胡宗哲武進人

胡宗師武進人　李珏武進人

孫開武進人　孫庭筠武進人

王澤民武進人　郜光武進人

李鎮武進人奉議郎　沈兌武進人

葛中復武進人　袁默無錫人

錢顗無錫人御史　蔣之奇無錫人

虞大寧 宜興人　虞大徵 宜興人

虞大熙 宜興人　單錫 宜興人

單鍔 宜興人　黄肇中 宜興人知縣

李喬 江陰人員外　蔣津 常州人

沈遵 江陰人博士　葛密 江陰人博士

葛汝平 江陰人員外　余中 常州人

邵剛 常州人解會兩元　邵潛 常州人

蔣之美 常州人　曹棐 江陰人

邵材 常州人　苗頎 江陰人

葛敏求 江陰人司農寺丞　杜昱 江陰人通直郎

錢　節鎮江人　　刁　繹丹徒人
邰仲宣丹徒人校書郎　　邵景宣丹陽人州判
陳汝夷丹徒人　　陳　浚丹陽人
丁　竦丹陽人開國侯　　刁　約丹陽人
洪　洞丹徒人　　章　嶙鎮江人
諸葛賡鎮江人　　張　侗丹徒人
郭　震鎮江人　　蘇　頌鎮江人
邰　必鎮江人　　陳　漁鎮江人
柳　涗丹徒人寺丞　　豐有章丹徒人員外
姚　闢鎮江人　　張　奕鎮江人

蔡　曄丹陽人秘書丞　　顧　方鎮江人

雷　豫鎮江人　　王　存鎮江人

譚　贇鎮江人　　邵　衡鎮江人

刁　璹鎮江人　　張知章丹徒人叅軍

姚　震鎮江人　　陳龍輔京口人知建昌軍

楊　照鎮江人　　洪民師鎮江人

周伯玉鎮江人　　俞希旦丹徒人

姚夢升金壇人殿中丞　　姚　存常州人

陳　烈常州人　　沈　播儀眞人

孫　錫儀眞人　　吳　及通州人

張象中 江都人直集賢院

張宗古 江都人集賢校理

傅儀 儀真人

周孟陽 泰州人

周忻 儀真人

汪泌 儀真人

周濤 泰州人

朱鉉 泰州人

李洙 泰州人

朱毖 泰州人

張宗彝 江都人

王惟熙 如皐人

呂溱 江都人狀元

姚原道 通州人郎中

孫覲 高郵人

張日用 通州人

張康侯 儀真人

李宮 儀真人

吳彧 儀真人

胡志康 如皐人觀察推官

周定辭泰州人　潘及甫泰州人
潘希甫泰州人　張次山通州人
朱明之江都人　征復儀眞人
秦觀高郵人　孫覺高郵人
孫洙儀眞人　徐純儀眞人
劉傑儀眞人　孟演泰州人
李況泰州人　周漁泰州人
查墊泰州人　胡志中泰州人
孫元常儀眞人　沈叔通儀眞人
呂開儀眞人　桑景舒高郵人

周定民泰州人　傅繹儀眞人
王觀如臯人　王彭年泰州人
上官經泰州人　王覯如臯人
吳岐高郵人　李去僞泰州人
征貢儀眞人　閔從周歙縣人
聶世卿黟縣人　呂淵黟縣人
丘濬黟縣人　孫扶黟縣人
孫揆黟縣人　俞希元歙縣人
張僉休寧人　曹矩休寧人
奚舜卿黟縣人　俞琳績溪人

吕溱 歙縣人　俞希孟 歙縣人

汪信臣 婺源人　程珪 祁門人

汪澄 婺源人　程説 祁門人

孫抗 黟縣人　汪宗顔 婺源人

董安 婺源人　江牧 婺源人

張蒼舒 婺源人　胡仁昉 婺源人

孫挺 黟縣人　馮式 祁門人

胡遇 績溪人　汪師道 婺源人

孫適 黟縣人　舒介夫 徽州人

聶武仲 婺源人　王汝舟 婺源人

汪　穀婺源人　　汪師熊婺源人

胡　宏績溪人　　胡彭年績溪人

汪　琛績溪人　　汪　淇績溪人

王　淑績溪人　　汪　汲績溪人

洪　激績溪人　　俞叔良歙縣人

俞希旦歙縣人　　楊　輿宣城人

梅鼎臣宣城人　　喻　琳宣城人

施元長宣城人　　王知微宣城人

汪　齊旌德人　　劉　琦涇縣人

楊　辯南陵人　　王知章宣城人

鍾清卿 旌德人　劉玘 涇縣人

顏孝初 宣城人　汪汾 涇縣人

方淳 旌德人　左彥武 涇縣人

章國光 宣城人　槐奕 青陽人僉判

胡舜元 銅陵人著作郎　湯景仁 廣德人寧國令

齊天覺 青陽人僉判　槐京 青陽人殿中丞

郭經 太平人節度使　郭祥正 當塗人請大夫

周景臣 太平人　王逢 當塗人人太常博士

石禹勤 蕪湖人知州　郭縉 當塗人

羅彥輔 當塗人知州　張毅 太平人

陳南 廣德人 朝散郎

馬仲甫 合肥人

茹孝標 舒城人

陸隨 無爲人

楊察 合肥人

徐綬 合肥人

翟受中 無爲人

楊寘 無爲人

雙漸 廬江人 郎中

鍾離瑾 無爲人

朱國富 無爲人

朱定國 無爲人

徐紘 無爲人

李仙之 無爲人

楊寓 無爲人

徐總 無爲人

張贊禹 無爲人

陸毋必 無爲人

秦中 無爲人

湯延年 無爲人

楊　傑　無爲人郎中　　賈　易　無爲人侍郎

張君奭　無爲人　　徐允升　滁州人

張盈之　滁州人　　張　巖　滁州人叅政

徐　嶶　全椒人　　張　璪　全椒人

朱　瑩　和州人　　沈　立　和州人

朱　畧　和州人　　沈文通　和州人

張獻民　和州人　　耿　憲　和州人

高　鎛　和州人　　齊　湛　和州人

張景溫　和州人　　張偉節　和州人

英宗

張　敦　常熟人左中大夫　　吳純䝟　吳江人

孫　載崑山人朝議大夫　張　僅吳縣人著作佐郎

李博文吳縣人　朱伯熊華亭人宣奉大夫

董　乂華亭人開國男　馮　震武進人

李宗古武進人　沈　充武進人

陳　毅武進人　陳　需武進人

胡宗炎武進人鴻臚卿　胡崇回武進人

孫庭臣武進人　馬　隆武進人

夌　浩無錫人　張　盤宜興人

張　皋武進人　李公弼武進人

黃　轍武進人　鄭　佾武進人

盧約 武進人　黃遠 武進人
葉安節 武進人　張景脩 武進人
胡宗原 武進人　沈師中 武進人
沈元 武進人　黃康民 武進人
張璘 武進人　胡勰 武進人
邵彥 丹徒人　張行古 丹陽人
徐積 淮安人　沈季長 儀眞人
喬執中 高郵人　孫覽 高郵人
孫升 高郵人　周注 泰州人
王松年 泰州人　李去非 泰州人

陳　艮江都人秘書丞　陳景山揚州人著作佐郎

閻　木高郵人　查應辰泰州人

潘　頡泰興人　張　逢婺源人

俞師錫歙縣人　汪　茂婺源人

孫　遇黟縣人　孫　迪黟縣人

孫　沖黟縣人　汪　鴻祁門人

陳　絺徽州人　洪中孚休寧人

方　郃婺源人　胡安節婺源人

孫　适黟縣人　汪適正婺源人

江　霖黟縣人　奚　戭黟縣人

俞　直　歙縣人　　鮑天一　歙縣人

聶循矩　婺源人　　胡　鉉　婺源人

程書言　祁門人　　朱　粹　宣城人

鄧　醇　歙縣人　　萬公奭　宣城人

俞應之　婺源人　　吳　鑑　休寧人

孫　逖　黟縣人　　奚　羣　黟縣人

奚　紳　黟縣人　　曹　曄　黟縣人

丘　與　和州人　　姜子克　和州人

神宗

葉祖洽　上元人狀元　　楊之道　江寧人

巫　鉞　江寧人　　江適道　江寧人

潘溫之　江寧人　　鄭安平　吳縣人知州
郁澄　吳縣人　　徐彥孚　吳縣人
鄭伸　吳縣人　　朱昢　吳縣人通判
凌民師　長洲人　　黃汝平　吳縣人
梅灝　吳縣人　　孫沖　吳縣人
張元素　吳縣人　　張元弼　吳縣人
郭際　吳縣人　　顏襄　吳縣人太學正
林植　長洲人　　秦希甫　吳縣人判官
張諤　吳縣人　　林种　長洲人
孟醇　吳縣人　　黃懿彥　吳縣人

林師醇縣未詳　嚴君鄰常熟人
沈彥升吳縣人　黃從周吳縣人
周何吳縣人　章衎之吳縣人
謝翔吳縣人　錢兟吳縣人
范世亮長洲人　林程蘇州人
張顏常熟人校書郎　龔程蘇州人知縣
黃頡蘇州人朝議大夫　黃彥蘇州人朝議大夫
顏長民吳縣人知縣　呂公美華亭人一載常州志
李撰上海人　呂奎華亭人
柳廷俊青浦人侍郎　章粹華亭人

蕭嘐 武進人　史邈 武進人

鄧棐 武進人　莊誼 武進人

朱旦 武進人　方次夔 武進人

章甫 武進人　呂俱 武進人

劉籲 武進人　范子淵 武進人

林辟非 武進人　張修 武進人

應昭式 武進人　應亞 武進人

陳楚材 武進人　胡知默 武進人

許彥 武進人　張敷 武進人

王昕 武進人　周昌謨 武進人

陳之郃　武進人　張世望　武進人
吳彥　武進人　張與　武進人
李莊　武進人　沈通　武進人
張昱　武進人　張常　武進人
華棣　武進人　練亨甫　武進人
陶兌　武進人　郃如　武進人
蔡淵　武進人　施天倪　武進人
祖洽　武進人　游勛　武進人
呂适　武進人　許通　武進人
李端夫　武進人　黃頡　武進人

蔡蹈　武進人

霍漢英　武進人

方穀　武進人

邵權　武進人

吳翊　武進人

周鎮　武進人

紀孫永　武進人

祖理　武進人

俞讜　武進人

朱師古　武進人

吳亶　武進人

丁綖　武進人

陸元光　武進人

虞防　武進人

顧林宗　武進人

邵樞　武進人

虞賁　武進人

惠專　武進人

李彥武　武進人

周明之　武進人

沈後武進人　陳鄺武進人

陳至武進人　吳儔武進人

華申甫武進人　黃因武進人

胡覲臣武進人　强俶武進人

王漁之武進人　錢義武進人

秦元亨武進人　陳嘉言武進人

胡端修武進人　莊嶶武進人

張彥輔武進人　周諶武進人

邵叶武進人　李特武進人

劉鋭武進人　李詩武進人

凌伯雄武進人　薛開宗武進人

沈光遠武進人　沈偕武進人

鄒浩武進人龍圖閣學士　余幹武進人

暨陶武進人　葉安節武進人

陸元成武進人　黃深武進人

紀霖武進人知縣　孫昌期武進人

丁元賓武進人　秦宗臣武進人

胡伯适武進人　强佐武進人

張國輔武進人　强翊武進人

周本武進人　馬東武進人

皇甫漢傑武進人　虞芮武進人
張大年武進人朝宗大夫　苗兼武進人
姚祐武進人　周天倪武進人
姚祜武進人　張瑴武進人
陳敏無錫人　呂袞武進人
方蓁武進人　蔣津宜興人
佘中宜興人狀元　邵剛宜興人
邵材宜興人鴻臚卿　邵潛宜興人
葛光江陰人　邵濤武進人
錢節宜興人龍圖閣學士　蔣天麟宜興人

沈初 無錫人
沈禋 無錫人
蔣之美 無錫人
沈復 無錫人
費古 無錫人
李夔 無錫人
袁黜 無錫人知淮陽軍
葛書舉 江陰人長垣令
葛書思 江陰人
蔣靜 江陰人顯謨閣學士
翟思 丹陽人知府
顧章 鎮江人
郤䶵 鎮江人知州
紀孫求 鎮江人
顧林宗 鎮江人
葛思漸 鎮江人
張君胄 金壇人知縣
孔端彥 鎮江人
蔣猷 鎮江人
儲公桓 鎮江人

詹輔鎮江人　陳度金壇人鴻臚寺丞

蔡肇丹陽人知州　秦定高郵人

蘇績儀真人　潘晬泰興人朝議郎

周裕泰州人　沈銖儀真人

張汝賢儀真人　周穜泰州人

周秩泰州人　汪餗儀真人

周泌泰州人　王之純泰州人

張康伯揚州人　潘顗泰州人

耿純泰州人　張康國揚州人尚書左丞

周禎泰州人　周重泰州人

潘　頔泰興人　　潘　禎泰興人
姜　獵泰興人　　潘　頤泰興人
晏　拯儀眞人　　艾　早儀眞人
郭　思儀眞人　　桑正國高郵人
沈彥昇泰州人　　朱　素宣城人
劉　拯南陵人　　汪　沆旌德人
劉　讀涇縣人　　劉非熊涇縣人
王　鑒宣城人　　徐　勣南陵人
蔣　愷旌德人　　王　薦宣城人
周邦嗣宣城人　　董　必南陵人

趙　企南陵人員外　　王　平寧國人

舒升中旌德人　　楊　誼南陵人

程書言宣城人　　董　志宣城人

王　籍宣城人　　劉　撫南陵人

凌天鈞涇縣人　　張元達宣城人

王彥至宣城　　朱行中南陵人

沈　憑廣德人朝散郎　　汪　澥旌德人

舒彥中旌德人　　李　植建德人

檀　固建德人尚書　　沈　沖廣德人奉議郎

嚴　華建德人給事中　　盛昌孫銅陵人

張　崇繁昌人太常丞　宋景詹太平人
俞仲翁太平人　胡　勣太平人
徐　遘繁昌人　郭蒙正太平人
褚景文太平人　焦　蹈廬州人狀元
陳舜諮廣德人　胡　庶廣德人
胡　兟無為人　魏　彦無為人
楊　伋無為人　張安國無為人
王澤之無為人　胡　兟無為人
侯　綬無為人　陳　琓無為人
阮美成舒城人　王　回穎州人

吳玗全椒人尚書　吳蔚全椒人

吳革全椒人　吳朋全椒人諫議大夫

吳竝全椒人中書舍人　王夬和州人

陸子堅和州人　耿樞和州人

何朋和州人　哲宗李回江寧人封開國公

潘繹溧陽人知縣　許之美江寧人

李公麟安慶人　李元中安慶人

李亮工安慶人　范敦樂吳縣人

周沔吳縣人　李博喻吳縣人

陳傑吳縣人　陳序吳縣人

孫　實　吳縣人　　丁　覲　縣未詳

嚴　適　吳縣人　　陳　璽　吳縣人

施　遠　吳縣人　　黃　策　吳縣人

林　虞　吳縣人　　程　騫　縣未詳

魏　志　吳縣人　　胡　浹　吳縣人

程　亢　吳縣人　　胡安平　吳縣人

陳彥和　吳縣人　　林　稹　長洲人

富　鈞　長洲人　　郁師醇　吳縣人

富　洵　吳縣人　　林　處　縣未詳

魏　憲　吳江人開國侯　　顧　植　吳縣人

張公厚吳縣人　張漸吳縣人

劉彥敦吳縣人　方振吳縣人

陶擴吳縣人　徐端行吳縣人

呂益柔華亭人顯謨閣待制　張徽言上海人

富開松江人　朱之純松江人

朱紱華亭人尚書左丞　柳廷傑華亭人

呂桓上海人　張天材青浦人

杜之邵常州人一載徽州志　張大忠常州人

嚴惇武進人　沈濟武進人

唐公綽武進人　傅紳武進人

郜　傳武進人　　俞　園武進人
胡從易武進人　　朱　袞武進人
鄭　倧武進人　　胡　充武進人
蔣　琳武進人　　王安民武進人
鄒　起武進人　　薛開明武進人
范　桓武進人　　强　璿武進人
楊　植武進人　　黄中美武進人
蔣安上武進人　　孫　穆武進人
魏　憲武進人　　楊　嶠武進人
胡　聿武進人　　霍　旟武進人

施天侔　武進人　唐昌期　武進人
李　籍　武進人　李彥發　武進人
錢顯道　武進人　錢　捷　武進人
李熙赧　武進人　周　滂　武進人
嚴　隃　武進人　佘　思　武進人
焦大雅　武進人　江　滋　武進人
沈積中　武進人尚書　華仲平　武進人
胡文修　武進人　王　瞻　武進人
季端淑　武進人　唐顧言　武進人
蘇昌時　武進人　孫志康　武進人

陳輹 武進人　周洞 武進人
詹折 武進人　余裒 武進人
虞蕃 武進人　唐彥光 武進人
華鎮 武進人　王周 無錫人
沈楊 無錫人　尤輝 無錫人
許德之 無錫人太常少卿　王岡 無錫人直秘閣
蔣堦 宜興人　慕容彥逢 宜興人
郭三益 宜興人　蔣圓 宜興人
蔣莘 宜興人　蔣之武 宜興人
時彥 宜興人尚書　余京 宜興人

惠桑民 宜興人　張　濚 宜興人尚書少師

葛勝仲 江陰人一載鎮江志　葛師望 江陰人中奉大夫

葛次仲 江陰人大中大夫　葛長卿 江陰人

葛　邲 江陰人　葛　郛 江陰人

張大忠 鎮江人　沈　濟 鎮江人

高　逑 鎮江人　丁　權 鎮江人

褚庭堅 鎮江人　姚　純 鎮江人

蘇象先 鎮江人　張　慤 鎮江人

周日康 鎮江人　蔣　琳 鎮江人

宗　澤 鎮江人　翟汝文 鎮江人

陳　城鎮江人知縣　　郤　繪鎮江人奉議郎
房　察鎮江人　　蔡居厚鎮江人
路喬年鎮江人　　吳中起鎮江人
虞　洸鎮江人　　洪　擬鎮江人
王賫深淮安人待制　　陳　端泰州人
沈伯皐儀眞人　　史　聲泰州人
陳　林儀眞人　　張汝明儀眞人
秦　覯高郵人　　馬永逸高郵人
張堯臣高郵人　　陳　彥高郵人
聶　份儀眞人　　桑觀國高郵人

李延光儀眞人　李彬泰州人
郭觀泰州人　張智常泰州人
郭元瑜泰州人　俞授能通州人
張績儀眞人　王諶泰州人
金天受休寧人　程望之婺源人
張大亨婺源人　汪奕績溪人
王悰婺源人　胡紹婺源人
滕申婺源人　黃德明黟縣人
程說績溪人　胡汲婺源人
胡伸婺源人　汪路婺源人

王慥婺源人
孫晷婺源人
汪愷婺源人
王舜舉祁門人
奚知常黟縣人
凌唐佐休寧人
方洙婺源人
項範婺源人
周穗婺源人
方勃婺源人
汪如賢婺源人
程邁黟縣人
黃天衢祁門人
汪舜昭黟縣人
吳源祁門人
李權黟縣人
方點宣城人
鍾鎧銅陵人知府
徐廸繁昌人
章元任宣城人

褚　英寧國人　　陳時敏廣德人朝散郎

石　忝蕪湖人　　傅　格宣城人

舒夔中旌德人　　李公麟舒城人

陳　琓無爲人　　李公權舒城人

李公寅舒城人　　輔　璋無爲人

鄭　均無爲人　　黃　琮和州人

丘　鄘和州人　　劉　磐和州人

徽宗

侍其瑀江寧人　　刁　湛上元人太常博士

刁　湜江寧人　　余　稟江寧人述古殿直學士

朱　昇江寧人　　蔡敦禮江寧人

秦濟 江寧人　段拂 江寧人給事中

朱天任 江寧人　霍廸 江寧人

錢時敏 江寧人員外　俞迎 上元人

魏艮臣 江寧人叅知政事一載宣城志　陳鶚 上元人

吳潛 溧水人狀元左丞相又載宣城　范同 江寧人叅知政事

刁渭 江寧人　朱端彥 江寧人

朱悳 江寧人大中大夫　徐時升 句容人中奉大夫

朱元佐 江寧人　陳秉成 江寧人御史

鍾大方 上元人　何若 江寧人

秦梓 江寧人　洪鼎 江寧人員外

鄭時　常熟人　　胡寬　吳縣人通判

李毗　吳縣人　　陳述　吳江人

林閔　常熟人太常博士　　顏爲　吳縣人知府

王闓　吳江人秘書省正事　　麋鍇　崑山人光祿大夫

陳起宗　太倉人　　黃偉　太倉人

王裳　太倉人　　唐輝　崑山人侍郎

顏天選　吳縣人　　魏賁　吳江人

顏安時　長洲人少尹　　張德本　崑山人

程天弼　常熟人　　林友　常熟人編修

崔百乘　吳縣人　　潘兌　吳縣人徽猷閣待制

黃正彥　吳縣人
孫陶　吳縣人
黃昌衡　吳縣人
崔百勝　吳縣人
黃昌朝　吳縣人
褚覃　吳縣人
楊懿卿　長洲人
李彌大　吳縣人尚書
邊知章　吳縣人朝請郎
陶振　吳縣人
范聞　吳縣人
龔況　崑山人員外郎
程元允　常熟人朝請大夫
朱發　吳縣人
王棠　吳縣人左朝奉郎
鄭聖任　吳縣人
朝思　吳縣人
李彌遜　吳縣人徽猷閣直學士
單師淵　吳縣人
丘敷　常熟人知縣

方純彥 吳縣人
顏孚 吳縣人

林摯 吳縣人
丘旼 常熟人

葉高節 吳縣人
沈季孫 吳縣人

錢當時 吳縣人
顏采 吳縣人提舉常平

葉嶷 吳縣人
張敏功 常熟人朝議大夫

錢觀復 蘇州人朝散郎
張柟 縣未詳

李益 吳縣人
徐薦 吳縣人

錢仲思 吳縣人
鄭護 吳縣人

滕茂實 長洲人侍郎
林璵 長洲人

衛閬 崑山人
鄭作肅 吳縣人開國男

丘　彌常熟人　　范　禼吳縣人

錢　豫吳縣人朝議大夫　　徐　林吳縣人龍圖閣學士

范　雩崑山人秘書郎　　余　仔吳縣人

李大鼎吳縣人　　林　儼吳縣人

何建中吳縣人　　吳世英吳縣人

邊知白吳縣人同安縣開國侯　　鄭　時吳縣人朝奉大夫

凌　遘長洲人　　凌　哲長洲人

王　葆崑山人御史　　富元衡常熟人朝散大夫

朱　紘華亭人　　王　篪華亭人

張　甸華亭人　　李少裳上海人

柳約華亭人　姚轂青浦人

張昭上海人　陳之元華亭人

黃子服松江人　衛上達華亭人

黃鎭華亭人　黃鍰上海人

衛開上海人　張康朝松江人

衛膚敏華亭人　富說上海人

霍端友武進人侍郎　季端彥武進人博士

苗安世常州人　胡交修武進人尚書

沈晫常州人　李熙靖武進人中書舍人

潘兊常州人　錢遠猷常州人

曾　晏　常州人　　張　守　武進人參知政事
李　充　武進人　　成　巳　常州人
張彥直　常州人　　邵　哲　常州人
吳　遷　常州人　　丁　彬　武進人
李好古　常州人　　吳　懋　常州人
胡世將　武進人安撫制置使　　高志行　常州人
吳　愈　常州人　　張汝舟　常州人
霍　鈞　常州人　　陳時舉　常州人
申　甫　常州人　　胡唐老　武進人知府
唐元衡　常州人　　沈時中　常州人

凌翶　常州人　　施堈　常州人

吴秀實　武進人　　張宰　武進人

錢耜　武進人　　張宇　武進人

盧察　武進人　　張宷　武進人

陳倜　武進人　　孫覿　武進人

沈禹卿　武進人　　范越　武進人

孫棋　武進人　　孫杞　武進人

强公桓　武進人　　邵邦達　武進人

朱康侯　武進人　　王玘　武進人

李端方　武進人　　郭去病　武進人

王彥偁武進人　道大亨武進人
徐漸武進人　丁宗旦武進人
范振武進人　丁駉武進人
莊安常武進人　許元宗武進人
楊栝武進人　孫旼武進人
夌伯玉武進人　許端夫武進人
孫時武進人　吳儆武進人
李僧瀹武進人　許知微武進人
常因武進人　吳福時武進人
潘佸武進人　王楊武進人

張　文　武進人　　嚴　燈　武進人

孫　畸　武進人　　蔣用行　武進人

孫安民　武進人　　張汝能　武進人

湯　穆　武進人　　張　炎　武進人

張　壽　武進人　　李僧石　武進人

李元裕　武進人　　楊　陞　武進人

錢濬明　武進人　　胡思忠　武進人

戴　圭　武進人　　錢　縉　武進人

何大圭　武進人　　強公諶　武進人

唐　楫　武進人　　薛　璿　武進人

貝寶 武進人　顧克明 武進人
胡近 武進人　陳煜 武進人
林克明 武進人　孫讓亨 武進人
蔣全 武進人　陳端虛 武進人
張參 武進人　蔣仲龍 武進人
張端臣 武進人　張國秀 武進人
周弼 武進人　朱友聞 武進人
周林 武進人　張莘 武進人
陳漁 武進人　胡珵 武進人
丁祉 武進人　吳若 武進人

陳郁 武進人　陳曄 武進人
陸安民 武進人　胡浚明 武進人
張汝楫 武進人　華權 武進人
周楙 武進人　毛逢 武進人
張希亮 武進人　張翬 武進人
胡庸 武進人　張旦 武進人
湯堯咨 武進人　陸俊民 武進人
袁楨 武進人 岳州守　孫近 武進人
孫達 無錫人　李謨 無錫人
唐作求 無錫人　沈松年 無錫人 檢討

李尚行無錫人轉運使　費　肅無錫人秘書正字

錢　紳無錫人知州　李端行無錫人博士

袁正功無錫人　李　綱無錫人侍郎

費　介無錫人　邵　林宜興人

惠　需宜興人　惠安民宜興人

蔣寧祖宜興人　吳師古宜興人

單子發宜興人　唐　棣宜興人

邵居之宜興人　蔣及祖宜興人

蔣榮祖宜興人　周　葵宜興人侍郎

單　時宜興人諫議大夫　葛立悌江陰人宗正丞

唐　悌　江陰人　　朱舉直　江陰人教授

吳仲基　江陰人廸功郎　　葛立經　江陰人直龍圖閣

葛師仲　江陰人秘書省校書郎　　葛彥成　江陰人

葛　騏　江陰人教授　　李　頎　江陰人中大夫

曹　璉　江陰人光祿大夫　　葛介卿　江陰人

朱德行　江陰人　　葛正仲　江陰人

王　廉　江陰人　　繆昌彥　江陰人知縣

何亨升　江陰人刑曹　　趙士衡　江陰人

洪　遘　丹徒人一載無錫志　　洪　遇　丹徒人

周端禮　鎮江人　　劉　丕　鎮江人

丁　儁鎮江人　　　　諸葛材丹徒人通判

張　忞金壇人中書舍人　　湯鵬舉鎮江人

周端虛鎮江人　　　　孫時升金壇人通判

李　覺鎮江人　　　　邵　驤鎮江人

杭　濟鎮江人　　　　譚處恭鎮江人

陳　哲鎮江人　　　　王汝霖鎮江人

譚知柔金壇人秘書少監　　邵　彪鎮江人

張　普金壇人殿中丞　　湯　杲鎮江人

陳孝友京口人奉議郎　　陳孝恭京口人知州

杜　友鎮江人　　　　張　綱鎮江人一載廬州志

許賜 鎮江人　鄧國賢 金壇人

張諤 金壇人 知州　馮晉 鎮江人

諸葛松 丹徒人 教授　楊鎬 鎮江人 知縣

洪譓 鎮江人　蔣洵 鎮江人

劉無極 鎮江人 尚書　陳元巽 鎮江人

陳堯舉 鎮江人　章驤 鎮江人

張頡 丹徒人 員外　孫藎 丹徒人 知州

蘇振 鎮江人　都潔 鎮江人

洪逵 鎮江人　張絢 丹陽人 侍御史

洪元直 丹徒人　李舜卿 鎮江人

洪興祖鎮江人　洪造鎮江人

紀叙鎮江人　曹文鎮江人

杜克丹陽人　王澂金壇人通判

王賫深鎮江人　王陽英丹陽人直秘書閣

劉將丹徒人　紀交丹陽人直敷文閣

鄧翰鎮江人　張體純金壇人

葛處厚鎮江人　莊必彊金壇人知州

王洋山陽人博士　洗思儀眞人

艾晟儀眞人　林思明儀眞人

李儔泰州人　王雲江都人

蔡　薿儀眞人狀元　　張　布儀眞人

徐天啓儀眞人　　鄭　球泰州人

王　濤泰州人　　李直中泰州人

呂之才泰州人　　黃　量儀眞人

趙　倫高郵人狀元　　馬永卿高郵人

吳　敏儀眞人　　劉大中儀眞人

徐天民儀眞人　　姜　索泰州人

李　槩泰州人　　吳安仁泰州人

上官愔儀眞人　　秦　愷儀眞人

秦　惇儀眞人　　李正民江都人

孫　僉高郵人　黃　袞高郵人

劉　湜儀真人中丞　文　浩泰州人

丁邦哲泰州人　陳博古通州人

王　昴江都人　沈　肇儀真人

吳　敘儀真人　邵　素儀真人

葛祐之儀真人　齊景直儀真人

呂夔則儀真人　俞民獻通州人

王居正江都人　劉大臨儀真人

李　棠泰州人　錢　涓泰州人

郭顯臣泰州人　周方崇泰州人

王　億泰州人　王咸義如皐人
葉高萊泰州人　徐　洼儀眞人
梛　穀儀眞人　呂應中儀眞人
汪　藻婺源人　胡　侔婺源人
金　黨婺源人　汪次言婺源人
胡剛中祁門人　汪伯彥祁門人
江致平婺源人　閔師文歙縣人
汪叔詹歙縣人　崔耀卿歙縣人
余　器婺源人　王舜中祁門人
曹　文黟縣人　汪天麟績溪人

葛　致績溪人　汪知言歙縣人
何　昻休寧人　吳敦復休寧人
汪希旦歙縣人　張　坦歙縣人
洪中和休寧人　張　洪婺源人
胡多聞祁門人　汪　澈婺源人
蘇　侯祁門人　胡舜陟績溪人
余　采歙縣人　胡　銓婺源人
羅汝楫歙縣人　汪　發婺源人
汪　臨婺源人　胡　艮祁門人
盧臣忠黟縣人　胡汝明黟縣人

唐　咨　黟縣人　　李　莘　黟縣人

汪廷直　婺源人　　楚　衞　歙縣人

俞正圖　歙縣人　　汪　芑　婺源人

汪　掀　婺源人　　汪思溫　婺源人

程　協　祁門人　　周知和　祁門人

汪　襄　績溪人　　胡　醇　歙縣人

周　隱　歙縣人　　王　建　婺源人

朱　松　婺源人　　葉上達　祁門人

胡　昂　歙縣人　　梅居實　歙縣人

金安節　休寧人　　宋　廓　休寧人

俞賓興婺源人　汪利和婺源人
王昺婺源人　王鈞婺源人
曹及黟縣人　汪處厚婺源人
傅源祁門人　胡闔休婺源人
郝隆宣城人　湯純臣太平人
李侗宣城人　章偉南陵人
汪思問旌德人　李唐傑宣城人
章履南陵人　章夏寧國人
劉允宗涇縣人　周祐宣城人
劉綰宣城人　劉揩南陵人

李　宏宣城人　　陳　迪旌德人知縣

詹友直宣城人　　胡　槩寧國人

沈允修南陵人　　劉　瑜南陵人

舒賓王旌德人　　方懋德涇縣人

章　夏寧國人　　檀　倬建德人

羅　復銅陵人知縣　　盛虎臣銅陵人樞密使

湯允恭貴池人侍郎　　章　賁青陽人奉議郎

朱惠直當塗人　　趙　滋太平人

胡　仔當塗人　　吳民瞻太平人

楊　通太平人　　徐　源太平人

俞次聃 太平人　儲　觳 太平人

董嘉言 太平人　湯克恍 太平人

李　樫 當塗人 御史　唐敏求 當塗人 主簿

胡　慤 太平人　儲　宏 太平人 經大夫 武

丁　孚 太平人　蔡擇言 太平人

李　承 廣德人　笪　敏 廣德人

夏廸簡 廣德人 朝奉郎　王　儔 廣德人 通判

倪　濤 廣德人 員外　沈　伾 廣德人

范　欽 廣德人 朝散郎　陳　紆 廣德人 通判

何大奎 廣德人 博士　潘　偶 廣德人 司法

查　揆廣德人傅士　　沈虛中廣德人尚書

沈　傃廣德人　　李唐俊廣德人判廣德軍

朱　翌舒城人中書舍人　　李　寬無爲人

李　郁無爲人　　吳　詠無爲人

張仲和無爲人　　陳　丙無爲人

韓　祉無爲人　　王之道無爲人封魏國公

王之深無爲人　　王之義無爲人

楊　濛無爲人　　張叔和無爲人

徐　誥無爲人　　吳　茲全椒人

徐　敷全椒人　　王彥成全椒人

王言恭全椒人郎中　　趙霖和州人
張大任和州人　　曲全昌和州人
朱勷和州人　　王晃和州人
杜圻和州人　　耿詩和州人
朱恂和州人　　蔡率和州人
徐众和州人　　李天休和州人
史經和州人　　朱澤民和州人
朱疇和州人　　陳嘉謨和州人
王知章和州人　　徐林和州人
上官祝和州人　　沈虞卿和州人

張　郃和州人　魏　矼和州人

張　晨和州人　姜邦光和州人

徐　兢和州人

高宗

錢周材江寧人龍圖閣直學士　吳　臬上元人

趙　震上元人　王　絳江寧人

戴　巽江寧人　李朝正江寧人

張士襄溧陽人　潘　祺江寧人

劉　樞溧陽人　王　綸上元人同知樞密院

朱端稟江寧人　刁　約上元人直史舘

巫孝立江寧人　鮑　同上元人

巫　伋　句容人參知政事　　吳柔勝　溧水人修撰

秦　熺　江寧人侍郎少師　　秦昌時　上元人

秦昌齡　上元人　　苗昌言　句容人

江　漢　句容人　　魏元若　江寧人仕佐郎

李　珵　上元人　　周麟之　江寧人監修國史

魏師遜　上元人　　鍾離松　江寧人

周　彥　溧陽人州司戶　　江賓王　句容人編修

鮑慎履　上元人　　趙公彬　溧陽人

湯彥升　句容人　　巫孝恭　句容人

莊　震　江寧人　　秦　塤　江寧人敷文閣直學士

秦焞 句容人　　秦焴 江寧人

葛掞 上元人　　陳自修 上元人

唐曄 崑山人朝請大夫　　倪成修 吳縣人

楊景 吳縣人　　章籍 吳縣人

茅錫 吳縣人　　胡利賓 吳縣人

孫觀 吳縣人　　富延年 吳縣人運鹽司

凌揆 長洲人　　凌景夏 長洲人甲二名

孫飛雄 吳縣人　　錢南 吳縣人

周播 吳縣人一載揚州志　　尤著 崑山人

孫起卿 吳縣人　　馬迴 吳縣人

黃萬頃吳縣人　滕　膺吳縣人

王嘉彥崑山人　王　履常熟人

陳長方吳江人　陳　壽崑山人

袁　鼇崑山人　張之才縣未詳

鄭晞顏吳江人　嚴　煥崑山人朝奉大夫

王伯廣吳江人　許光國吳江人

楊邦弼吳江人起居郎　詹　左吳縣人

翁翊臣吳縣人　李　渥吳縣人

祝端表吳縣人　張世衡吳縣人

李　衡崑山人　邊惇德崑山人

顧聞崑山人　吳昳常熟人承議郎
林表臣常熟人　康師旦吳縣人延安郡開國侯
胡元質長洲人給事中　胡百能長洲人奉議郎
林光祖長洲人　朱江長洲人
冷世光常熟人御史　冷世修常熟人朝奉大夫
余松吳縣人　林育吳縣人
張允恭吳縣人　顧發長洲人
成端亮崑山人　錢俣常熟人
陳晉卿吳縣人　楊思濟吳縣人
陳崧卿吳縣人　樂備崑山人

趙思 常熟人中奉大夫　鄒嶰 常熟人承議郎

趙公豫 常熟人寶謨閣待制　顏度 崑山人侍郎

王萬 崑山人太常少卿　陳端友 吳縣人

呂篆 吳縣人　方思 吳縣人

崔敦詩 常熟人學士　鄭揚 常熟人

鄭大讜 吳縣人明州司戶　馬友直 崑山人宣教郎

范成象 崑山人郎中　郟升卿 崑山人朝散郎

顏唐 吳縣人教授　沈詢 崑山人知縣

何備 長洲人侍郎　錢佃 長洲人侍郎知婺州

陳九思 崑山人知州　范大成 崑山人

鄭 縝 崑山人知州　鄭 庶 吳縣人

姚 愈 常熟人御史中丞　馬先覺 崑山人朝奉郎

邊 察 長洲人中大夫一載常州志　黄 銓 上海人

孫彦朝 華亭人　任盡言 青浦人

朱冠卿 松江人　任質言 松江人

葛溫卿 上海人　董天民 華亭人

潘 旦 上海人　潘 緯 華亭人

陳伯達 上海人　張圖南 上海人

林公望 上海人承議郎　張 偉 華亭人

柳仲永 上海人一載鎮江志　張廷均 青浦人

鄭聞 松江人 大叅　衛稷 上海人 教授

錢艮臣 華亭人　徐銳 青浦人

朱佾 上海人　許克昌 上海人

葢經 青浦人　衛博 華亭人 編修

柳大雅 松江人　張伯垓 松江人

呂篆 松江人　陳夢鵬 松江人

陳之方 上海人　趙善洙 青浦人

張庠 上海人　朱子泳 青浦人

强公述 武進人　苗元裔 武進人

邵才 武進人　皇甫義山 武進人

孫衞　武進人　錢壽朋　武進人

邵斉　武進人　蔣夔　武進人

孫汝翼　武進人　蔣汝功　武進人

陳祖言　武進人　樓材　武進人

陳棠　武進人　丁汝能　武進人

盧習　武進人　楊炬　武進人

周孝能　武進人　邵點　武進人

元益　武進人　許叔徵　武進人

裴述　武進人　姚虞卿　武進人

席時　武進人　薛允功　武進人

周　興武進人　唐友聞武進人
蔣　烈武進人　周宗望武進人
丁叓明武進人　莊　璿武進人
沈以莊武進人　王　裳武進人
余　欽武進人　孫　迢武進人
沈義聞武進人　唐希勔武進人
程　幾武進人　許必勝武進人一載鎮江志
沈端弼武進人　嚴阜成武進人
周麟之武進人知樞密院　李　輔武進人
孫觀德武進人　李薦何武進人

薛抗　武進人　　吳知常　武進人

皇甫秉文　武進人　　孫希　武進人

許晟　武進人一載鎮江志　　鄒樗　武進人

馮公亮　武進人　　胡觀國　武進人

沈文　武進人　　俞舜凱　武進人一載徽州志

程聞一　武進人　　虞嶼　武進人

陳泰定　武進人　　符祖文　武進人

蔣億　武進人　　陳綱　武進人

陳資深　武進人　　王淑孫　武進人

李允升　武進人　　沈宗奘　武進人

沈必豫　武進人

周仲昌　武進人

莊鴻臯　武進人

王淪　武進人

沈杞　武進人

霍驥孫　武進人

唐光謙　武進人

邵銳　武進人

李遠　武進人

沈宗禹　武進人

吳遇　武進人

楊恂　武進人

楊守　武進人

張駒　武進人

孫璉　武進人

王椿　武進人

沈宗說　武進人

沈蔚　武進人

周夢若　武進人

張濤　武進人

葛與國武進人　喻樗無錫人

陳之淵無錫人侍郎　陳之茂無錫人修撰

許衍之無錫人　唐孚無錫人

許伸無錫人　費鍇無錫人

吳儔無錫人　尤袤無錫人尚書

陳篆無錫人知州　戴幾先無錫人侍郎

吳璹無錫人　許璹無錫人

陳長源無錫人　蔣芾無錫人

戴達先無錫人　呂克成無錫人

陳翥無錫人　單偁宜興人

高時升 江陰人縣令　　惠　哲 宜興人

余　壹 江陰人提刑幹官　　惠　迪 宜興人

趙不愚 宜興人　　胡端彥 江陰人常州判

吳師尹 宜興人　　吳宗旦 宜興人尚書

龔　尹 宜興人　　徐日章 宜興人

李　左 宜興人　　强　澈 江陰人通判

蔣　珪 江陰人通判　　濮俊民 江陰人教授

吳仲達 江陰人青陽丞　　葛　璂 江陰人通判

萬溫卿 江陰人廣德丞　　韓　珣 江陰人教授

曹　宝 江陰人郎中　　葛立方 江陰人侍郎

王諠　江陰人　教授

繆昌期　江陰人

曹岠　江陰人　通判

譚嘉言　江陰人

朱貢　江陰人　教授

丘程　江陰人　縣尉

趙端行　江陰人　推官

蘇皤　江陰人　平幹官

何美成　江陰人

黃滸　江陰人　朝奉郎

胡适　江陰人　叅議

葛郜　江陰人　承事郎

王訢　江陰人　教授

吳石　江陰人　知縣

袁昺　江陰人　縣令

趙偉之　江陰人　宣教郎

趙侃之　江陰人　宣教郎

趙偁之　江陰人　推官

徐嘉謨　江陰人

石邦彥　江陰人　朝奉郎

趙善淵 江陰人州判　繆次回 江陰人
趙虞仲 江陰人　朱懋德 江陰人宣教郎
吳博古 江陰人侍郎　李好古 江陰人教授
耿秉 江陰人侍郎　何武仲 江陰人
呂棐 江陰人御史　曹渠 江陰人教授
曹機 江陰人縣尉　曹嶧 江陰人
丁瓘 江陰人主簿　杜正民 江陰人
王誾 鎮江人　張合 金壇人給事中
陳叶 鎮江人　陳璘 金壇人通判
陳寀 鎮江人　范卣 鎮江人

施士衡　鎮江人

李巨源　金壇人　司戸

虞惟幾　鎮江人

許虞卿　金壇人通判　一載常州志

王彦皋　金壇人

張扶　丹徒人

陳孝威　丹徒人

洪誼　丹陽人

張瑾　丹徒人

豐漸　鎮江人

吳交如　鎮江人

郭珣瑜　鎮江人　教授

褚籍　鎮江人

豐淵　鎮江人　縣令

袁孚　鎮江人

鍾將之　丹陽人　通判

陳璿　金壇人

陳從古　金壇人

張大允　鎮江人

張處厚　鎮江人

姚　愈金壇人御史中丞　王　維鎮江人黃陂令
張樗年鎮江人　史正志鎮江人
崔　耕丹徒人知縣　湯修年丹陽人教授
張　堅鎮江人郎中　許蒼舒丹陽人郎中
霍　箎丹徒人運判　李　易江都人狀元
朱　汸泰州人　薛邦彥儀眞人
魏　滌泰州人　王獻民泰州人
呂安上泰州人　王彥存泰州人
許叔微儀眞人　吳處誠儀眞人
仲　并江都人　范良嗣泰州人

俞民康通州人　周方雄泰州人

沈昱儀真人　周際可泰州人

譚嘉言泰州人　藍曄儀真人

李衡江都人　周麟之泰州人

查琛泰州人　劉奎儀真人

李鼎通州人　張嗣亨儀真人

郭景仁儀真人　隋興祖通州人

陸思古通州人　鍾離松儀真人

沈洵儀真人　查籥泰州人

李三英高郵人　袁澄儀真人

鄭　茂泰州人　王禹錫泰州人

李安上通州人　卞　圜泰州人

蔡　翔泰州人　沈　瀛儀眞人

丁時發泰州人　崔敦禮通州人

崔敦書通州人　汪　偰婺源人

韓邦光婺源人　汪　杞婺源人

張　穎婺源人　胡　璉婺源人

汪利往婺源人　黃汝能黟縣人

胡舜舉績溪人　胡　溢婺源人

汪皐會黟縣人　汪　勃黟縣人

程楫之 黟縣人　汪若容 歙縣人

孫及 歙縣人　滕愷 婺縣人

張敦實 婺源人　王廓 婺源人

余赫 婺源人　余康義 婺源人

胡表東 婺源人　汪道 婺源人

余幽 婺源人　汪冠卿 黟縣人

胡倬 績溪人　宋松年 休寧人

金天麟 休寧人　曹翊 休寧人

金非熊 休寧人　張敦頤 婺源人

黄士龍 黟縣人　汪彥中 績溪人

汪若思 婺源人
吳授 休寧人
吳嘉猷 休寧人
王允恭 婺源人
汪俁 祁門人
程叔達 黟縣人
汪安仁 婺源人
程九萬 婺源人
李綺 婺源人
胡義問 祁門人
汪安世 績溪人
鄭之純 歙縣人
汪端彥 婺源人
朱熹 婺源人
王觀國 祁門人
程大昌 休寧人
朱安國 休寧人
陳尚忠 休寧人
陳尚文 休寧人
胡搏 婺源人

黄時伸婺源人　陳王業祁門人
李多聞祁門人　汪遠猷休寧人
陳孚先休寧人　李知已婺源人
祝　華婺源人　汪　械婺源人
汪安行績溪人　鄭獻文歙縣人
吳　侢休寧人　程令說休寧人
張　碩婺源人　胡俊傑祁門人
金端臣休寧人　汪洪舉婺源人
康景傑祁門人　方　洋祁門人
梅成和涇縣人　陳　綬太平人

吳　瑋 涇縣人

侍其圖南 宣城人

汪　貢 旌德人

林　湜 太平人 御史

昌　永 涇縣人

陳天麟 宣城人

戴　振 宣城人 諫議大夫

何　璵 南陵人

王　芾 太平人

孫　覿 太平人

周　碩 宣城人

張文昌 宣城人

范　崧 南陵人

孫　楙 太平人

莫大猷 南陵人

譚次山 太平人

李義虎 太平人

承　賓 宣城人

章汝楫 宣城人

汪鴻舉 宣城人 通判

楊　淵南陵人

曾唐佐太平人

吳時顯涇縣人

胡　棣銅陵人郎中

胡　乘銅陵人江寧尉

俞　芾銅陵人

陳有道青陽人本直郎

甯　尹青陽人巡提私茶

王　鎡石埭人侍講

俞時升銅陵人

王　溉石埭人運判

曹　鈞當塗人朝議大夫

石　邁蕪湖人

曹明之太平人府尹

劉汝霖太平人

韓　泳太平人

方汝疆繁昌人

湯邦之廣德人朝散郎

胡　兗廣德人朝散郎

李濟忠廣德人

潘邦彦廣德人員外　查元兗廣德人

湯耘之廣德人　胡誼廣德人

周承勛廣德人知縣　談誼廣德人

葛去病廣德人　莫濬廣德人

李彭年廣德人　曹距廣德人

宋周廣德人　王存之廣德人

潘國光廣德人　李開廣德人

李嘉言廣德人　焦焕六安人

趙汝逴建平人　趙彦亮建平人

趙善禮建平人　趙彦丞建平人

趙汝連　建平人　　朱棫　鳳陽人

陳耜　無爲人　　朱勵　和州人

沈仂　和州人　　徐歲　和州人

劉公晉　和州人　　丁典祖　和州人

宋汝明　和州人　　張孝祥　狀元　和州人

郭象　和州人　　周謨　和州人

沈作乂　和州人　　許子紹　和州人

周孚先　和州人　　徐宗振　和州人

孝宗國華　上元人　　李機　上元人一載常州志

朱用泰　上元人　　劉煒　上元人

張逢辰　溧陽人　　錢有嘉　六合人

沈鑑　溧陽人　　趙萬　六合人

錢閎　上元人　　夏融　上元人

巫孝傑　句容人　　何掞　江寧人

梁文恭　上元人　　張衡　溧陽人

章澥　吳縣人　　王子藝　吳縣人

商侑　吳縣人　　楊光宗　吳縣人

胡元功　長洲人　　成欽亮　崑山人朝奉大夫

唐子壽　崑山人朝議大夫　　郁昇　崑山人

姚申之　崑山人　　李廷直　崑山人

賀三聘　崑山人　宣教郎　　趙彥竦　崑山人

趙公高　崑山人　宣教郎　　鄒企宗　常熟人

孫紹先　吳縣人　　胡長卿　吳縣人

俞允成　吳縣人　　陸翼年　吳縣人

周　建　長洲人　　葉季亨　崑山人

林　梓　崑山人　　薛　甫　吳江人

李　卞　吳縣人　　林廷瑞　吳縣人

林　琰　長洲人　　辛　機　長洲人

陳九德　崑山人　　陳茂雋　崑山人

王　邁　崑山人　　潘　玫　崑山人　承議郎

錢允弼崑山人　郟晉卿太倉人

鄭汝止吳縣人　王大有吳縣人

曹緯吳縣人　邊密吳縣人

范藻崑山人　宋光遠崑山人

趙善遠崑山人　秦膺綱崑山人

吳兢常熟人　張輿吳縣人

陳少阜吳縣人　姚濟長洲人

張舜卿崑山人　陸自新崑山人

王嘉謀崑山人　辛元膺崑山人

胡元佐崑山人　周良臣常熟人

錢萬選常熟人　　王　鯍吳江人

周日嚴吳縣人　　邊　寅吳縣人

胡　坦長洲人　　吳仁傑崑山人

顧　澈崑山人　　王保大吳縣人

蔣南金吳縣人　　朱　淵吳縣人

沈作霖吳縣人　　陳　熠吳縣人

呂　申長洲人　　呂伯奮崑山人

夏允中崑山人　　翁　謙崑山人

張　攀常熟人侍講　　顧世熙常熟人

滕　宬吳縣人　　胡林卿吳縣人一載松江志

趙典祖吳縣人　顧端臣吳縣人

謝伯常吳縣人　余達先吳縣人

陳甫吳縣人　劉大中吳縣人

林伯誠吳縣人　邊維嶽吳縣人通議大夫

顔叔淵崑山人　李應祥崑山人

張左崑山人　李曄崑山人

盛章吳江人吳江縣開國伯　袁宗仁崑山人國子監司庫

何淇吳縣人　林璞長洲人知縣

范之柔崑山人　龔明之崑山人宣教郎

錢萬頃常熟人教授　陳宗名崑山人尚書

黄由 長洲人　　黄真卿 崑山人

衞涇 崑山人　　黄演 常熟人通判

朱繹之 華亭人知府　　吳伯凱 華亭人

趙善調 松江人　　徐玠 青浦人

柳梓 上海人　　周益 松江人

王觀國 華亭人　　林庭瑞 上海人

葉昉 青浦人　　任岩叟 華亭人

衞藻 華亭人朝奉大夫　　趙師僳 華亭人

張之德 上海人　　朱端常 青浦人

柳説 青浦人　　王正綱 華亭人

郤文饒　武進人

張　泌　武進人

郤文炳　武進人

唐　鑄　武進人

陳　紀　武進人

趙善章　武進人

李純孝　武進人

趙師湜　武進人

趙善言　武進人

沃典祖　武進人

李　應　武進人

申　錫　武進人

蕭　鴞　武進人

朱　濟　武進人

蔡　勘　武進人

曾　燾　武進人

趙善者　武進人

許　琮　武進人

趙公植　武進人

趙伯玉　武進人

章　復　武進人　　戴　履　武進人

趙汝功　武進人　　張坦之　武進人

趙善老　武進人　　丁　逢　武進人京尹

莊鴻漸　武進人　　許　時　武進人

章　樾　武進人　　周　熺　武進人上舍

趙師沔　武進人承信郎　　趙彥輔　武進人

沈成章　武進人　　臧　度　武進人

錢之望　武進人文華閣待制　　孫　龕　武進人

宋　京　武進人　　徐　鼎　武進人

沈千里　武進人　　趙汝嘉　武進人

胡　濟武進人　唐易守武進人
趙彥弼武進人　趙傑之武進人
吴　銑武進人　李日休武進人
鍾鼎臣武進人　趙汝楫武進人
趙師涯武進人保義郎　陳　紳武進人
張逢年武進人　張　諤武進人
譚艮顯武進人　吴夢符武進人
吴　悝武進人　李日宣武進人
陳　忠武進人　傅　誠武進人
蔣　佑武進人　高可行武進人

沈明祖　武進人　　傅丙　武進人

唐有巳　武進人　　元伯涇　武進人 朝奉郎

周煒　武進人 上舍　　趙善瞦　武進人

邵宗衡　武進人　　鄭昉　武進人

孫人傑　武進人　　濮雲　武進人

秦榛　武進人 上舍　　霍權　武進人 內舍

錢之奇　武進人　　于珵　武進人

鄭直柔　武進人　　傅益　武進人

錢渡　武進人　　蔣謐　武進人

胡熙載　武進人　　沈俞　武進人

王　洋武進人　　王叔獻武進人

王元實武進人　　李　祥武進人

李　霖無錫人　　蔣　繁常州人

尤　槩無錫人博士　　佘端禮宜興人左丞相

沈有開無錫人龍圖閣待制　　趙善登宜興人

張　驤宜興人　　曹　木江陰人宣教郎

丘　宗江陰人　　費　塤無錫人

吳邦翰宜興人尚書　　胡　瑑江陰人

葛　邲江陰人　　杜　轂江陰人承議郎

李　雲江陰人縣尉　　孫　漴江陰人縣尉

張　芸　江陰人　　王　寧　江陰人

何次舉　江陰人通直郎　　趙俅之　江陰人朝散郎

胡宗茂　江陰人　　吳漢英　江陰人郎中

葛興宗　江陰人教授　　唐虞卿　江陰人縣令

朱　諤　江陰人教授　　趙夢極　江陰人給事中

富邦彥　江陰人縣令　　徐　向　江陰人教授

謝遺規　江陰人縣令　　趙僖之　江陰人從事郎

湯鼎臣　江陰人桐廬丞　　吳　竿　江陰人

趙　幹　江陰人主簿　　耿　羽　江陰人太學博士

何大正　江陰人丹陽丞　　任　武　江陰人丹陽尉

繆嘉猷 江陰人浮梁丞　余伯麟 江陰人官提管

蔣延英 江陰人縣令　茅彙征 江陰人大冶丞

諸葛淵 丹陽人縣令　杜士英 鎮江人

徐玠 鎮江人　諸葛浩 丹陽人安撫司判

諸葛鑑 丹陽人參軍　周孚 丹徒人教授

趙善擇 丹徒人　陳珙 常州人教授

李紳 鎮江人　田曉 鎮江人

李拱 金壇人縣令　鍾宜之 丹陽人和劑局官

葛師心 鎮江人　許開 鎮江人教官科

顧時大 丹徒人縣丞　周呂齡 鎮江人

徐栻　鎮江人　　丁可久　金壇人　知縣

趙崇志　金壇人　　劉宰　鎮江人

張銓　金壇人　樞密院　　張德言　儀真人

顧友直　通州人　　張嚴　泰州人參知政事

張伯溫　泰州人　　施康年　通州人

孫洪　高郵人　　呂洙　泰州人

趙萬　儀真人　　任巖叟　通州人

謝岳　儀真人　　趙默　高郵人

王岐　泰州人　　周端節　泰州人

錢有嘉　儀真人　　喻賓敖　泰州人

劉大正 儀眞人　石大昌 儀眞人

石應孫 儀眞人　王正綱 泰州人

李應祥 縣未詳　徐與彝 儀眞人

方有開 歙縣人　吳天驥 休寧人

曹　熙 休寧人　朱晞顏 休寧人

胡　持 婺源人　汪　介 婺源人

陳嘉言 祁門人　羅　願 歙縣人

趙不俄 歙縣人　吳　俯 休寧人

黃　何 休寧人　夏尚忠 休寧人

祝　浩 婺源人　胡汝器 祁門人

章元崇歙縣人　張震歙縣人

吳箕休寧人　吳師禮休寧人

汪泳休寧人　王炎婺源人

方恬婺源人　詹洙婺源人

王仲强婺源人　汪義端黟縣人

汪義榮黟縣人　汪洪歙縣人

陳篆休寧人　方壺祁門人

吳發歙縣人　吳從龍休寧人

洪仲將休寧人　楊偉休寧人

曹琰休寧人　汪洗婺源人

許詢蕘祁門人　汪　𡼏祁門人
汪必達黟縣人　汪必進黟縣人
胡思誠績溪人　金　葵休寧人
金　聲休寧人　滕　璘婺源人
汪義和黟縣人　項　牧歙縣人
吳　暎歙縣人　汪文震休寧人
程　卓休寧人　汪雄圖休寧人
余宜卿婺源人　汪克剛婺源人
孫　企婺源人　康人鑑祁門人
吳　格休寧人　朱　權休寧人

金朋說休寧人　滕　珙婺源人

周　正婺源人　胡汝真婺源人

趙崇春婺源人　方廷堅宣城人

虞　儔寧國人　陳　謨太平人

章　純宣城人　孟　綸南陵人

汪　熙涇縣人　章　綱宣城人

李元升宣城人　奚士達寧國人

奚士遜寧國人　高　誼宣城人

葉三錫南陵人　文　察涇縣人

程大辯旌德人　夌　家南陵人

汪　曄　旌德人　　文　中　涇縣人

郭　儀　宣城人　　胡從龍　寧國人

林宗放　宣城人　　甯　璩　青陽人　知縣

湯巖起　貴池人　　孫　浩　青陽人　奉議郎

檀夢祥　貴池人　　葉　楠　貴池人

程　松　青陽人　樞密使　　丁　黻　石埭人　縣尉

杜　炎　太平人　　張　經　太平人

李　容　太平人　　孫世臣　太平人

陳　濬　太平人　　張　綱　太平人

胡思誠　太平人　　程　準　太平人

程　振太平人　張　雩太平人

辛克承當塗人　李　繼繁昌人知縣

褚孝錫太平人　王　耜蕪湖人

章　相蕪湖人　李唐佐蕪湖人

錢　悌廣德人　楊　高廣德人

周　復廣德人　濮陽檝廣德人

王　萊無爲人　王　藺無爲人

王　杜無爲人　張孝伯和州人叅政

王　相和州人　許　環和州人

周　郁和州人

光宗 劉樞 江寧人　戴錡 上元人

耿戩 溧水人　孔葢 上元人

李巖 上元人　李大同 上元人

李岩 句容人　李秀實 上元人

王介 吳縣人探花知慶元府　周南 吳縣人

蔡以中 吳縣人　周袁然 吳縣人

李南 吳縣人　丁慤 吳縣人

任相 吳縣人　葛璨 吳縣人知錢塘縣

邊洌 吳縣人文林郎　朱希顏 蘇州人

李起宗 崑山人　顏叔玠 崑山人

顏叔平崑山人　趙善瀌崑山人

顏　廞崑山人　朱起宗崑山人

胡　杬崑山人　鄭允文崑山人

趙彥适崑山人刑部郎中知徽州府　黃　涇崑山人

高之問吳縣人　張　松崑山人

惠純夫上元籍宜興人　陳　振崑山人太府寺丞

林　至華亭人　趙汝澄上海人

濮　宇武進人　胡輔之武進人

周　山江陰人員外　邊　烈武進人

王　適武進人文林郎　惠　觥宜興人

趙佐之江陰人　吳世英江陰人
胡之邵江陰人　李琥江陰人彭澤丞
胡閱之江陰人監務　趙希琦武進人忠翊郎
李世傑武進人　邵文煥武進人
宋津武進人　趙彥琓武進人廸功郎
蔣惟曉武進人　孫庭詢武進人
蔣木武進人　馮多福無錫人
李起宗常州人　陸峻高郵人
令狐晉儀真人　吳德成歙縣人
鄭願歙縣人　胡夢龍歙縣人

許文蔚休寧人　朱申休寧人

汪楚材休寧人　吳會休寧人

汪體仁休寧人　汪雲從休寧人

程萬里婺源人　黃鼎祁門人

程九萬青陽人安撫使封青陽開國公　楊若南陵人

方移忠歙縣人　羅似臣歙縣人

程泌休寧人　汪仁榮休寧人

王樞蕪湖人　趙希愬太平人

蔣昌時太平人　何大節太平人

孔武宣城人　趙彥規婺源人

趙希衢　婺源人　　孫餘慶　無爲人

方佃　和州人　　何適　和州人

蔣經　金壇人　　許閎　丹徒人

王遇　金壇人　　王均仁　金壇人

寧宗

汪瀛　上元人　　卞伯光　上元人

成法　上元人　　胡景愈　上元人

鄭震　江浦人　　衛熺　六合人

孫侅　六合人　　王晉　上元人

王遠　六合人　　朱應龍　上元人

吳淵　溧水人大學士　　潘彙征　江浦人

李　芥 句容人　　吳　潛 溧水人狀元左丞相

陳　埙 上元人禮部第一人　　楊成大 上元人

沈先庚 上元人　　許思齊 上元人

吳　箴 溧陽人　　趙彥傒 溧陽人

錢應高 溧陽人　　楊　俊 溧陽人翰林院

湯德俊 溧陽人　　周深原 吳縣人

江　先 崑山人州判　　葉蒙之 吳縣人

潘夢旂 吳縣人　　蔣志行 吳縣人

趙汝宮 吳縣人　　石宗玉 吳縣人

王元春 吳縣人　　孔元忠 蘇州人

鄭　準崑山人奉中大夫　王　芹崑山人

胡允恭吳江人浙江提刑　康　溧吳縣人修撰

汪令彪吳縣人　汪令圖吳縣人

陳孔夙吳縣人　姚宜中蘇州人

陳貴誼崑山人參知政事　顧叔瑶崑山人

潘興嗣崑山人　衞　沂崑山人

敖陶孫崑山人泉州僉判　沈希賢崑山人

曹　豳吳縣人　趙黙夫吳縣人

胡榮卿吳縣人　姜　京吳縣人

趙汝璪吳縣人　趙汝初吳縣人

高不倚 吳縣人
宋文英 吳縣人
方賜復 吳縣人 主簿
趙絿 崑山人
楊昕 崑山人
沈誠 崑山人 主簿
曹大昌 常熟人
吳埒 吳縣人
鄭啓 吳江人
陳石 吳縣人
蔡衡 吳縣人
鄭孝祥 吳縣人
顏叔璵 崑山人
趙汝淳 崑山人
邊瀛 崑山人
陶永 常熟人
鄭南 上元人
孟繼顯 吳縣人
唐伯棨 吳縣人
辛忠嗣 吳縣人

徐鼎 長洲人　衛洽 崑山人

衛洙 崑山人石司郎中　袁宗魯 崑山人

鄭敬 崑山人　趙濟夫 常熟人

陳德林 吳縣人　施振 吳縣人

方萬里 吳縣人太常簿　趙時讜 吳縣人

李韶 吳縣人端明殿學士　李寧 吳縣人

顏復 吳縣人　稽原 崑山人

李獻叔 崑山人　胡天選 崑山人教授

王尚輔 吳縣人　張震發 吳縣人

顏儼 吳縣人　趙豐高 吳縣人

王必大崑山人奉議郎府判　王杲卿崑山人
麋揩吳縣人　趙汝禚吳縣人
趙晞魯吳縣人　趙湑夫吳縣人
沈有開吳縣人　蔡廉吳縣人
方應祥吳縣人　王圭崑山人郎中
丘岳常熟人龍圖閣學士封東海郡侯　李自牧吳江人
趙滬夫吳縣人　李揩吳江人
謝鄆吳縣人　王埜吳縣人僉書樞密院
張新吳縣人　趙與吳縣人
陶瑜蘇州人　鄭肅崑山人知縣

王斗文 吳江人　趙體國 吳江人

周夢發 吳江人　施秉 吳江人

黃保大 嘉定人太平教授　李起 吳縣人

王熙載 縣未詳　朱檜 吳縣人

周申 縣未詳　李任 吳縣人通直郎

褚南 吳縣人　沈應昌 吳縣人知桂陽軍

王丙發 吳縣人　鄭起潛 縣未詳

凌雲 長洲人知州　蔡珏 崑山人常州通判

郁雲 崑山人安慶教授　黃洙 崑山人

趙崇驥 常熟人雲安軍使　趙汝詒 松江人

張淡 松江人　　張潢臣 華亭人

衛价 華亭人　　趙汝鄘 松江人

孫一飛 松江人　　胡琚 松江人

林華 松江人　　趙希憲 武進人 承節郎

張益臣 松江人　　趙希珦 武進人 廸功郎

李椿 常州人　　張訢 武進人 朝散郎

錢庭玉 武進人 文林郎　　尤森 武進人

包九成 武進人　　趙希仕 武進人 承節郎

于琦 武進人　　于瑀 武進人

趙希琥 武進人　　朱拱成 武進人 廸功郎

黄敏夫 武進人　蔣袁然 武進人
楊琮 武進人　周大猷 武進人
施玉藻 武進人　王正之 武進人
吳宗玉 武進人　元洊 武進人
沈宗輔 武進人　周舜欽 武進人
張篪 武進人　張晉之 武進人
孫廷 武進人　錢相 常州人
王登 常州人　沈超遠 常州人
錢明德 常州人　施繼寅 常州人
徐潤 常州人　施及 常州人

祖思 常州人　丁鎔 常州人

陳紱 常州人　陳起莘 常州人

元伯濳 常州人　劉夢吕 常州人

蔣屋 常州人　蔣公釋 常州人

濮宋 常州人　張庚 常州人

鄭子恭 常州人 上舍　趙希柔 常州人

傅學古 常州人　趙汝苾 常州人

王登 常州人　趙希和 常州人

趙汝芷 常州人　馬矗 常州人

莊夢旂 常州人　佘崇龜 宜興人 侍郎

于　珙常州人	惠有大宜興人
惠　棐宜興人	彭　彝常州人
陸慶洪武進人	蔣志行宜興人
薛　極宜興人樞密使	惠端方宜興人
沈唐老宜興人	季希顏宜興人
趙與秉宜興人	蔣安仁宜興人
强公璀宜興人	薛耆年宜興人
張大中宜興人	王義端宜興人
張正辰宜興人	張　煥無錫人
蕭日新無錫人	尤　焴無錫人

蔣重珍　無錫人　侍郎　　何浣　江陰人

楊冠　江陰人　　王實　江陰人

任廣譽　江陰人　縣尉　　杜嶠　江陰人　主簿

戴思中　江陰人　縣丞　　元必勝　開封人　江陰籍

蔣承敬　江陰人　　胡掄　江陰人

吳俯　江陰人　文林郎　　湯一德　江陰人

吳當可　江陰人　少卿　　葛郕　江陰人　教授

曹汲　江陰人　　王呈瑞　江陰人

趙公鏕　江陰人　　趙嵤　江陰人　承奉郎

茅仁孺　江陰人　　李芾　江陰人

元必昌江陰人　吴復江陰人
徐天麟江陰人僉判　楊端叔江陰人
趙公篆江陰人　靳更生江陰人教授
惠疇江陰人　趙師棠江陰人
吴夢翔江陰人　何鎮江陰人
呂宗望江陰人　趙發江陰人秘書郎
趙丙江陰人　蔣熊江陰人
胡鏜江陰人郎中　吴行可江陰人
蔡瑜江陰人　何永叔江陰人
杜樓江陰人　葛典孫江陰人

張煥文金壇人　曹煥金壇人
孫華仲常熟人　高炎金壇人
劉用行金壇人知縣　孫沂丹徒人
丁宗魏金壇人　戴宗德丹徒人
何閎丹徒人　趙若珪金壇人知縣
張汝永金壇人溧陽丞　蘇漢金壇人
鍾頫丹陽人建昌守　趙時侃金壇人
王逢金壇人　錢績鎮江人
陳景周鎮江人　葛文昌鎮江人
王遂鎮江人　洪秉哲丹陽人通判

姜濟時 泰州人　牛大年 江都人

淩次英 高郵人　趙冲飛 泰州人

趙善璱 儀眞人　蕭應誠 泰州人

田克悉 江都人　陸鑣 高郵人

王瓚 高郵人　桑端 高郵人

龍基先 高郵人　楊端叔 泰州人

宋朝英 泰州人　潘呈瑞 泰州人

陳唯 休寧人　吳修 休寧人

夏廷奕 休寧人　宋况 休寧人

吳文子 休寧人　李囘 黟縣人

汪安仁　績溪人　胡彛　績溪人

趙彦蓑　歙縣人　汪棐　休寧人

汪令圖　休寧人　王簬　休寧人

蘇如圭　休寧人　陳卓　休寧人

李大任　祁門人　汪紘　黟縣人

夏廷煒　休寧人　朱衍　休寧人

胡自厚　婺源人　江健　婺源人

趙善璙　歙縣人　陳明　休寧人

程光庭　休寧人　朱吉　休寧人

孫倬　婺源人　汪勳　黟縣人

呂午 歙縣人　朱洪 休寧人

汪仕德 休寧人　張翼 儀眞人

汪牧 婺源人　朱括 休寧人

汪幡然 婺源人　趙崇亢 婺源人

方琢 歙縣人　張泳 婺源人

吳天球 休寧人　吳軫 休寧人

汪如陂 休寧人　程夢文 休寧人

汪萬里 休寧人　汪壽夫 婺源人

程允廸 婺源人　李登 婺源人

李一飛 婺源人　李逨 婺源人

李步豹婺源人　程攀龍婺源人
李　旗歙縣人　胡　湜婺源人
黃　相婺源人　董　節婺源人
康　銓祁門人　程　旂歙縣人
徐　申歙縣人　程以升休寧人
吳　輔休寧人　趙汝與婺源人
孫中立休寧人　舒　擢黟縣人
韓雲龍歙縣人　吳　騰休寧人
汪　嵂休寧人　汪大信休寧人
朱　拾休寧人　胡　政婺源人

余千能 婺源人　戴　泳 績溪人
程　得 宣城人　陳移忠 太平人
李　通 太平人 員外　文士南 涇縣人
李　沂 宣城人　葛士龍 宣城人
張　鎔 宣城人　戚達先 宣城人
李次蓍 宣城人　徐夢雲 宣城人
王　綱 太平人　包千之 涇縣人
戚應昌 宣城人　汪泰亨 宣城人
饒虎臣 寧國人　鄭魏挺 寧國人
汪　介 涇縣人 知州　程德裕 涇縣人

昌正夫涇縣人　戚士遜宣城人

陳應庚宣城人　奚若賓宣城人

孫誠中宣城人　陳應甲宣城人

楊燧宣城人　施滋涇縣人知縣

江應洪青陽人　王泳之青陽人

章應開青陽人　施友直青陽人主簿

施友諒青陽人主簿　施友聞青陽人主簿

胡楠子青陽人縣丞　胡桂子青陽人縣丞

程然青陽人運使　陳夢高青陽人

袁洪寬青陽人　夏深源太平人

姜得遇太平人　崔起之太平人

徐起之蕪湖人　夏應龍蕪湖人

孫應成蕪湖人　侯成大蕪湖人

滕茂實繁昌人　吉邦憲繁昌人

秦九萬建平人　王廷袞建平人

阮希甫建平人　吳應龍建平人

趙崇琰建平人　阮　霓建平人

趙汝向建平人　趙汝是建平人

李逢慶無爲人　許　獻無爲人

蔡元龍合肥人　段文煥英山人

董　槐定遠人封許國公　龔頤正和州人

張　龕和州人　上官涣酉和州人

方　俌和州人　陳　祥和州人

何　選和州人　李士達和州人

理宗

元宋典上元人　陳　熙江寧人

陳仲謀江寧人　吳季申江寧人

胡景龍上元人　吳　琪上元人

包秀實江寧人　陳　晟江寧人

陳　昂上元人　洪心會上元人

吳慶龍上元人　傅文振上元人

潘　孜　六合人　　李　鋆　上元人

吳景伯　江寧人　　李仲龍　江寧人

朱大德　江寧人　　吳　璞　上元人

張震龍　上元人　　平天祐　上元人

朱紹遠　上元人　　趙　定　上元人

朱明遠　江浦人　　董　烈　六合人

房元龍　上元人　　趙崇回　句容人知縣

楊公溥　上元人　　黄　莒　吳縣人

趙磻夫　吳縣人　　趙崇譮　吳縣人

趙時申　吳縣人　　葉酉發　吳縣人

蔣南金吳縣人　林石吳吳人

葛新吳縣人　徐章長洲人

顧瑛縣未詳　陶虎常熟人

盛文昭常熟人鎮江通判　莫子文常熟人廣德軍

趙似祖吳縣人　王禨畋吳縣人

郁中崑山人　顧然崑山人

沈逢原崑山人　郭思義崑山人

盛文韶吳江人上饒知縣　周應旂吳縣人

朱揚祖吳縣人　茅水吳縣人

朱龍翔吳縣人　黃仁桂吳縣人

陳拱崑山人　林壽吳縣人
吳蒙吳江人端明殿大學士　麋犖吳縣人
曹愉老吳縣人　王鉉吳縣人
方洪吳縣人　吳就吳縣人
楊白吳縣人朝奉郎　趙與懃吳縣人
韓境吳縣人　孔曄縣未詳
趙時言吳縣人　焦炳炎吳縣人
鄭玠吳縣人衢州通判　曹良度吳縣人
上官煥然縣未詳知邵武軍　邊應升崑山人
孝潛吳縣人　趙炥夫吳縣人教授

吳一龍吳縣人　趙赫夫吳縣人

趙熣夫吳縣人　魏汝賢吳江人特奏狀元

王南吳江人　錢振祖吳縣人

袁逢午崑山人　丁應飛吳江人

于天麟吳縣人臨安府右司理叅軍　趙震亨吳縣人

王莧吳縣人通州教授　朱昺吳縣人

鄭天澤吳縣人　劉深淵吳縣人

朱大年縣未詳　陳炎發吳江人

呂直之吳縣人　李時昭崑山人

王榮登嘉定人　趙艮峻吳縣人

張　合吳縣人　趙孟奎吳縣人

邊雲遇崑山人　王體文崑山人

丁　暉崑山人　黃芝老崑山人

林文龍崑山人　方　槐吳縣人

何處尹吳縣人　宋夢德吳縣人

張　熹崑山人　凌萬頃崑山人

何　倫武進人　趙善惃武進人

施從龍武進人大學內舍　趙盟天武進人

趙希渠武進人　趙汝渠武進人

趙汝奭武進人忠翊郎　趙與鉅武進人

趙汝簡　武進人
趙勳夫　武進人

趙彥相　武進人　儒林郎
蔣孝參　武進人

李申錫　武進人
宋　宗　武進人

强　琪　武進人
湯日新　武進人

李　鎬　武進人
趙與燀　武進人

趙與善　武進人
趙與諒　武進人

胡元發　武進人
丁　偱　武進人　承事郎

李景勉　武進人
莊公邁　武進人

趙與燔　武進人宗學上舍
翟夢龍　武進人

趙崇頊　武進人
同士璧　武進人

趙汝孫 武進人 忠翊郎
胡夢祺 武進人
宣發 武進人
趙汝軌 武進人
趙宗頔 武進人
趙汝礪 武進人 上舍
强琠 常州人
裴邦彥 常州人
陳端學 常州人
蔣芝瑞 常州人
唐朋桂 常州人
史若納 常州人
趙希楒 常州人 忠訓郎
胡夢高 常州人
王允升 常州人
薛士豫 常州人
强應夔 常州人
章斗樞 常州人
周夢升 常州人
蔣櫰 常州人

陸當可　常州人　蘇浚明　常州人

陸　宇　常州人　閔　闐　常州人

胡用存　常州人　胡晞令　常州人

趙與熹　常州人　趙崇顴　常州人

趙孟侃　常州人　胡用存　常州人　迪功郎

霍起龍　常州人　沈亨辰　常州人

蔣　岵　常州人　蔣　堉　常州人

董雷發　常州人　楊宜先　常州人

楊起西　常州人　王應時　常州人

費　發　無錫人　蔣應新　無錫人

邵煥文　無錫人　趙必鑛　無錫人

尤　棟　無錫人　黃　羅　宜興人

蔣　捷　宜興人　王桂發　宜興人

吳載堅　宜興人　趙伯代　江陰人

吳從善　江陰人　季時遇　江陰人由特奏

李必萬　江陰人由特奏　孫夢元　江陰人由特奏

趙　寧　江陰人由特奏　王登瀛　江陰人

吳大發　江陰人　趙彥扶　江陰人

吳　濤　江陰人由特奏　呂宗元　江陰人由特奏

繆汝礪　江陰人由特奏　曹　潮　江陰人由特奏

蔣汝通　江陰人由特奏　　陳忠遂　江陰人由特奏

湯舉　江陰人　　陳惟新　江陰人

趙師掌　江陰人　　高一鳴　江陰人光祿大夫

吳津　江陰人由特奏　　趙大用　江陰人

胡澄　江陰人由特奏　　包翬　江陰人由特奏

杜應酉　江陰人　　王一鳴　江陰人

湯焱　江陰人　　湯奭　江陰人由特奏

何攀　江陰人司理　　孫杓　江陰人縣丞

高惟日　江陰人司法　　陳定　江陰人知縣

闞聳　江陰人推官　　吳漢章　江陰人由特奏

陳必達 江陰人　　杜應龍 江陰人由特奏

黃大同 江陰人由特奏　　韓慶午 江陰人

趙炎年 江陰人　　袁天任 江陰人知縣

樂霖 江陰人　　陳頡 江陰人

胡用存 丹徒人侍郎　　胡宗偉 丹徒人

孫附鳳 丹徒人樞密院事　　劉桂高 丹徒人

陳抗 金壇人朝議郎　　茅犇 丹徒人通判

竇忠斐 丹陽人運幹　　王艮臣 丹徒人

楊道濟 丹陽人　　殷淳 丹陽人教授

丁大全 金壇人　　曹長孫 金壇人

王酉發 金壇人　劉紉發 山陽人

石介 丹徒人 通判　蘇景瑋 金壇人

丁大全 金壇人 丞相　潘夢奇 金壇人平江錄事

蕭漢傑 丹徒人 同知　單公選 丹陽人

潘大有 金壇人　朱南杰 丹陽人

高桂 丹陽人　褚著 金壇人

潘文振 金壇人　陸秀夫 丹陽人 丞相

譚龍光 丹陽人　高嘉 丹陽人

李倫 丹陽人　艾慶長 丹徒人 教授

王巳 丹陽人　章琰 丹徒人 修撰

趙若琚金壇人　王文端丹徒人

潘歸之丹徒人　米景炎丹徒人

丁式中丹徒人　蘇龜明丹徒人

孫應鳳丹徒人　艾　汋丹徒人知縣

史崇文金壇人　田文虎楊州人檢討

陸象南泰州人　韓希輔儀真人

印應雷通州人　印應飛通州人

湯大德儀真人　蕭　谷泰州人

阮　霖泰州人　沈應龍儀真人

謝翼孫儀真人　胡其辰儀真人

陳士邁海門人縣丞　陳夢吳儀真人

葉應之海門人學錄　胡　英海門人制置司僉判

楊大勇儀真人　吳士鳳休寧人

汪　文婺源人　汪應時婺源人

謝　璡祁門人　丘　錫祁門人

劉　騏黟縣人　程元鳳歙縣人

趙善拭歙縣人　程若顏休寧人

汪　濟休寧人　王聲之婺源人

舒叔寶黟縣人　汪　昱績溪人

汪應元歙縣人　夏元善休寧人

曹縉休寧人　陳慶勉休寧人
趙肅休寧人　曹孝德休寧人
吳遇龍婺源人　胡照婺源人
方岳祁門人　陳樾祁門人
汪澄之黟縣人　鄭江歙縣人
胡簡歙縣人　項夢元歙縣人
趙必贊休寧人　孫吳會休寧人
胡棫績溪人　胡中行歙縣人
吳晉休寧人　程璵休寧人
夏朱休寧人　汪衡黟縣人

朱　湞歙縣人　汪　囦婺源人

趙希璮婺源人　趙良鑑婺源人

吳　寬婺源人　趙良鍵婺源人

汪　達黟縣人　俞　勲婺源人

許月卿婺源人　趙希瑗婺源人

呂士達婺源人　胡尚禮祁門人

胡　嵩黟縣人　鮑　璞黟縣人

胡　崇黟縣人　楊思成歙縣人

夏之峙休寧人　汪惟熙休寧人

蘇　烈休寧人　曹孝則休寧人

吳　煒 休寧人　　夏行可 休寧人
馬大原 婺源人　　汪立信 婺源人
胡　震 婺源人　　胡有德 祁門人
程　森 歙縣人　　汪　玠 歙縣人
汪　衍 歙縣人　　許　震 歙縣人
許　森 歙縣人　　程　洙 休寧人
吳士龍 休寧人　　黃雷奮 休寧人
王　正 婺源人　　王　深 祁門人
陳鼎新 祁門人　　黃遇龍 祁門人
趙孟燧 黟縣人　　江一鴞 黟縣人

程元岳歙縣人　胡紉裳歙縣人

俞振歙縣人　汪夢椿休寧人

滕武子婺源人　朱洪範婺源人

葉秉仁婺源人　江易簡婺源人

奚世選黟縣人　陸夢發歙縣人

唐廷瑞歙縣人　黄雷利休寧人

趙之祜休寧人　夏季和休寧人

俞士千婺源人　趙良銓婺源人

李桃婺源人　胡康侯婺源人

許孔明祁門人　李遇龍祁門人

方　石　祁門人
奚雷發　黟縣人
汪　旗　黟縣人
胡安國　黟縣人
汪寅簡　黟縣人
趙艮金　婺源人
胡立本　歙縣人
余時舉　歙縣人
吳　度　休寧人
趙艮錦　婺源人
陳宜孫　休寧人
程　驤　休寧人
王震嚴　婺源人
胡景伊　祁門人
許再勝　黟縣人
胡如龍　績溪人
方　回　歙縣人
程應常　歙縣人
吳雷奮　休寧人
吳士尹　休寧人

戴元愷休寧人　吳士楚休寧人

汪復婺源人　俞君選婺源人

俞天倪婺源人　王應甲婺源人

趙時堃祁門人　章應子祁門人

謝有進祁門人　奚從圭黟縣人

鄧應元南陵人　章琰太平人

文方賢涇縣人　郭滂宣城人

陳夢桂寧國人　張瑞秀宣城人

陳夢涯寧國人　劉先覺宣城人

胡應發宣城人　鄭希聲寧國人

汪夢雷 涇縣人　焦炳炎 太平人

曹士莊 南陵人　胡季虎 寧國人

胡用虎 寧國人　吳　璞 寧國人

李師復 太平人　章汝龍 太平人

張端秀 宣城人　許桂年 宣城人

左雲龍 宣城人　胡伯虎 寧國人

孫若滿 太平人　孫若金 太平人

陳　僎 太平人　章一桂 寧國人

周炎發 寧國人　包雲龍 涇縣人

汪鼎亨 宣城人　潘從大 宣城人

羅　京 銅陵人 侍郎　　徐應昇 青陽人

甘應寅 青陽人　　章時發 青陽人

江應南 青陽人 修撰　　胡　鏞 建德人 捲簾使

檀宗直 建德人 承議郎　　曹廷褒 青陽人

吳天德 貴池人　　王三傑 青陽人

徐孟聲 青陽人　　柯騰雲 建德人

葉文新 青陽人　　趙宗展 青陽人

畢時中 青陽人　　鍾文珍 銅陵人

阮以和 銅陵人　　張應雷 銅陵人 修撰

楊　綱 石埭人 知縣　　羅黃裳 銅陵人 運使

江景春 青陽人 知府　阮治鳳 銅陵人 叅制

趙鎔夫 當塗人　趙巉夫 太平人

陶熾 太平人　盧選 太平人

江應陶 太平人　趙正大 當塗人

李倫 蕪湖人　李夢蔣 蕪湖人

趙崇涉 蕪湖人　崔大輝 蕪湖人

吉萬石 繁昌人　方應龍 繁昌人

李時中 繁昌人　周震炎 繁昌人

梅應發 廣德人　楊高 廣德人 大理丞

薛斗祥 繁昌人　滕嵒瞻 繁昌人

趙汝睎 建平人　趙汝裔 建平人
趙汝選 建平人　趙汝歡 建平人
趙汝迪 建平人　趙汝欽 建平人
趙汝鬯 建平人　夏武 建平人
湯仕龍 建平人　向熹 建平人
朱夢祈 建平人　章汝鈞 建平人
向元龍 建平人　沈必魚 建平人
趙時皐 建平人　錢萬選 建平人
趙崇鎏 建平人　趙崇鋈 建平人
陳應元 建平人　陳時行 建平人

荆惟日建平人　董槐定遠人丞相
宗元憲無爲人　商大椿合肥人
孫自明合肥人　王珹合肥人
章炳合肥人　劉國華無爲人
葉棟無爲人　孫懋無爲人
刁應南合肥人　趙汝訓無爲人
魏琮無爲人　潘沂無爲人
曾夢英縣未詳　張應新無爲人
孔道傳合肥人　王朝佐無爲人
江湘無爲人　葛森合肥人

馬從龍六安人　范光大合肥人
李炎發合肥人　魏國華和州人
陳夢斗和州人　陳昌言和州人
胡翀和州人　孫梓和州人
孫楷和州人　李延和州人
上官渙然和州人　楊萬和州人
徐成大和州人　李國秀和州人
趙必光和州人　孫丙文和州人

度宗

徐桂子句容人縣尉　朝廷桂句容人一載嶽州志
張璹溧水人　趙崇嶼吳縣人

胡忌吳縣人　王應周吳縣人

阮登炳長洲人　趙與瀌長洲人

趙崇㑊長洲人　郁紹庭長洲人

高烈崑山人　郁夢皤崑山人

趙崇魯崑山人　趙時璝常熟人

徐公輔嘉定人　楊𨐟老吳縣人

陸大濟吳縣人　楊麟伯太倉人觀察判官

鄭康縣未詳　徐公甫崑山人

趙師魯吳江人　顏堯煥吳縣人

胡應青吳縣人　顧忠立吳縣人

陳應聲　吳縣人　　郭伯甄　吳縣人

張霱震　吳縣人　　周昌會　吳江人寧國教授

曹光遠　松江人　　趙崇嘏　松江人

曹應符　華亭人　　趙崇頫　武進人

楊首龍　武進人　　趙孟瀶　武進人

蔣應炎　武進人　　陳　炤　無錫人

法樂霖　武進人　　邵夢接　無錫人

鄧　恢　無錫人　　王應龍　無錫人一載嶽州志

孫桂發　無錫人　　趙彥老　江陰人

何敏學　江陰人　　闞　閎　江陰人

徐何 江陰人　靳驂之 江陰人
劉伯玉 江陰人　趙若碏 江陰人
吳源 江陰人　靳玉成 江陰人
吳作肱 江陰人　王定 江陰人
何源 江陰人　奚世炎 江陰人
余煜 江陰人　祝人瑞 儀真人
徐元鳳 江陰人　沈邁 海門人
夏靁龍 儀真人　李騰茂 江陰人
莫崙 丹徒人　王應嘉 丹徒人
修謹 丹陽人　諸葛夢宇 丹徒人

諸葛沃野　丹陽人　史崇方　金壇人推官

梁　楝　金壇人　胡傳心　金壇人

許　埜　金壇人溧陽尉　林桂發　金壇人

袁秀發　丹徒人參軍　韋　昇　金壇人同知

青陽夢炎　金壇人　程淳祖　歙縣人

洪　㤥　歙縣人　趙良倧　休寧人

趙良佪　休寧人　吳日起　休寧人

畢祖高　休寧人　朱　依　休寧人

朱惟賢　休寧人　孫林發　休寧人

畢祈鳳　休寧人　胡元采　休寧人

汪華 休寧人
趙良俙 休寧人
馬貴玉 婺源人
趙必琢 婺源人
程應明 婺源人
江潤身 婺源人
程龍 婺源人
汪元龍 婺源人
趙柜 婺源人
趙良輔 婺源人
趙希㻔 婺源人
趙崇誇 婺源人
趙必翔 婺源人
趙必琬 婺源人
趙良璩 婺源人
趙孟括 婺源人
趙良錄 婺源人
趙孟頫 婺源人
胡鎮孫 祁門人
趙必遈 祁門人

汪　高　祁門人　胡元符　祁門人

方貢孫　祁門人　汪　爚　歙縣人

曹　涇　休寧人　程有容　休寧人

程若庸　休寧人　吳艮顯　休寧人

汪一龍　休寧人　胡次焱　婺源人

朱子貴　休寧人　黄雷復　休寧人

金　華　休寧人　趙艮璠　休寧人

汪　韶　休寧人　謝　駿　休寧人

汪欽祖　祁門人　汪　琦　黟縣人

吳安朝　歙縣人　方桂森　歙縣人

朱　渙　休寧人
趙良鈞　婺源人
汪　靁　婺源人
黃公選　黟縣人
朱之純　休寧人
趙必燧　休寧人
夏貴一　休寧人
汪　標　休寧人
姚鳴鳳　休寧人
夏師尭　休寧人
項文薦　婺源人
趙良鐻　婺源人
程應奎　祁門人
胡　儼　績溪人
湯應圭　宣城人
汪　洼　旌德人
王文質　涇縣人
阮麟翁　銅陵人　總管
左孝先　涇縣人
左世興　涇縣人

王美質涇縣人　章桂發青陽人提刑司

湯居易廣德人　陳鉞當塗人探花

馮驥先建德人縣尉　宋奮午太平人

奚守仁合肥人　嚴邁倫合肥人

楊震西合肥人　許齊賢無爲人

夏起龍無爲人　劉敏無爲人

葉味道無爲人　尹京和州人

趙鼎臣和州人　徐卿弼和州人

陳騰龍和州人　甯子眞和州人

竇應筆和州人　曾景周和州人

恭宗蔣　捷宜興人　丘壽雋江陰人安撫史

丘壽邁江陰人大司農　丘　汲江陰人

丘必恭江陰人　曹　格江陰人

曹　研江陰人　王　邍江陰人

蔣延年江陰人　楊應魁青陽人

段朝佐英山人　程　居英山人

附年分無考者

陸長孺吳縣人　陳　侗吳縣人少卿

陳　睦吳縣人寶文閣待制　李　撰吳縣人朝奉大夫

徐　兢吳縣人參議　朱　耕吳縣人通直郎

徐　藏　吳縣人知秀州　　章　康　吳縣人加泰伯封爵

胡　淳　吳縣人　　郁　祥　吳縣人

李　璋　吳縣人　　胡天質　長洲人

陳　益　吳江人　　孫　銳　吳江人

徐純夫　吳江人　　張漢卿　安慶人

朱　翌　安慶人　　潘　琛　安慶人

吳　㮚　安慶人　　吳少明　安慶人

阮晉卿　安慶人　　傅　高　安慶人

趙　楨　宣城人　　楊　佐　宣城人

湯震隆　宜城人　　徐　陵　南陵人尚書

孫諒南陵人龍圖閣學士　虞光寧國人觀文殿大學士

虞術寧國人承務郎　鍾純卿旌德人臨江軍司理

汪睿旌德人　趙必普旌德人叅議

呂涇旌德人　李燈太平人

李回太平人叅知政事　盛闢太平人

汪昇涇縣人　趙崇秪涇縣人

左瑞靈涇縣人　包伯騶涇縣人

左善一涇縣人　何中立宣城人

陳殷五貴池人副使　葉之文青陽人

檀宗孟建德人　檀宗傑建德人

李　純無爲人學錄　　檀宗元建德人

劉性之無爲人　　應安道無爲人中奉大夫

秦景温無爲人校書郎　　王　瀟無爲人侍郎

秦景元無爲人郎中　　宋　珙無爲人

秦景懿無爲人　　秦景範無爲人

秦景恕無爲人　　陳　慶蒙城人廉使

朱　英鳳陽人　　韓德銘霍丘人殿中丞

呂　祉霍丘人　　潘觀國鳳陽人

王　臻頳州人　　劉弘義太和人

許　遵泗州人　　王　宬泗州人

舒明遠潁州人　趙汝翊來安人

元

世祖　潘林建平人縣令

成宗　杜國賢太平人副使　檀安貴池人

包文龍涇縣人　趙鑄建平人御史

李子實建平人提點

仁宗　趙質翁淮安人蘄州總管　韓漁淮安人尚書

偰玉立溧陽人廉訪　李文富太平人僉判

汪澤民宣城人　偰哲篤溧陽人叅知政事

程萬里太平人　施霖宣城人

于文傳蘇州人尚書　馬信叔全椒人

英宗

李士良溧陽人僉判　僕朝吾溧陽人同知

趙廷芝江寧人　劉鑄南陵人

許元亮旌德人　儲磻石埭人

泰定

僕直堅溧陽人縣令　僕善著溧陽人行省檢校

余焯崑山人　陳子齊縣未詳

吳相堯江寧人　朱克正休寧人

盧端智宜興人　僕列虎溧陽人縣令

趙宜中婺源人　胡善婺源人

李質金壇人　貢師泰宣城人

完澤溥化松江人

明宗

李懋六合人　朱可與舒城人

汪日昇舒城人　張學詩桐城人

張子和舒城人　劉杲無爲人

張思敬無爲人　馮三奇懷寧人

劉讓桐城人知府

文宗

余闕合肥人　何水金壇人

馮勉建德人　王仁卿貴池人

章奭青陽人

順帝

嚴瑄溧陽人　偰燾江寧人

夏道山溧水人　趙旦江寧人

桓樊帖木兒吳縣人　楊仲遇青陽人學正

馮彥誠青陽人　魏俊民吳縣人

陳雷頤貴池人　昂吉吳縣人錄事

鄒奕吳江人知府　陸士弘無錫人

集鼎無錫人　袁德誠江陰人

徐邦江陰人僉憲　文吉溧水人

李黼穎州人　章克讓潁上人

劉詳桐城人廉訪司知事　徐艮佐桐城人

金孟達潛山人　黃一信太湖人

陳祖仁 武進人叅知政事　虞執中 望江人
蔣宮 儀眞人　錢用壬 廣德人尚書
張緝 江都人　張紳 江都人
申屠駉 泰州人廉訪　栢子固 高郵人
汪廣洋 高郵人　劉秉忠 高郵人
陳正 江都人行人　張經 江都人
邁里古思 松江人　朱克正 休寧人
呂誠 婺源人

附年分無考者

王朝臣 吳江人　丘立夫 江陰人

丘介夫江陰人　丘　堅江陰人

丘　基江陰人　袁德誠江陰人

徐　邦江陰人　陸　鎰江陰人

陸　銓江陰人　陸　永江陰人

陸孔愚江陰人　吳相堯徽州人

李仁益建德人